Betz | Kirstein
BÖRSENPSYCHOLOGIE – simplified

TITEL DER SIMPLIFIED-BUCHREIHE

Matthias von Arnim
Erfolgreich mit Aktien – simplified

Herbert Autengruber
Aktienfonds für jedes Anlageziel – simplified

Holger Bengs, Mike Bayer
Investieren in Biotechnologie – simplified

Lawrence A. Cunningham
Value Investing – simplified

Pierre M. Daeubner
Alles was Sie über Technische Analyse wissen müssen – simplified

Ed Downs
Die besten Chartmuster – simplified

Christian Eck/Marcel Langer/Matthias Riechert
Eurex – simplified

Heinrich Eibl
ETFs – simplified

Horst Fugger
Börsen-Lexikon – simplified

Markus Gunter
Erfolgreich mit Investmentfonds – simplified

Walter Hubel
Mehr Geld im Alter – simplified

Markus Jordan
Zertifikate - simplified

Jay Kaeppel
Die 4 größten Fehler beim Handel mit Optionen – simplified

Dennis Metz
Devisenhandel – simplified

Markus Miller
Abgeltungssteuer – nein danke! – simplified

David Morgan
Insiderwissen: Silber – simplified

John J. Murphy
Charttechnik leicht gemacht – simplified

Oliver Paesler
Technische Indikatoren – simplified

Melvin Pasternak
Die 21 wichtigsten Candlestick-Formationen – simplified

Richard Pfadenhauer
Alles, was Sie über Derivate wissen müssen – simplified

Michael J. Plos
Daytrading – simplified

Georg Pröbstl
Die besten Dividendenstrategien – simplified

Michael Proffe
Die besten Trendfolgestrategien – simplified

Stefan Riße
CFDs – simplified

Raimund Schriek
Besser mit Behavioral Finance – simplified

Holger Scholze
Hebelprodukte – simplified

Norman Schwarze
Investieren in Gold – simplified

Martin Voigtmann
Geschlossene Fonds – simplified

Mikael Henrik von Nauckhoff
Sicher mit Anlagemetallen – simplified

Harald Weygand
Short-Selling – simplified

www.simplified.de

Norbert Betz | Ulrich Kirstein

BÖRSEN-
PSYCHOLOGIE

FBV

simplified

Lektorat: Marion Reuter
Satz: Carsten Klein, München
Druck: Konrad Triltsch, Ochsenfurt

1. Auflage 2012
© 2012 FinanzBuch Verlag, ein Imprint
der Münchner Verlagsgruppe GmbH
Nymphenburger Straße 86
80636 München
Tel. 089 651285-0
Fax 089 652096
info@finanzbuchverlag.de

Für Fragen und Anregungen:
betz@finanzbuchverlag.de
kirstein@finanzbuchverlag.de

Bibliografische Information der Deutschen
Nationalbibliothek: Die Deutsche Nationalbibliothek verzeichnet diese Publikation in
der Deutschen Nationalbibliografie;
detaillierte bibliografische Daten sind im
Internet über **http://d-nb.de** abrufbar.

Alle Rechte, insbesondere das Recht der Ver-
vielfältigung und Verbreitung sowie der Übersetzung, vorbehalten. Kein Teil des Werkes darf
in irgendeiner Form (durch Fotokopie, Mikro-
film oder ein anderes Verfahren) ohne schrift-
liche Genehmigung des Verlages reproduziert
oder unter Verwendung elektronischer Systeme gespeichert, verarbeitet, vervielfältigt
oder verbreitet werden.

ISBN: 978-3-89879-666-8
ISBN E-Book: 978-3-86248-226-9

www.finanzbuchverlag.de
Gerne übersenden wir Ihnen unser Verlagsprogramm!

simplified

Inhalt

EINLEITUNG 9

1 DEUTSCHLAND – DRITTE WELT IN SACHEN GELDANLAGE . . . 11

   1.1 DAS LAND DER SPARER UND ZOCKER 11

   1.2 AKTIEN(UN)KULTUR IN DEUTSCHLAND 23

   1.3 STUPID GERMAN MONEY 27

   1.4 GERMAN ANGST? 34

2 DIE PSYCHOLOGIE DER MÄRKTE 39

   2.1 WAS BEWEGT MÄRKTE? 40

      2.1.1 PSYCHOLOGIE 40

      2.1.2 LIQUIDITÄT 46

      2.1.3 ENTWICKLUNGEN, TRENDS UND MODEN 51

   2.2 DIE MÄR VOM RATIONALEN INVESTOR 57

   2.3 BLASENBILDUNGEN UND DEREN KORREKTUR 63

3 **STUSS** ERKENNEN UND VERMEIDEN 69

   3.1 **S**EKTORENVERLIEBTHEIT 69

   3.2 **T**REUE ZUR HEIMAT 73

   3.3 **U**RTEILSVERZERRUNGEN 79

   3.4 **S**ELEKTION NACH CHANCEN 87

   3.5 **S**PEKULATION OHNE SYSTEM UND STRUKTUR 89

4 PSYCHOFALLEN VERMEIDEN 93

Inhalt

4.1 FATA MORGANA: WAHRNEHMUNG KOMMT NICHT
VON WAHR (HEURISTIKEN) 93

4.2 TEENAGERLIEBE: UNSERE GEFÜHLE FAHREN
ACHTERBAHN MIT UNS (GIER UND PANIK) 100

4.3 WISSENSWERTES ÜBER LEMMINGE:
LIEBER BEI DER HERDE BLEIBEN (SOZIALER DRUCK) . . . 113

4.4 GOLIATH: NIMM DICH IN ACHT VOR DAVID
(SELBSTÜBERSCHÄTZUNG UND ÜBEROPTIMISMUS) 119

4.5 HOMO TECHNICUS: ILLUSION DER KONTROLLE
UND DES WISSENS 122

4.6 PIPPI LANGSTRUMPF: ICH MACH MIR DIE WELT, WIE SIE
MIR GEFÄLLT (HARMONIESUCHT UND SELBSTBETRUG) . . 128

4.7 »LEG DIE LAST AB«: DER FLUCH DER BUCHGEWINNE . . . 134

5 ALICE IM WUNDERLAND:
GRUNDSÄTZE FÜR IHREN BÖRSENERFOLG 143

   5.1 ERKENNE DICH SELBST 143

   5.2 VOM KRIEGE ODER DAS **STAR**-KONZEPT 147

      5.2.1 **S**TRATEGIE UND PLANUNG 147

      5.2.2 **T**RAUE KEINEM RATGEBER 150

      5.2.3 **A**RBEIT UND DISZIPLIN 155

      5.2.4 **R**EALISTISCH BLEIBEN 162

   5.3 SICH RICHTIG BERATEN LASSEN –
   DAS UNBEKANNTE WESEN »BANKER« 167

ZUM SCHLUSS:
WAS SIE AN DER BÖRSE TUN UND LASSEN SOLLTEN 173

GLOSSAR 175

LITERATURVERZEICHNIS 181

simplified

DIE SIMPLIFIED-BUCHREIHE
WWW.SIMPLIFIED.DE

EINE ZUSAMMENARBEIT VON FINANZBUCH VERLAG UND INVESTOR VERLAG

Portfolio Journal
PROFESSIONELLE VERMÖGENSPLANUNG & ASSET ALLOKATION
ein Service der BörseGo AG

Das 4-wöchige PDF Magazin für Anleger & Investoren.

Erfahren Sie alles Wissenswerte über Fonds, ETFs, Hedgefonds, Anlagezertifikate und Ihre optimale Portfolio-Strukturierung!

Jetzt kostenlos abonnieren unter:
www.portfolio-journal.de

simplified

Einleitung

Die Bücher über das richtige Handeln an der Börse füllen viele Regalmeter und trotzdem unterlaufen den Anlegern immer wieder die gleichen Fehler. Denn das Geschehen an der Börse lässt sich nicht ausrechnen, nicht mithilfe von mathematischen Formeln oder technischen Charts in den Griff bekommen. Psychologie ist an der Börse, wie viele aktive Börsianer vermuten, ein wichtiger, wenn nicht sogar ein entscheidender Faktor. Doch auch zur Börsenpsychologie wurde bereits viel geforscht und geschrieben, hoch wissenschaftlich und eher küchenpsychologisch. Insofern scheint es vermessen, dem noch einmal ein Buch hinzuzufügen.

Vermessen, weil wir Autoren keine Wissenschaftler, keine Verhaltensforscher sind, die mit neuen Untersuchungen oder Erkenntnissen aufwarten könnten. Wir arbeiten jedoch beide an der Börse, nehmen insofern eine Art Innensicht wahr. Aus dem Auge des Hurrikans, sozusagen. Wobei wir die Börse durchaus unter verschiedenen Aspekten betrachten – ganz nah an den Anlegern aus Sicht der Handelsüberwachung, die jederzeit jede Order für jeden Anleger nachvollziehbar abbilden muss, und etwas aus der Distanz in der Vermittlungsrolle der Presseabteilung.

Deshalb nahmen wir den Zusatz der Reihe simplified ziemlich ernst. Wir wollten kein hoch theoretisches Lehrbuch verfassen, vielmehr eine Art Fibel für den richtigen Umgang mit dem Handeln an der Börse. Die Selbsterkenntnis und die Selbsteinschätzung des Anlegers zu schärfen, war uns eine wichtige Intention für dieses Buch. Wir hoffen, dass uns das einigermaßen gelungen ist. Da in der Regel zwei Börsianer drei Meinungen vertreten, war es nicht immer einfach, uns selbst auf eine zu einigen. Sollte ein sehr aufmerksamer Leser kleinere Widersprüche entdecken, könnten diese daraus resultieren – aber die Börse ist voller Widersprüche. Allerdings stehen wir zu einigen Grundannahmen, wie etwa, dass wir ein langfristiges, eher konservativ langweiliges Anlageverhalten bevorzugen; dass Ratschläge zwar gut und erwünscht sind, aber nie das eigene Denken ersetzen dürfen; dass Erfolg nur erzielt, wer konsequent

Einleitung

gegen den Strom schwimmt – und damit das Schwerste unternimmt, was es überhaupt gibt in einer auf Konsens getrimmten Gesellschaft.

Wir sehen uns als Praktiker – auch als leiderprobte – des Börsengeschehens. Ursprünglich wollten wir das Buch eher »Die Börsenversteher« nennen und nicht »Börsenwissen aus der Praxis«. Wir wollen damit keinesfalls als arrogant gelten – so als ob wir genau wüssten, wo es an der Börse langgeht. Ganz im Gegenteil, wir geben keine konkreten Tipps ab, wir sind keine Gurus, locken nicht mit hundertprozentigen Gewinnchancen, vielmehr wollen wir anderen kundtun, wie wir die chaotischen Regeln an der Börse verstehen. Uns liegt daran, dass Anleger typische Fallen vermeiden lernen. Es klingt simpel, aber nirgendwo ist es so wichtig wie an der Börse, die eigenen Fehler zu erkennen und zu ihnen zu stehen. Deshalb hier vorab: Wir stehen zu allen Fehlern, die uns in diesem Buch unterlaufen sein sollten, voll und ganz.

Doch die Börse besteht nicht nur aus Fallstricken und Risiken, sie bietet auch jede Menge Chancen. Auch wenn gerade wir Deutschen die Aktie vordringlich als »Risikopapier« bewerten und uns mehrheitlich von ihr fernhalten. Wir stehen zur Aktie als längerfristige Anlageform – allen zwischenzeitlichen Talfahrten des Dax und anderer Indizes zum Trotz. Insofern lautet das Konzept des Buches, das auf sehr vielen Vorträgen auf Anlegerseminaren und Börsentagen beruht und sozusagen »praxiserprobt« ist: STUSS vermeiden und auf STAR setzen. Was sich hinter den Buchstaben im Einzelnen verbirgt, wollen wir hier noch nicht verraten. Es mag unmodern und konservativ erscheinen, aber wir empfehlen tatsächlich, dieses Buch von Anfang bis Ende zu lesen, da vieles aufeinander aufbaut und so auch Wesentliches wirklich »hängen bleibt«. Wenigstens wünschen wir uns dies, denn nichts liegt uns ferner, als unsere Leser zu bevormunden. Nach zwei Kapiteln, die in die Psychologie der Anleger und der Märkte einführen, folgen drei Kapitel, die zeigen, wie man dieses Basiswissen in der praktischen Anwendung einsetzt.

Wir haben uns um eine verständliche und möglichst lebhafte Sprache bemüht. Fremde Erkenntnisse haben wir kenntlich gemacht. Wir gehen nicht davon aus, dass uns aufgrund dieses Buches der Doktortitel verliehen wird. Der Titel »Börsenversteher« würde uns reichen.

1 Deutschland – Dritte Welt in Sachen Geldanlage

simplified

In Zusammenhang mit dem Anlegerverhalten der Deutschen von »Dritter Welt« zu sprechen, mag ein wenig stark erscheinen – vor allem für die Entwicklungsländer! Aber der Eindruck drängt sich auf, dass wir Deutschen da tatsächlich etwas unterentwickelt sind. Denn die Deutschen scheinen in Sachen Geldanlage in zwei unversöhnliche Lager gespalten zu sein: auf der einen Seite die ganz Vorsichtigen, die ihr Geld am liebsten aufs Sparbuch legen und sich dann wundern, dass es sich einfach nicht vermehren will; auf der anderen Seite die ganz Mutigen oder besser Übermütigen, die es ganz schnell mithilfe von merkwürdigen Konstrukten – Derivate und Zertifikate – vermehren wollen und sich dann wundern, dass es einfach immer weniger wird.

1.1 Das Land der Sparer und Zocker

Die Deutschen sind fleißige Sparer. Derzeit beläuft sich die Sparquote auf um die 11 Prozent – im ersten Quartal 2011 lag sie sogar bei über 15 Prozent – allerdings sparen die Deutschen generell in den ersten drei Monaten eines Jahres besonders heftig. Zum Vergleich: In den USA liegt die Sparquote bei deutlich unter 3 Prozent! Doch noch immer sind die Zinsen minimal, und vor allem liegen sie unterhalb der Preissteigerung. Sie werden dagegenhalten, dass die Zinsen, die Ihnen Ihre tolle Hausbank derzeit zahlt, aber doch über der derzeitigen Inflationsrate liegen, wenigstens knapp. So sagt der Bankberater. Das ist einerseits wahr, stimmt aber andererseits doch nicht hundertprozentig. Denn die offiziell ausgewiesene »Inflationsrate« und die tatsächliche Geldentwertung sind zwei ganz verschiedene Dinge. Wir wollen an dieser Stelle die Begriffe Inflation und Teuerung beziehungsweise Preissteigerung nach der Sichtweise der Wiener Schule der Ökonomie (oftmals besser bekannt unter Österreichische Schule der Nationalökonomie) auseinanderhalten. Inflation (lateinisch: inflare = aufblasen) bezeichnet die Ausweitung der ungedeckten Geldmenge. Teuerung ist der Anstieg des allgemeinen Preisniveaus.

1 Deutschland – Dritte Welt in Sachen Geldanlage

Nach der Wiener Schule ist Inflation der Grund für die Geldentwertung, während die Teuerung die Folge der Inflationierung darstellt. Gerade für Investoren ist aufgrund der langfristigen Sichtweise die Geldverschlechterung durch die Inflation der richtige Maßstab. Die Geldverschlechterung wirkt wie eine Sondersteuer. »Regierungen können durch kontinuierliche Inflation geheim und unbeobachtet einen erheblichen Teil des Vermögens ihrer Bürger konfiszieren«, so der berühmte Nationalökonom John Maynard Keynes in seinem Werk »Economic Consequences of Peace«. Die Geldverschlechterung ist im Übrigen kein Phänomen der Neuzeit, sondern so alt wie die Geschichte des staatlich kontrollierten Geldes. Nur die Methodik hat sich geändert. Früher, als Edelmetalle natürliches Geld waren, wandte man die systematische »Münzverschlechterung« an, um Kriege, den Bürokratie- und Repressionsapparat und die Apanage für die Herrschenden bezahlen zu können.

Der Silbergehalt des Zahlungsmittels Denarius wurde beispielsweise zwischen dem 1. Jahrhundert vor Christus und 286 nach Christus sukzessive von etwa 95 Prozent auf nahezu null reduziert[1]. Im Dreißigjährigen Krieg gab es eine eigene »Kipper- und Wipper-Zeit«, bei der gutes Geld gegen schlechtes getauscht, also der Edelmetallgehalt – vorwiegend Silber – kontinuierlich gesenkt wurde. Ihren Namen hat diese Zeit vom Prozess des Wiegens (das Wippen des Waagebalkens) und des Kippens, das Aussortieren bedeutete, erhalten. Welch ein Aufwand! Münzen mussten eingeschmolzen, mit Kupfer und Bronze gestreckt und dann wieder neu geprägt werden. In der heutigen Ära des Giralgeldes reicht ein Knopfdruck, eine »virtuelle« Geld- und Kreditmarktoperation der zuständigen Zentralbank. Was uns als »Inflationsrate« verkauft wird, ist eigentlich eine statistische, auf einen Warenkorb bezogene Preissteigerungsrate. Wie bei so vielen Statistiken steckt der Teufel im Detail. An dieser Kennziffer wird herumgedoktert, und im Ergebnis wird sie statistisch verfälscht. Staat, Politik, Arbeitgeber und Schuldner zählen zu den Profiteuren einer zu niedrig ausgewiesenen Teuerungsrate. Arbeitgeber schätzen niedrige Werte, da so auch die Tarifabschlüsse moderat bleiben, die Lohn-Preis-Spirale dreht sich nur verhalten. Schuldner profitieren davon, dass die Gläubiger für eine wichtige Zinskomponente (Ausgleich für Geldentwer-

---

[1] Augustus Brown: The Financial Collapse of the Roman Coinage in the 3rd Century A.D., Kyrenia, Kingston, Canterbury, Kent, ohne Datum.

tung im Zeitverlauf) weniger verlangen. Die Politik zählt gleich in mehrfacher Hinsicht zu den Nutznießern. Als größter Schuldner ist der Staat an niedrigen Zinsen interessiert, als großer Arbeitgeber an niedrigen Lohnabschlüssen. Die an die Lohnentwicklung gekoppelten Rentenzahlungen und andere Sozialtransferleistungen weisen ebenfalls geringere Steigerungsraten aus. Die mindergerechnete Teuerungsrate pflanzt sich auch in andere wichtige statistische Kerngrößen fort. So wird dadurch zum Beispiel auch das reale BIP-Wachstum überhöht dargestellt. Das ist praktisch für die an der Regierung Beteiligten. Die nächste Wahl steht bestimmt schon wieder vor der Haustür.

Aber wie stellt es die Statistik an, dass die Teuerung so »verhalten« ausfällt, dass sie sich quasi so darstellt, wie es politisch opportun ist? Die Statistiker bedienen sich einer Klaviatur verschiedener Möglichkeiten – man könnte geneigt sein, von Tricks zu sprechen –, um die Teuerungsrate nach unten zu drücken: zum Beispiel der hedonische Preisindex, der Surrogatansatz, die geometrische Gewichtung, die Kerninflationsrate, die Interventionsbereinigung. Gemeinsam ist diesen Ansätzen, dass als Ergebnis eine moderate Preissteigerungsrate erzielt wird. Wir als Verbraucher wissen aber zwischen der tatsächlichen (das heißt statistisch errechneten) und der gefühlten (das heißt tatsächlich beim Einkauf erlebten) Teuerung zu unterscheiden.[2]

Beim hedonischen Preisindex werden Qualitätssteigerungen einberechnet. Wer heute einen Laptop kauft, bekommt zum gleichen Preis wie vor fünf Jahren ein wesentlich leistungsstärkeres Produkt – das muss berücksichtigt werden. In einem aufwendigen Verfahren werden dabei Preise pro Leistungsmerkmal berechnet. Beispielsweise ändert sich bei Computern die Speicherkapazität maßgeblich. Wenn zwei PCs das Gleiche kosten, das jüngere Modell aber die doppelte Leistung bringt, setzen die Statistiker den Preis des neuen Modells auf die Hälfte herab. Das Problem ist nur: Obwohl Ihnen vielleicht ein Computer mit weniger Speicherkapazität zu einem geringeren Preis ausreichen würde, bekommen Sie diesen gar nicht mehr angeboten.

---

[2] Ein einsamer Streiter wider die Tricks der Statistiker ist der Amerikaner John Williams, der sein eigenes Institut, Shadow Government Statistics gegründet hat. Wer mehr erfahren will, wird unter www.shadowstats.com fündig.

Beim Surrogatansatz werden in dem Warenkorb, der zur Ermittlung der Teuerung Jahr für Jahr zurate gezogen (also gepackt) wird, einfach mal schnell Produkte ausgetauscht. Gerne wird dabei ein teureres durch ein billigeres ersetzt – das senkt die Preissteigerungsrate. Die Begründung lautet: Auch die Verbraucher weichen auf günstigere Produkte aus. Dass der Verbraucher an seinen Gewohnheiten hängt und sich diese eventuell auch teuer werden lässt, wird dabei allerdings gerne übersehen. Bei der geometrischen Gewichtung geht man ein wenig anders vor mit dem gleichen Effekt, denn dabei werden teurere Produkte geringer gewichtet.

Bei der Kerninflationsrate werden einfach ganze Bereiche – nämlich Energie und Lebensmittel – ausgeklammert. Klar, ein Leben ohne Heizung, Autofahren und ganz ohne Essen und Trinken deckt die Alltagssituation eines jeden von uns ja ungeheuer realistisch ab. Wie kam man dann aber überhaupt darauf? Ist so ein Konzept der Kerninflation sinnvoll? Hauptintention war, dass Produktgruppen, die starken Preisschwankungen unterzogen sind, die also sehr »volatil« sind, herausgerechnet werden, um kurzfristige Einflüsse und Schwankungen aus dem Warenkorb zu entfernen. Weil die Geld- und Finanzpolitik auf mittelfristige Ziele ausgerichtet ist, sollten damit verlässlichere Daten gewonnen werden. Die Energie-, Rohstoff- und Lebensmittelpreise haben sich seit der Jahrtausendwende im Schnitt jedoch mehr als verdoppelt. Nach einer Dekade steigender Preise ist es fast unredlich, diese immer noch als kurzfristig und der Volatilität geschuldet einzuordnen.

Bei der Interventionsbereinigung schließlich werden Preiserhöhungen als »vorübergehend« eingestuft und einfach gar nicht berücksichtigt. Der Verdacht der politischen Einflussnahme mit dem Ziel, die Preissteigerungen kleinzureden, liegt nahe. Diskussionen zu dieser Thematik einfach als die Äußerungen von Verschwörungstheoretikern darzustellen, ist vor diesem Hintergrund wissenschaftlich kaum haltbar. Durch die allgemeine Sprachenverwirrung fällt es uns schwer, zwischen der Teuerung und der Geldentwertung zu unterscheiden. Die Teuerung wird darüber hinaus auch noch verfälscht dargestellt. Im Ergebnis baut sich bei den Sparern eine Illusion über die Werthaltigkeit ihrer Vermögenswerte und der daraus erzielten Erträge auf. Damit fühlen wir uns in Sparprodukten noch sicher, welche eigentlich per se defizitär sind und nach dem Zugriff des Finanzamtes ohnehin.

1.1 Das Land der Sparer und Zocker

Das Sparbuch bringt kaum Zinsen, die Teuerung frisst sie wieder weg, haben wir jetzt gelernt. Was gibt es für Alternativen? Neben dem Sparbuch bevorzugen die Deutschen Anlageformen wie die Riester-Rente oder Lebensversicherungen. Doch was bringen diese Arten der Vermögensanlage – Vermögensvermehrung?

Beispiel Riester-Rente: Immer mehr Deutsche entdecken dieses »sichere« Instrument für ihre Vorsorge. Doch die vertraglich zugesicherte Rente ist eine Nominalrente, das heißt, Sie wissen, dass Sie einen bestimmten Betrag ausgezahlt bekommen, aber nicht, wie viel Sie sich zum Zeitpunkt der Auszahlung dafür kaufen können. Und die Rente wird ja immer später ausgezahlt, denn kein Mensch glaubt den heutigen Politikern, dass das Renteneintrittsalter in Anbetracht der demografischen Entwicklung so bleibt wie jetzt. Dazu nur eine Zahl: Als das Renteneintrittsalter auf 65 Jahre festgelegt wurde – noch unter Kanzler Bismarck – lag die durchschnittliche Lebenserwartung eines Mannes bei 59 Jahren! Heute kann laut statistischem Bundesamt ein Junge mit einer Lebensspanne zwischen 78,6 Jahren (in Baden-Württemberg) und 75,1 Jahren (in Sachsen-Anhalt und Mecklenburg-Vorpommern) rechnen – bei unverändertem Renteneintrittsalter. Im Schnitt erfreut sich ein Mann also mehr als zehn Jahre an seinen Rentenbezügen, doch selbst dies ist eine Milchmädchenrechnung, denn nur die wenigsten arbeiten bis zum 65. Lebensjahr – das durchschnittliche Renteneintrittsalter liegt bei 61,3 Jahren und so werden aus zehn eher fünfzehn Jahre Rente.

Doch zurück zur Riester-Rente: Eine Rentenzahlung von 1000 Euro im Monat hat nach 35 Jahren Laufzeit nur noch eine Kaufkraft von 500 Euro! Und das bei einer Inflationsrate von nur angenommenen 2 Prozent pro Jahr. Nur zur Erinnerung, im Februar 2011 lag die Preissteigerungsrate bei 2,1 Prozent – der Fairness halber sei aber gesagt, dass sie im Jahr 2010 im Schnitt bei nur 1,1 Prozent lag. Trotzdem: Der Kaufkraftverlust vernichtet selbst dann alle nominalen Werte – dazu zählen alle Geld- und Sparanlagen –, wenn er nur moderat ausfällt. Die Europäische Zentralbank (EZB) hat eine jährliche Preissteigerungsrate von knapp unter 2 Prozent als einen ihrer Zielwerte angesetzt.

Vom Ende her besehen, ist die Anlage in eine Riester-Rente also nicht sehr erfreulich. Warum scheint sie uns aber so vorteilhaft zu sein? Das hat viel mit unserer Einstellung zu tun. Mit Einstellung wird die psychische Bereitschaft bezeichnet, einen Gegenstand in einer besonderen Weise wahrzunehmen. Man bewertet das Objekt mit tendenzieller Zuneigung oder Ablehnung. Das brauchen wir, denn das hilft uns dabei, die Umwelt, Systeme und Situationen schnell zu strukturieren und daraus Handlungsempfehlungen abzuleiten. Ein feines Beispiel gab jüngst der neue grüne Ministerpräsident Baden-Württembergs, Winfried Kretschmann. Beim Besuch von Porsche sprach er davon, dass er kein so »libidinöses Verhältnis zu diesen Autos« habe. Konkret bedeutet das eher, dass er sie von vorneherein ablehnt – ganz im Gegensatz zu vielen anderen begeisterten Sportwagen-Fans. Umgangssprachlich reden wir häufig von Vorurteilen. Dies ist so falsch nicht, weil wir sehr oft auf der Basis von Einstellungen werten und handeln, ohne dass bewusste Gedankengänge dabei beteiligt wären. Wir entscheiden aus dem Bauch heraus. Es sind aber vorgefasste Meinungen, die uns dabei leiten. Einstellungen sind nicht angeboren. Sie sind Ausdruck unserer Erfahrung oder erlernt. Sie werden uns über das Elternhaus, die Schule, Freunde und Vorbilder vermittelt. Besonders werden wir von unserem direkten sozialen Umfeld geprägt und übernehmen dessen Einstellungen. Man spricht dann von einer »sozialen Referenzgruppe«: Wir wollen so sein wie die Gruppe. Auch Medien spielen eine große Rolle für unsere Einstellungen und für das, was wir für richtig oder falsch, gut oder schlecht halten. Dabei werden unsere Einstellungen von Stammtischparolen ähnlich geprägt wie von politischen Parteien oder wissenschaftlichen Berichten. Einstellungen sitzen sehr tief und werden nicht schnell mal über den Haufen geworfen, noch seltener hinterfragt. Denn Hinterfragen ist unbequem und kostet Zeit und Mühe. Im schlimmsten Fall isoliert man sich sogar von den Einstellungen seiner sozialen Umwelt, wird zum Einzelkämpfer, schwimmt gegen den Strom. An den Kapitalmärkten bekommt die Masse aber nur selten Recht. Deshalb lohnt es sich, seine Vorurteile zu analysieren und diese bei Bedarf zu ändern. Es geht schließlich um Ihr Geld und Ihr Vermögen.

Kapitalanlage	Einstellung
Kapitallebensversicherung	sicher und schützt das Einkommen der Familie
Rentenpapiere aller Art	sicher, risikoloser Zins
Bausparen	bringt mich meinem Wunsch nach einer eigenen Immobilie näher
Immobilien	sicher in der Wertsteigerung, wenig schwankungsanfällig
Edelmetalle, Gold	wirft keine Zinsen ab, kann man nicht essen
Rohstoffe	schwierig zu investieren, gelten als inflationssicher
Aktien	sehr riskant, andere (meist) oder man selbst (seltener) haben schlechte Erfahrungen gemacht

Tabelle 1: Typische Einstellungen gegenüber verschiedenen Kapitalanlageformen

Aber machen wir doch einmal den Praxistest. Kennen Sie den Woody-Allen-Film »Der Schläfer«? Dort wird der Protagonist Miles Monroe – gespielt von Woody Allen – für 200 Jahre in Tiefschlaf versetzt und dann wieder erweckt. Stellen wir uns vor, uns würde das passieren und wir wären einfach nur 40 Jahre in den Tiefschlaf versetzt worden, hätten davor aber noch unser Geld angelegt. Seien es 100.000 Euro, die wir entweder aufs Sparbuch gelegt, in eine Kapitallebensversicherung gesteckt oder in Aktien oder Immobilien investiert oder in Gold getauscht hätten. Was hätten wir nach einem anspruchsvollen, aber durchaus nicht ganz abwegigen – siehe die verlängerten Lebenszeiten – Anlagehorizont von 40 Jahren bekommen?

Sparbuch nach 40 Jahren
Im Zeitraum von 1970 und 2010 lag der Zinssatz bei einem Sparbuch mit drei Monaten Kündigungsfrist bei 4,5 Prozent im Jahr 1970 und mageren 1 bis 2 Prozent im Jahr 2010. Der Höchststand war dabei mit 5,51 Prozent im Februar 1974 erreicht, allerdings fiel schon zu Beginn der 1980er-Jahre der Zins rapide nach unten, lag 1984 bei nur noch 3 Prozent und 1988 bei 2 Prozent, seit 1997 liegt er mehr oder weniger deutlich unter diesen 2 Prozent. Auch Lebensversicherungen – in der Beliebtheitsskala der Deutschen mit über 90 Millionen abgeschlossenen Verträgen ganz oben – bringen eine nur überschaubare Rendite. Bei der kapitalbildenden

1 Deutschland – Dritte Welt in Sachen Geldanlage

Lebensversicherung – der konservativsten Form – ergibt sich die Rendite aus der Mindestverzinsung (2,25 Prozent) plus der von den Versicherern erwirtschafteten Überschüsse, die zu mindestens 90 Prozent ausbezahlt werden müssen. Das ergibt eine Gesamtverzinsung von zwischen 4 und 6 Prozent.

Staatsanleihen nach 40 Jahren
Staatsanleihen aus dem REXP, dem deutschen Rentenindex mit ausschließlich deutschen Staatsanleihen, entwickelten sich zwischen 1970 und 2010 mit einer jährlichen Rendite von 6,9 Prozent.

Immobilien nach 40 Jahren
Nach dem renommierten Case-Shiller-Index – nach jenem Robert Shiller benannt, der nicht nur das Platzen der Internetblase, sondern auch die am US-Häusermarkt heranziehende Finanzkrise vorhersagte – brachten es Immobilien zwischen 1970 und 2010 auf eine durchschnittliche nominale Jahresrendite von 5 Prozent. Der Case-Shiller-Index misst dabei die Veränderungen der Hauspreise in 20 ausgewählten amerikanischen Städten.

Gold nach 40 Jahren
Im gleichen Zeitraum von 1970 bis 2010 erlebte Gold eine durchschnittliche jährliche Rendite von 9,5 Prozent.

Rohstoffe nach 40 Jahren
Als Grundlage dient der CRB-Index von Thomson Reuters/Jefferies, der 19 Futures auf Rohstoffe umfasst. Enthalten sind darin etwa Kaffee, Mais und Sojabohnen, Kakao, Zucker und Baumwolle, Nickel und Orangensaft, Silber und Weizen. Der CRB erzielte zwischen 1970 und 2010 eine jährliche Durchschnittsrendite von gerade einmal 3,0 Prozent.

Aktien nach 40 Jahren
In Anbetracht der Tatsache, dass Woody Allen seinen Schläfer in den USA drehte und auch dort spielen ließ, greifen wir auf Aktien aus dem Dow Jones zurück. Wie haben sich diese über 40 Jahre hinweg entwickelt? Den Dow Jones gibt es bereits seit 1884, den Dow Jones Industrial Average, die Basis des heutigen Indexes, seit 1896. Hier könnten wir also auf mehr als 100 Jahre Erfolg oder Misserfolg zurückblicken. Von den damals

1.1 Das Land der Sparer und Zocker

im Dow Jones notierten zwölf Werten existiert bis zum heutigen Tage allerdings nur noch General Electric. Von 1980 bis 2010 lag die durchschnittliche Rendite des Dow Jones mit den 30 größten US-Unternehmen bei 8,6 Prozent. Nehmen wir aber den mächtigen S&P 500, der die 500 größten US-Unternehmen abbildet, zeigt seine Entwicklung zwischen 1970 und 2010 eine durchschnittliche jährliche Rendite von 10,2 Prozent. Der Dax wies zwischen 1980 und 2010 eine Rendite von 9,8 Prozent und von 1970 bis 2010 von 8,3 Prozent auf[3]. Wobei hier immer Kauf und Verkauf zum Jahresschluss verglichen werden – ganz anders fiele die Rendite selbstverständlich aus, hätte der Anleger zum jeweiligen Jahrestief gekauft und zum Jahreshoch verkauft.

Kapitalanlage	Einstellung	Durchschnittsrendite 1970–2010
Kapitallebensversicherung	Sicher und schützt das Einkommen der Familie	zwischen 4 und 6 Prozent
Deutsche Staatsanleihen	Sicher, risikoloser Zins	6,9 Prozent
US-Immobilien	Sicher in der Wertsteigerung, wenig schwankungsanfällig	5 Prozent
Edelmetalle, Gold	Wirft keine Zinsen ab, kann man nicht essen	9,5 Prozent
Rohstoffe	Schwierig zu investieren, gelten als inflationssicher	3 Prozent
S&P-Aktien	Sehr riskant, andere (meist) oder man selbst (seltener) haben schlechte Erfahrungen gemacht	10,2 Prozent

Tabelle 2: Unsere Einstellungen und die Renditen verschiedener Kapitalanlageformen

Dies sind aber rein quantitative Zahlen, welche noch dazu durch die willkürliche Auswahl des Vergleichszeitraumes verfälscht sind. Wir möchten uns auch noch von einer anderen Seite dem Thema annähern. Wie verhalten sich die Asset-Klassen in Krisen, welche historischen Erkenntnisse werden gerne negiert? Richten wir dabei den Blick ganz konkret auf

---

[3] Performance-Rechner von focus money online. Da der Dax erst seit 1988 berechnet wird, wurden die 30 größten Aktiengesellschaften in den vorhergehenden Jahren in die Rechnung einbezogen. Weiterhin wird unterstellt, dass die Dividenden direkt wieder in die gleichen Aktien investiert wurden.

1 Deutschland – Dritte Welt in Sachen Geldanlage

Deutschland und die Entwicklung der unterschiedlichen Anlageklassen über einen längeren Zeitraum hinweg:

Kapitalanlage	Einstellung	Historie / Aktuell
Kapitallebens-versicherung	sicher und schützt das Einkommen der Familie	nahezu komplette Entwertung durch zwei Währungsreformen im 20. Jahrhundert aktuell: sehr niedrige Rendite; Investitionsquoten von etwa 90 Prozent in Rentenpapieren
Deutsche Staatsanleihen*	sicher, risikoloser Zins	nahezu komplette Entwertung durch zwei Währungsreformen im 20. Jahrhundert aktuell: »zinsloses Risiko«
Immobilien	sicher in der Wertsteigerung, wenig schwankungsanfällig	Hauszinssteuer 1924 bis 1943 Lastenausgleichsgesetze** ab 1948 geringere Abwertung der Schulden bei Währungsschnitten (siehe Währungsumstellung 1948, Aufwertungsrechtsprechung 1923 durch das Reichsgericht) aktuell: Run auf Immobilien in guten Lagen; gilt als der klassische, sichere Hafen; Zweifel sind aber angebracht
Edelmetalle, Gold	wirft keine Zinsen ab, kann man nicht essen	staatliche Preissetzung, Goldstandard bis 1914 und von 1944 bis 1971 Bretton-Woods-Goldstandard, basierend auf dem US-Dollar, international wirkend Verbot des privaten Goldbesitzes 1936 bis 1948 aktuell: Profitieren von der Flucht in Sachwerte
Aktien	sehr riskant, andere (meist) oder man selbst (seltener) haben schlechte Erfahrungen gemacht	höchste Volatilität gerade auch in Krisenzeiten solide Unternehmen haben teilweise Sachwertcharakter und erholen sich nach Krisenzeiten auf mittlere Sicht

* Banken und Versicherungen werden durch Regelwerke wie Basel III und Solvency II dazu angehalten, Staatsanleihen zu kaufen. Denn sie müssen weniger Eigenkapital hinterlegen, wenn sie in Staats-Bonds investieren – kein Zwang, aber ein mächtiger Anreiz.

** Der Lastenausgleich regelte ab 1948 über diverse Gesetze, dass diejenigen, denen erhebliches Vermögen verblieben war (insbesondere Immobilien), die Hälfte des Vermögens nach dem Stand vom 21.6.1948 in einen Ausgleichsfonds einzahlen mussten (in 120 vierteljährlichen Raten).

Tabelle 3: Unsere Einstellung gegenüber Kapitalanlagen in Bezug zur historischen Entwicklung

1.1 Das Land der Sparer und Zocker

Die Deutschen sind sparsam und verzichten auf Rendite, doch das bisschen, das sie auf dem Sparbuch erzielen, frisst ihnen auch noch der Kaufkraftverlust des Geldes weg. Aber, so wenig es »die Deutschen« gibt oder »den Autofahrer« oder »die Autofahrerin«, so wenig gibt es »den Anleger«. Denn auf der anderen Seite glauben eine ganze Menge Leute in Deutschland daran, dass sie an der Börse ganz schnell und ohne viel Zutun reich werden können. Das »Glauben« ist dabei ziemlich wörtlich zu nehmen, sie glauben zwar nicht an höheren Beistand, sondern an die Heilswirkung strukturierter und gehebelter Produkte. Diese Derivate nehmen überhand, obwohl sie zum größten Teil nichts als Wetten darstellen und dementsprechend oft auch danebengehen. Dabei geht es dann nicht um irgendwelche Kursverluste, sondern um einen Totalverlust. Deshalb haben diese Papiere auch so schöne Namen wie Knock-out-Papiere – es gibt aber auch Smart-Turbo-Zertifikate. In etwa jeder Minute stößt ein Finanzinstitut ein neues Zertifikat aus, so berechnete die *Financial Times Deutschland* im April 2011. Inzwischen hat sogar die Kunst die Welt der Derivate entdeckt, und der britische Konzept-Künstler Tom Saunders verkauft, wie die *Frankfurter Allgemeine Zeitung* berichtete, mit einem »The Emerging Artist Derivative Contract (2010–2020)« genannten Vertrag für lumpige 2000 Pfund schon heute das Recht, seine Kunstwerke in zehn Jahren für dann nur noch ein läppisches Pfund zu kaufen. Ist seine Karriere – der Mann zählt gerade einmal 23 Jahre – bis dahin steil bergauf verlaufen, handelt es sich um echte Schnäppchen. Im Prinzip greift er aber die Ur-Idee von Derivaten auf, denn sie wurden ursprünglich in der Landwirtschaft zur Absicherung eingesetzt. Wenn ein Landwirt beispielsweise im Winter seinen Weizen sät, weiß er nicht, was er im Sommer dafür bekommt. Um dieses Risiko zu vermindern, handelt er den Preis schon lange vor der Ernte aus, sodass die Existenz des bäuerlichen Betriebes durch Preisschwankungen nicht gefährdet werden kann. Der Händler profitiert dann entweder davon, dass die Preise steigen, oder er hat das Nachsehen. Die Risiken werden auf den verteilt, der sie eher tragen kann, in diesem Fall auf den Händler, der mit mehreren Waren spekulieren und sein Risiko kleiner halten kann als der Bauer, der sich um seinen Weizen intensiv kümmern muss, egal, wie viel er am Ende dafür bekommt. Diese Idee haben dann Unternehmen, vor allem Exportunternehmen, zur Absicherung ihrer Verkäufe gegen Währungsschwankungen übernommen. Heute spielen aber immer mehr Privatpersonen in diesem Spiel mit, welche die Gesetzmäßigkeiten der Teilmärkte nicht kennen. Damit übernehmen sie Risiken, nicht weil sie diese besser austarieren können, sondern weil sie über komplizierte Konstrukte mitspielen wollen, welche sie gar nicht mehr verstehen (sollen).

Doch die Welt der Zertifikate und Derivate, die nicht von Konzeptkünstlern, sondern von Bankern konzipiert werden, boomt wieder fast wie vor der Finanzkrise, obwohl produktimmanente Risiken, wie das Emittentenrisiko (Lehman) oder Ausgestaltungsrisiken (Nichtgreifen von »Airbags«) offen zutage getreten sind. Allein in den ersten vier Monaten des Jahres 2011 legten die Banken – an der Spitze die Marktführer Deutsche Bank und Commerzbank – fast 500.000 neue Produkte auf, die an den beiden Börsen für verbriefte Derivate in Deutschland, Euwax in Stuttgart und Scoach in Frankfurt, gehandelt oder – vielleicht sollte man doch besser sagen – verzockt werden. Im März 2011 belief sich das Volumen auf insgesamt fast 109 Milliarden Euro. Im September 2007, auf dem Höhepunkt und kurz vor dem Ausbruch der Finanzkrise betrug das Volumen 139 Milliarden Euro, danach sank es kurzfristig auf bis zu 80 Milliarden Euro ab, klettert jetzt aber wieder in die Höhe. Dabei waren gerade solche oftmals schwer verständlichen, kompliziert konstruierten und vor allem doppelt verbrieften Derivate, sogenannte Collateralized Debt Obligations (CDOs) Auslöser der Finanzkrise.[4]

Emittentenrisiko

Egal ob in einem Zeitungsbericht oder im Kleingedruckten so manches Finanzproduktes, immer wieder ist von einem »Emittentenrisiko« die Rede. Doch was ist damit eigentlich genau gemeint, geht hier etwa der Emittent ein Risiko ein? Nein, ganz im Gegenteil, der Anleger geht beim Kauf eines Produktes das Risiko ein, dass der Emittent, der Herausgeber des Finanzproduktes, möglicherweise in Konkurs gehen und seinen Zahlungsverpflichtungen nicht mehr oder nur noch in Teilen nachkommen kann. Seit der Pleite der Investmentbank Lehman Brothers – vor ihrem Zusammenbruch im September 2008 mit einem Umsatz von fast 60 Milliarden US-Dollar eine der großen ihrer Branche – schien das Risiko, dass eine Bank pleitegeht, ziemlich abstrakt. Heute sehen das viele Anleger anders, und das ist gut so. Allerdings sollten Anleger sich inzwischen auch bei einem Investment in Staatsanleihen Gedanken über ein mögliches Emittentenrisiko machen. Keinem Emittentenrisiko sind beispielsweise Fonds unterzogen, weil sie ein Sondervermögen darstellen, das auch bei der Insolvenz der Fondsgesellschaft weiterhin unabhängig existiert.

---

[4] Neueste Zahlen über Anzahl, Umfang und Gattungen können jederzeit über den Deutschen Derivate Verband abgerufen werden. (www.deutscher-derivate-verband.de)

Aber nicht nur Derivate und Zertifikate, auch hoch spekulative Aktien, wie zum Beispiel Aktien von Rohstoffexplorern, erfreuen sich großer Beliebtheit. Auch hier handelt es sich eher um eine Wette, denn die oftmals zugrunde liegenden Junior-Explorer sind Firmen, die Claims – zum Beispiel in Kanada – erworben haben, auf denen sich Rohstoffe finden und gewinnen lassen oder auch nicht. Wird etwas gefunden und rentiert sich der Abbau, steigt der Kurs rasant. Doch in vielen Fällen wird nichts oder nur zu wenig Substanz gefunden – dann stürzt der Kurs ins Bodenlose.

Im Zwischenbereich bewegen sich CFDs, Contracts of Difference. Hoch spekulativ, nur für Daytrader, da eigentlich ganz überwiegend allabendlich glattgestellt, sollten sie ursprünglich nur Depots absichern. Differenzkontrakte sind noch relativ junge, inzwischen aber äußerst beliebte derivative Finanzinstrumente. Anleger können mit CFDs auf steigende oder fallende Kurse von Aktien, Indizes, Rohstoffen oder anderen Basiswerten setzen, ohne diese direkt kaufen zu müssen. Es wird lediglich die Hinterlegung einer Sicherheitsleistung (Margin) gefordert, die zwischen 0,25 Prozent und 4 Prozent liegt. Weil der Anleger nur einen sehr geringen Teil des tatsächlich gehandelten Volumens bezahlen muss, entsteht eine interessante Hebelwirkung. Wo hohe Gewinne eingefahren werden können, ist auf der Gegenseite aber auch das Risiko hoch: Der gesamte Einsatz kann gerade aufgrund des Hebels auch bei relativ geringfügigen Ausschlägen des Basiswertes verspielt sein, eventuell fällt, je nach Broker, auch eine Nachschusspflicht an. Dann wird das Investment mit dem erwünschten Gewinn plötzlich richtig teuer.

Übrigens, Daytrader fahren ganz überwiegend gar keine Gewinne ein. Nach diversen Studien erleiden mehr als zwei Drittel aller Privatanleger (bis über 80 Prozent, je nach Studie), die täglich handeln, Verluste. Doch damit sind wir mitten im Thema, im Thema Aktien nämlich.

1.2 Aktien(un)kultur in Deutschland

Ein Land der Aktionäre ist Deutschland ganz sicher nicht und entsprechend auch kein Land der Aktiengesellschaften. Man kann über Aktien denken, wie man will, aber sie erfüllen eine ganz wichtige volkswirtschaftliche Aufgabe. Sie versorgen Unternehmen mit ausreichend Kapi-

1 Deutschland – Dritte Welt in Sachen Geldanlage

tal, damit diese expandieren, in neue Märkte vorstoßen, neue Produkte entwickeln, nach Innovationen forschen und sich auf den internationalen Märkten behaupten können – und damit diese Unternehmen letzten Endes Personal einstellen können. Es geht dabei nicht nur um die Großunternehmen, die aus dem Dax bekannt sind – von Adidas bis Siemens und von BMW bis VW –, es geht auch um sehr viele mittelständisch geprägte und familiengeführte Aktiengesellschaften, die es überdies noch gibt. Untersuchungen der EU haben ergeben, dass Länder mit einer hohen Aktienkapitalisierung in Bezug auf das Bruttoinlandsprodukt höhere Wachstums- und Beschäftigungsraten aufweisen. Eine österreichische Studie ergab zusätzlich, dass bei einer hohen Aktienkapitalisierung und großen Börsenumsätzen auch mehr in Forschung und Entwicklung investiert wird.[5] Mit der Ausgabe von Aktien finanzieren diese Unternehmen ihre Zukunft und die Zukunft ihrer Beschäftigten – doch der Käufer von Aktien gilt als Zocker und Spekulant und wird als solcher auch in steuerlicher Hinsicht behandelt. Aktien gelten bei uns als »Risikopapiere«, und da scheint es nur folgerichtig, dass die Politik jetzt auch noch »Beipackzettel« für jeden Aktienkauf einfordert, die von den »Risiken und Nebenwirkungen« berichten. Die gleiche Politik fordert eine private Altersvorsorge von den Menschen ein, gerne auf der Basis von (Aktien-) Fonds, und bestraft sie umgehend mit einer angedrohten Transaktionssteuer – die voll auf die Rendite einer solchen privaten Altersvorsorge durchschlagen würde.

Doch zurück zur Aktie: Diese ist nämlich viel weniger ein Risiko- als ein Chancenpapier. Wie wir im vorigen Kapitel gesehen haben, liegen die Renditen von Aktien – und wir haben nur einen Index als Maßstab genommen – deutlich über den klassischen Alternativen Sparbuch, Anleihen, Kapitallebensversicherung, Bausparvertrag oder Immobilien. Allerdings gilt es eines zu berücksichtigen: Um die Vorzüge einer Aktienanlage voll ausspielen zu können, braucht es Zeit, also einen angemessenen Anlagehorizont.

Die Wahrscheinlichkeit, mit einem – allerdings breit gestreuten – Aktiendepot eine bessere Rendite zu erzielen als mit Anleihen, nimmt mit der Dauer der Anlage deutlich zu: Nach fünf Jahren liegt die Wahrscheinlich-

---

[5] Franz R. Hahn: Aktienmarkt und langfristiges Wirtschaftswachstum, WIFO-Institut Wien, 2002.

1.2 Aktien(un)kultur in Deutschland

keit, eine Rendite von mehr als 6 Prozent zu erzielen, bereits bei über 70 Prozent, nach 20 Jahren bei fast 90 Prozent und nach 30 Jahren bei nahezu 100 Prozent, wie Tabelle 4 zeigt. Die Schere zwischen Renten und Aktien geht noch weiter auf, nimmt man eine höhere Rendite, zum Beispiel 10 Prozent, wie Tabelle 5 beweist.

Die Wahrscheinlichkeit, eine Rendite von mehr als 6 Prozent p. a. zu erzielen, beträgt bei einem Anlagezeitraum von ... Jahren ... Prozent		
Anlagezeitraum	Aktien	Rentenpapiere
1 Jahr	55 %	67 %
5 Jahre	73 %	68 %
10 Jahre	81 %	75 %
15 Jahre	81 %	80 %
20 Jahre	89 %	83 %
25 Jahre	92 %	86 %
30 Jahre	94 %	88 %

Tabelle 4: Aktiendepot kontra Anleihen – Rendite von mehr als 6 Prozent
(Quelle: DAI-Factbook Oktober 2009, zit. Dr. Pirmin Hotz & Partner AG)

Die Wahrscheinlichkeit, eine Rendite von mehr als 10 Prozent p. a. zu erzielen, beträgt bei einem Anlagezeitraum von ... Jahren ... Prozent		
Anlagezeitraum	Aktien	Rentenpapiere
5 Jahre	55 %	8 %
10 Jahre	57 %	2 %
15 Jahre	58 %	1 %
20 Jahre	60 %	0 %
25 Jahre	61 %	0 %
30 Jahre	62 %	0 %

Tabelle 5: Aktiendepot kontra Anleihen – Rendite von mehr als 10 Prozent
(Quelle: DAI-Factbook Oktober 2009, zit. Dr. Pirmin Hotz & Partner AG)

Unser Credo lautet also: Der Erfolg von Aktien kommt ganz von allein – wenn man Geduld zeigt und die größten Fehler vermeidet.

1 Deutschland – Dritte Welt in Sachen Geldanlage

Das hört sich ziemlich banal an, ist es auch – nur neigen wir leider dazu, ziemlich beratungsresistent zu sein und mit aller Gewalt unsere eigenen Fehler machen zu wollen. Lerntheoretisch agieren die Anleger eher nach dem Prinzip von Versuch und Irrtum als nach dem Prinzip Lernen am Modell. Deutschland ist nicht das Land der Aktionäre – das lässt sich leider nur zu gut mit der Macht des Faktischen belegen: Im zweiten Halbjahr 2010 ist die Zahl der Aktionäre nach einer Untersuchung im Auftrag des Deutschen Aktieninstituts (DAI) noch einmal gesunken, und zwar auf gerade noch 3,4 Millionen Aktionäre. Niedriger war diese Zahl nur zu Beginn der Aufzeichnungen im Jahre 1988. In der ersten Hälfte 2011 stieg die Zahl der Aktionäre wieder leicht auf 3,6 Millionen an, ein Trend, der sich aller Voraussicht nach aber für die zweite Hälfte des schwierigen Aktienjahres 2011 kaum halten wird.

Begleiten wir die »Zahl der Aktionäre« durch die vergangenen Dekaden, so zeichnet sich ein psychologisches Bild des deutschen Anlegers: Die Anzahl stieg nach dem Börsengang der Volksaktie Telekom (Ende 1997) Jahr für Jahr nach oben und steigerte sich weiter durch die vielen Unternehmen des Neuen Marktes und die zweite Volksaktie Infineon (im März 2000) – auf über 6,2 Millionen direkte Aktionäre brachte es das Jahr 2000. Immerhin rund 1,9 Millionen Privatanleger schlugen im November 1997 beim ersten Börsengang der Telekom zu und folgten TV-Kommissar Manfred Krug. 28,50 DM – nach heutigen Maßstäben 14,32 Euro – investierten sie und freuten sich, weil das Papier bis März 2000 auf bis zu 104,90 Euro kletterte. Ein Tipp: Wenn Sie Telekom-Aktien im Depot haben, schauen Sie jetzt besser nicht auf den Kurs, denn im Juni 2011 pendelte er um die 10 Euro. Immerhin schaffte es die Aktie, genau einen Tag vor den Terroranschlägen am 11. September 2001 unter den Ausgabekurs zu rutschen.

Doch nach diesem Höhepunkt im Jahr 2000 sank die Anzahl Jahr für Jahr auf bis zu knapp unter 3,4 Millionen Aktionäre im ersten Halbjahr 2009. Dann machte sich Hoffnung unter den Aktionären breit, vielleicht wollten viele von den niedrigen Kursen infolge der Finanzkrise profitieren und waren erneut eingestiegen, doch nach 3,9 Millionen im ersten Halbjahr 2010 geht die Zahl nun wieder nach unten. Obwohl die Aktienkurse zwischen 2003 und 2007 eigentlich kontinuierlich nach oben gegangen waren, nutzten viele Anleger diese Chance nur zum Ausstieg nach dem Motto: »Endlich mit einem blauen Auge und ohne Kursverlust raus aus dem Risiko Aktie. Auf Nimmerwiedersehen!«

Interessant ist die Beobachtung, dass die hohe Abwanderungsrate aus Aktien zwischen 2005 und 2010 mit dem Schulabschluss, dem Haushaltsnettoeinkommen und der beruflichen Position negativ korreliert. Nur leitende Angestellte und höhere Beamte mit einem überdurchschnittlichen Haushaltseinkommen blieben der Aktie treu und scheuten – aus gutem Grunde – das Engagement in Fonds. Auch viele Bankberater haben eher dahingehend beraten, aus Aktien auszusteigen, statt in sie einzusteigen. Investmentfonds und Zertifikate standen dabei im Mittelpunkt der Beratung, und es ist sicherlich kein Zufall, dass bei diesen Produkten die Margen der Banken und Provisionen der Berater höher ausfallen.

Im Vergleich mit anderen Ländern fällt der »Dritte-Welt-Status« von Deutschland in Sachen Aktienkultur auf: 5,2 Prozent der Bevölkerung sind in Deutschland in Aktien investiert – schon in Österreich sind es 7 Prozent, in Frankreich 14,5 Prozent und in der Schweiz 20,4 Prozent. Ganz oben auf der Rangliste stehen Japan mit 27,7 Prozent, die USA mit 25,4 Prozent und das Vereinigte Königreich mit 23 Prozent. Das spiegelt sich auch bei den Börsenunternehmen wider: In Deutschland beträgt die Marktkapitalisierung der Aktiengesellschaften 57 Prozent des Bruttoinlandsprodukts, in den USA 148 Prozent, in Großbritannien 160 Prozent und in der Schweiz sogar 323 Prozent (Stand 2008).

1.3 Stupid German Money

Es ist traurig, aber wahr, der Begriff »Stupid German Money« existiert wirklich, ist keine Erfindung frustrierter Autoren eines Börsenwissen-Buches im Land der fehlenden Aktienakzeptanz. Ursprünglich stammt diese nicht sehr schmeichelhafte Bezeichnung aus der Filmindustrie in Los Angeles und damit aus einer per se kreativen Branche, gerade was schlagkräftige Formulierungen betrifft. Das »dumme deutsche Geld« floss ab Ende der 1990er-Jahre in geschlossene Investmentfonds – genauer, in Medienfonds. Damit wurde Geld für das Drehen von Filmen eingesammelt und die Geldgeber sollten dann aus den Einspielergebnissen Gewinne einfahren. Hauptgedanke der Anleger war allerdings weniger die

Rendite als die Steuerersparnis aufgrund hoher Abschreibungsmöglichkeiten von bis zu 100 Prozent im ersten Jahr. Diese Möglichkeit wurde im Jahr 2005 vom Fiskus beendet – seitdem sucht das dumme deutsche Geld andere Kanäle. Bis dahin floss sehr viel Geld in die Finanzierung von US-Filmen, denen eines gemeinsam war: ihre völlige Erfolglosigkeit. Stupid German Money stand also bei den Amerikanern für eine besondere Leichtgläubigkeit der Anleger, die ein fast blindes Vertrauen in die amerikanische Wirtschaft setzten. Die steuermotivierten Fehlallokationen privater Anleger haben in Deutschland eine lange Tradition. Bauherrenmodelle in den 1980ern, Ostimmobilien nach der Wiedervereinigung, Schiffsbeteiligungen in den 1990ern. Alle haben eines gemeinsam: hohe Gewinne für die Initiatoren, Verluste für den Anleger, Plünderung des Staatssäckels und Nichtnachvollziehbarkeit der ordnungspolitischen Motivation. Sie bieten also vielfältige Anschauungsbeispiele für das zwangsläufige Scheitern planwirtschaftlicher Anreizmechanismen vor dem Hintergrund lobbyistischer Einflüsse.

Später wurde der Begriff Stupid German Money auch auf vergleichbare riskante und kaum durchschaubare Investitionen institutioneller Anleger ausgedehnt. Beliebt waren insbesondere Verbriefungen aller Art (Subprime), bei denen amerikanische Hypotheken-Kredite in unterschiedliche Risikoklassen (Bonitäten) eingeteilt, vermischt und als »Wert«-Papiere verkauft wurden. Einen typischen Fall für einen solchen Stupid-Money-Geldfluss bot die IKB Deutsche Industriebank AG. Die eigentlich auf den Mittelstand ausgerichtete Bank hatte sich in den USA so eifrig mit verbrieften Hypothekenkrediten eingedeckt, dass sie infolge der Finanzkrise, als diese plötzlich keinen Wert mehr hatten, kurz vor dem Kollaps stand. Die Kreditanstalt für Wiederaufbau KfW musste das Institut nach einer dramatischen Krisensitzung wieder aufrichten und ihren Anteil daran auf über 90 Prozent ausdehnen. 3,5 Milliarden Euro mussten kurzfristig vonseiten der KfW (70 Prozent) und anderer Banken in die IKB gepumpt werden, um sie zu retten. Im Quartalsbericht, der gerade einmal zehn Tage vor dem verhinderten Zusammenbruch erschienen war, hatte die Bank noch mit einem Gewinn gerechnet und die Risiken aus der Subprime-Krise auf etwa 1 Million Euro geschätzt – tatsächlich lagen sie bei über 10 Milliarden Euro. Nicht nur Privatanleger reden sich ihr Engagement schön. Die KfW musste später noch einmal etwa 1 Milliarde Euro nachschießen und zusätzlich Aktien im Wert von 1,25 Milliarden

Euro für eine notwendig gewordene Kapitalerhöhung zeichnen. Im August 2008 verkaufte die KfW die IKB an den amerikanischen Finanzinvestor Lone Star – für geschätzte 137 Millionen Euro. Gekostet hat die IKB sie insgesamt etwa 4,7 Milliarden Euro.

Vonseiten vieler Privatanleger fließt noch immer das blödsinnige deutsche Geld in den Aktienmarkt. Gemeint sind all jene »pump and dump«-Werte, die Börsengurus oder fleißige Börsenfaxversender lautstark beziehungsweise tonerstark verbreiten, um Kurse nach oben zu treiben. Dabei handelt es sich überwiegend um Pennystocks, Werte, die fast nichts kosten, gerne auch noch aus einer Trendbranche kommen, derzeit also aus dem Rohstoffsektor, und mit denen sich die Propheten des kommenden Kurszuwachses vorab in großen Massen eingedeckt haben. Dann kommt es, wie es kommen muss: Die Prophezeiung erfüllt sich selbst, der Guru verkauft schnell, nachdem die Kurse kurzfristig gestiegen sind, und die Masse der Anleger sieht staunend zu, wie die Kurse wieder in den Keller rauschen. Dafür hat sich der schöne, irgendwie an Trapper und Indianer erinnernde Begriff des Scalping durchgesetzt.

Die neuen elektronischen Medien vereinfachen diesen Aktienspam noch zusätzlich. Gerade bei Pennystocks, Aktien im Centbereich, können so Kurse ohne hohen Aufwand beeinflusst werden. Die Vorgehensweise ist simpel: Der Verfasser und Herausgeber eines Briefes, der per Fax oder Mail – meist ungebeten – ins Haus oder ins Postfach flattert, kauft im Vorfeld größere Stückzahlen eines Wertes, bei dem relativ wenig Umsatz an den Börsen zu verzeichnen ist. Dabei handelt es sich meistens um Explorer oder Minengesellschaften, die damit auch ins Bild des allgemeinen Hypes um Rohstoffe passen. Natürlich kauft der Verfasser limitiert, um den Kurs nicht zu beeinflussen. Das heißt, er kauft in kleineren Tranchen zu einem festgesetzten Kurs, der nicht überschritten werden darf. Nach dem Versand des Börsenbriefes stellt er seine gekauften Aktien zu wesentlich höheren Kursen auf die Briefseite und lässt sie sich von den Anlegern, denen er sie zum Kauf empfohlen hat, abkaufen. Offensichtlich funktioniert dieses Prinzip besonders gut in Deutschland – Stupid German Money eben.

Früher war der Aufwand ungleich höher: Da musste eine Anzeige im Börsenteil einer großen Tageszeitung lanciert oder extra ein Dokument in

1 Deutschland – Dritte Welt in Sachen Geldanlage

der Telefonzelle nahe der Börse deponiert werden. Funktioniert hat es, im kleineren Maßstab, weil es insgesamt weniger Beteiligte gab, auch damals schon.

Wie würde nun ein Psychologe ein solches Handeln einschätzen? Nicht der Kriminologe ist gefragt, weil es nicht um das Verhalten der Gurus geht, sondern der Psychologe, weil wir klären wollen, warum »wir« so gerne auf solche Geschichten hereinfallen.

Zum einen wird die »Gier« angesprochen, nämlich eine möglichst hohe Rendite zu erzielen. Zum anderen werden unsere Wunschvorstellungen bedient, wir hätten einen tollen Riecher und erahnten quasi das Microsoft, Google oder Apple von morgen – nachdem wir das von gestern leider verpasst haben. Der Verkauf findet also über eine emotionale Ebene statt und nicht über die Ratio, die sachliche Einschätzung, unterstützt durch eine reelle fachliche Beratung. Die psychologische Forschung macht dafür zwei Dinge verantwortlich: Zum einen steigert die Ungewissheit, wie ein Engagement ausgehen könnte, den Reiz ganz ungemein. Der zweite Punkt ist, dass wir immer mehr wollen, einen schier unstillbaren Hunger haben, reich zu werden, und dieser Reiz sehr viel höher ist als derjenige, tatsächlich reich zu sein. Deshalb wollen auch Reiche immer reicher werden, zu sagen »jetzt ist genug« ist keine Option. Gewinne, die wir in Zukunft erringen können, stimulieren uns sehr viel mehr als Vermögen, das wir tatsächlich schon angesammelt haben. Zu denken geben sollte uns allerdings, dass die meisten Menschen nach mehr Geld streben – mehr Geld aber nicht glücklich macht. Übrigens, die Börsianer haben dafür einen ziemlich einfachen Spruch: »Gier frisst Hirn«.

Doch zurück zum stupiden deutschen Geld. Wer einen Blick auf viele einschlägige Foren zur Aktienanlage wirft, der stellt ziemlich entnervt fest, dass in solchen Foren und Blogs zum Thema Aktien vordringlich darüber spekuliert wird, welche Aktien demnächst einen Hype erleben werden und welche nicht. Fachliche und sachliche Hintergrundinformationen? Fehlanzeige. Gier fraß Hirn.

Immer wieder schaffen es unseriöse Geschäftemacher, unter dem Deckmäntelchen des Journalismus in Form von Aktienbriefen oder Newslettern auf bestimmte Aktien aufmerksam zu machen und mit riesigen Gewinnen Anleger zu ködern. Es geht dabei nachweislich um zweistellige Millionenbeträge, die so mancher Börsenguru für sich einstreichen konnte, weil er die Aktien vor seiner Empfehlung günstig eingekauft und vor dem Zusammenbruch teuer verkauft hatte. Besonders gut funktioniert das bei Pennystocks, bei denen auf niedriger Basis hohe Steigerungsraten zu erzielen sind, Die Justiz ist bei solchen Machenschaften eher hilflos, das Kapitalmarktrecht hinkt der Entwicklung hinterher.

Damit stellt sich die wichtige Frage: Wie kann man unseriöse Angebote von seriösen zweifelsfrei unterscheiden? Ist nicht doch ein Schnäppchen, ein »todsicherer Tipp« dabei? Brauchen wir einen »Aufklärer«, einen Oswald Kolle der Aktienkultur oder ein Schulfach »Geld und Anlage«?

Jedes Jahr verlieren Anleger rund 30 Milliarden Euro durch dubiose Kapitalanlagen. Die Stiftung Warentest gibt eine monatlich aktualisierte Warnliste[6] heraus, die aufzeigt, welche Geldanlageangebote, Initiatoren, Anbieter, Vermittlerfirmen und andere Beteiligte innerhalb der letzten zwei Jahre negativ in Erscheinung getreten sind. Sie soll Ihnen helfen, sich vor zweifelhaften Angeboten zu schützen.

Eigentlich gibt es – alles andere wäre auch erstaunlich – in Deutschland ganz genaue und sehr weitreichende Vorschriften, wer Bank-, Finanzdienstleistungs- und Versicherungsgeschäfte betreiben darf. Und diese Vorschriften werden immer weiter ausgedehnt, man denke nur an das Beratungsprotokoll oder das Produktinformationsblatt. Wertpapiere und Vermögensanlagen dürfen somit eigentlich nur nach der Veröffentlichung eines von der BaFin, der Bundesaufsicht für Finanzdienstleistungen, genehmigten Prospektes öffentlich angeboten werden. Aber nicht alle Anbieter benötigen einen solchen Prospekt tatsächlich – und nicht jeder bei der BaFin hinterlegte Prospekt garantiert die Seriosität des Anbieters. Es gibt allerdings einige Warnsignale, die Ihnen als Anleger deutlich machen könnten, dass es sich um keine ernsthafte und seriöse Kapitalanlage handelt. Dazu hat die BaFin eine eigene Verbraucherbroschüre mit dem Titel »Geldanlage – wie Sie unseriöse Anbieter erkennen«[7] herausgegeben.

---

[6] Die Warnliste kann online bei der Stiftung Warentest abgerufen werden für 2,50 Euro. Eine »graue Liste« bietet außerdem Börse-Online an.
[7] Kann als PDF von der Webseite der Bafin unter www.bafin.de kostenlos heruntergeladen werden.

1 Deutschland – Dritte Welt in Sachen Geldanlage

Beachten Sie bei jeder Empfehlung auf jeden Fall, wie sie zu Ihnen gelangt ist. Eine telefonische Kontaktaufnahme – ein sogenanntes »Cold Calling« ist beispielsweise für Finanzdienstleistungsunternehmen strikt verboten und per se schon unseriös – außer natürlich Ihr persönlicher Bankberater ruft Sie an, weil er einen Tipp für Sie hat! Auch Angebote per Fax oder Mail – möglichst noch als Geheimtipp – massenweise versendet, sprechen nicht gerade für verlässliche Informationen.

> **Ein Beispiel für Geschäfte mit Aktientipps**
>
> Im Dezember 2010 wurde in einem Mailing die Aktie der Firma Univerma AG als »Kursrakete« gefeiert, Anleger sollten mit einem Limit von 68 Euro einsteigen. Innerhalb eines Jahres sollte der Wert dann auf bis zu 350 Euro steigen. Im Juni 2011 wurde die Aktie der Univerma AG – ein Investment- und Versicherungsmakler mit einem Jahresumsatz von unter 1 Million Euro im Jahr 2010 – für etwa 1,15 Euro gehandelt. Am 22.12.2010 musste ein Anleger immerhin 63 Euro (entsprach einer Marktkapitalisierung von etwa 46 Millionen Euro für das Unternehmen) zahlen. Investierte er aufgrund der Empfehlung in 100 Aktien, setzte er 6300 Euro ein. Heute (Stichtag 8.12.2011) besitzt er damit ein »Vermögen« von 25 Euro – wenn das nicht klassischer Rohrkrepierer geworden ist statt einer Rakete. Der Fall wird inzwischen von den zuständigen Behörden genauer unter die Lupe genommen. Sie sehen das Dilemma: Die Behörden und Justitia können sich systemimmanent immer nur um die Aufräumarbeiten nach der Implosion kümmern. Sie müssen also selbst lernen, sich vor den Gaunern und Finanzhaien zu schützen.

Lassen Sie sich nicht zu Entscheidungen drängen! Wenn Sie kein ausgewiesener Zocker und Daytrader sind, sondern nachhaltig und langfristig in Aktien anlegen wollen, dann spielt ein Tag hin oder her keine Rolle. Denken Sie an die Preußische Beschwerdeordnung und schlafen Sie eine Nacht darüber – das hilft oft vor möglichen Beschwerden!

Achten Sie beim Inhalt der Empfehlung auf Superlative und Ähnliches. Schützen Sie sich vor »Preisexplosionen« oder »fantastischem Potenzial«, glauben Sie keinen Gewinnversprechungen in Höhe von mehreren hundert Prozent in nur wenigen Wochen. Dann wären längst alle, die an der Börse handeln, Millionäre.

Handelt es sich bei den Empfehlungen nicht um Aktien, sondern um strukturierte Finanzprodukte, also Zertifikate oder Derivate, dann versuchen Sie erst einmal, das Produkt wirklich zu verstehen. Keine Sorge, sollten Sie damit scheitern, liegt das im Zweifel am Produkt und nicht an Ihnen. Und das ist durchaus beabsichtigt. Zwei willkürlich herangezogene Beispiele, die sich auf jede Zertifikate-Emittentin (Bank) ausweiten ließen: »**Capped Reverse Bonus PRO-Zertifikate** besitzen im Vergleich zum klassischen Reverse Bonus PRO-Zertifikat einen Cap (Höchstkurs). Dieser beschränkt den maximal erreichbaren Wert. Dafür bietet diese interessante Variante der Reverse Bonus PRO-Zertifikate eine attraktivere Ausstattung in Form eines größeren Sicherheitspuffers oder aber einer höheren Bonus-Rendite«, so bewirbt zum Beispiel die BNP Paribas eines ihrer Produkte. Alles klar? Oder: »Der Anpassungsbetrag wird durch Multiplikation des Basispreises am Beginn eines Anpassungszeitraums mit dem Anpassungsprozentsatz errechnet. Der Anpassungsprozentsatz wiederum wird auf der Grundlage des für den entsprechenden Anpassungszeitraum geltenden Referenzzinssatzes zuzüglich einer von der Emittentin bestimmten und von ihr vereinnahmten Risikoprämie bestimmt. Damit ist die Höhe des Anpassungsbetrages wesentlich von der Höhe des Referenzzinssatzes und der Risikoprämie abhängig« – aus dem Verkaufsprospekt für Unlimited Turbo-Zertifikate auf Aktien der Commerzbank.

Auf den ersten Blick oftmals nicht zu durchschauen ist auch das Schneeballsystem. Im Übrigen keine ganz neue Form des Betrugs: Schon im Jahr 1872 stolperte in München Adele Spitzeder über ein solches von ihr initiiertes System. Sie garantierte 10 Prozent Zinsen für angelegtes Geld und bezahlte diese aus dem Geld anderer Anleger. Ihre Buchführung war chaotisch, eine kaufmännische Ausbildung hatte weder sie noch einer ihrer fast 40 Mitarbeiter, doch wusste die gelernte Schauspielerin auch die Medien richtig einzusetzen – und zu bestechen. Ihre Bank ging pleite, sie wanderte ins Gefängnis und schrieb ihre Autobiografie »Geschichte meines Lebens«. Dass Schneeballsysteme aber immer noch funktionieren, zeigen Aufstieg und Fall von Bernard Madoff, der nach eigenen Angaben einen Schaden von immerhin 50 Milliarden US-Dollar verursachte. Doch wie erkennt man ein Schneeballsystem? Nun, schon bei Adele Spitzeder hätten die Geldgeber bei 10 Prozent Zinsen in bar stutzig werden müssen. Jedes Schneeballsystem funktioniert nur so lange, wie neue Anleger – und zwar eine rasch wachsende Zahl – gefunden werden können. Insofern müssen die Initiatoren eines solchen Systems, ob sie Spitzeder oder Madoff heißen, ein hohes Maß an Glaubwürdigkeit ausstrahlen. Das ist ihnen offensichtlich gelungen. Der amerikanische Psychologe und Professor Stephen Greenspan hatte Ende 2008 ein Buch mit dem schönen Titel »Annalen der Leichtgläubigkeit. Warum wir uns hereinlegen lassen und wie wir es vermeiden können«[8] veröffentlicht. Immer gut, wenn sich ein ausgewiesener Fachmann theoretisch Gedanken darüber macht, wie man sich gegen Betrüger wappnen kann. Ach ja, Professor Greenspan verlor 400.000 Dollar seines Vermögens. Er hatte sie bei Madoff angelegt.

1.4 German Angst?

Vielen Menschen in unseren Nachbarstaaten, nicht zuletzt den Polen, war es lange Zeit ein Rätsel, wie die Deutschen so wohlhabend und zugleich so unglücklich sein konnten. In den Straßen brummten die Luxuskarossen, auf den Gehsteigen wogten die Pelzmäntel, und doch machten die Leute lange Gesichter, aus denen man den unterdrückten Albtraum vom atomaren Winter ablesen konnte. Inzwischen scheint sich allerdings die Sicht der Polen auf uns etwas geändert zu haben, will man dem Bestseller der polnischen Putzfrau glauben, den sie unter dem Pseudonym Justyna Polanska verfasst hat. Darin beschreibt sie die Deutschen als geizig und ziemlich unordentlich und schmutzig. Doch zurück zur »Angst« der Deutschen.

Der deutsche Begriff der »Angst« fand Eingang in die Sprachen der Welt, er kam aus den Tiefen der deutschen Seele. Keine andere Nation verkörperte so präzise eine Gefühlsregung, die über bloße Furcht hinausging, aber noch nicht in Panik ausartete. Während sich im Deutschen ja eine wahre Flut von Anglizismen tummelt, haben es nur wenige Begriffe aus dem Deutschen in andere Sprachen geschafft: Wörter wie Ahnentafel, Brezel, Dummkopf, Eisbein, Fahrvergnügen, Großwetterlage, Heldentenor, Kindergarten, Mittelstand, Waldsterben, Oktoberfest und so weiter zeigen ziemlich genau, mit welchen »Stärken« wir in Zusammenhang gebracht werden.

Die Quintessenz: Deutschland wird im internationalen Konkurrenzkampf immer weiter zurückfallen.

---

[8] Stephen Greenspan: Annuals of Gullibility. Why We Get Duped and How to Avoid it, 2008. Die Anekdote wird erzählt bei Christian E. Elger und Friedhelm Schwarz: Neurofinance. Wie Vertrauen, Angst und Gier Entscheidungen treffen, München 2009.

1.4 German Angst?

Unter German Angst verstehen Briten und Amerikaner die typisch deutsche Zögerlichkeit – wie etwa wieder zelebriert beim Einsatz gegen den libyschen Diktator Gaddafi, wo sich Deutschland in vornehmer Zurückhaltung übte. Als Komplementärbegriff taugt da im Übrigen die German Assertiveness, die typisch deutsche Überheblichkeit – obwohl es der »Besser-Wessi« nicht in den angelsächsischen Sprachgebrauch geschafft hat.

Neben Angst hat sich auch der Begriff »Weltschmerz« in andere Sprachen eingenistet – auch nicht wirklich schmeichelhaft für uns und unser Befinden aus Sicht des Auslandes. Diese Angst der Deutschen wird entweder als nebulöse Furcht vor allem oder nichts definiert oder als ein deutlich zur Schau gestelltes »Leiden an der Welt«, wie es besonders durch die Romantiker hervorgebracht wurde. Furcht hat man vor etwas ganz Bestimmtem, Angst jedoch ist eher eine ganz unbestimmte Grundhaltung.

1844 hat Sören Kierkegaard mit seinem Werk »Der Begriff Angst« diesen in die Philosophie eingeführt und von der Furcht abgegrenzt. Übrigens, Kierkegaard selbst neigte zu Melancholie und »Weltschmerz«, wenn man so will, und wurde von seinen Geschwistern »Gabel« genannt – wegen seiner spitzen Bemerkungen. Und eine Quintessenz seines Werkes, die uns ein wenig trösten mag, lautet: Angst und Geist bedingen sich (nur Menschen können Angst haben, Tiere fürchten sich), »je weniger Geist, je weniger Angst«!

Über Kierkegaard gelangte der Begriff der Angst hin zu Martin Heidegger und dem französischen Existenzialisten Jean-Paul Sartre sowie zu Karl Jaspers. »Aber Angst ist auch ein ursprünglicher Seelenzustand, in Analogie zur vitalen Angst immer das Dasein im Ganzen betreffend, es durchdringend und beherrschend. Von einer inhaltlosen gewaltigen Angst, die zur Trübung des Bewusstseins und rücksichtslosen Gewalttakten gegen sich selbst und andere führt, bis zur leichten, als fremd und unverständlich empfundenen Ängstlichkeit gibt es alle Grade«, so der Philosoph und Psychologe Karl Jaspers in seiner Psychopathologie in dem Kapitel »Angst«[9].

---

[9] Karl Jaspers: Allgemeine Psychopathologie, Berlin, Heidelberg, New York 1975, darin: Gefühle und Gemütszustände, Angst, S. 65

1 Deutschland – Dritte Welt in Sachen Geldanlage

Als German Angst wurde vor allem das sehr zögerliche Verhalten der deutschen Politik beim zweiten Golfkrieg von Amerikanern, Briten und anderen NATO-Staaten empfunden. Auch die typische Panikmache in deutschen Medien zu allen möglichen tatsächlichen oder herbeigeschriebenen Katastrophen wird immer wieder relativ fassungslos mit diesem Terminus bezeichnet. Populäre Anlässe hierfür waren etwa der EHEC-Virus, die Vogelgrippe, die Schweinegrippe, BSE, die Risiken der Atomkraftwerke sowie die ausufernde Angst vor dem Weltuntergang durch den Klimawandel. Das Handelsblatt führte so unter der bezeichnenden Headline »Eine Hysterie und ihre Kosten« neben EHEC den BSE-Skandal auf und kam zu dem Schluss, dass es in Deutschland mehr Tote aufgrund der Hysterie gab als durch die Krankheit selbst. In Deutschland gab es beispielsweise keinen einzigen Todesfall, dafür steckte der Bund 1,5 Milliarden Euro in das Keulen gesunder Kühe, in überflüssige Tests und die aufgrund der Panik notwendig gewordene Stabilisierung des Rindfleischmarktes, so das Handelsblatt (Nr. 703/04.06.2011).

Festzustellen bleibt, dass diese Themen wochenlang unsere Medien und Talkshows mit den üblichen Verdächtigen füllen. Dort wird kein Diskurs mit wissenschaftlichen Argumenten pro und contra geführt, sondern es wird lediglich auf die emotionale Ebene abgezielt, weil insbesondere Dilettanten und Pseudo-Spezialisten zu Wort kommen. Die Kraft und Macht des Wortes und der Bilder steht immer über dem intellektuellen Diskurs mittels wissenschaftlicher Erkenntnisse oder fundierter Thesen. Während ein Wissenschaftler mühsam abwägen und sämtliche Eventualitäten ins Kalkül ziehen muss und insofern immer abschwächend argumentieren muss, kann der Dilettant auf dem hohen Ross des absoluten Wissens mit scharfer Zunge seine Urteile fällen. Keine Frage, wer gehört und wem geglaubt wird.

Was bleibt, sind Gefühle, Einstellungen und Vorurteile zu den Themen. Hier gilt es einmal zu hinterfragen »Cui bono?«. Wem nützt eine solche Panikmache? Gibt es Profiteure aus Medien, Politik und Wirtschaft? Welchen Einfluss haben diese auf die Hysterie? Zeitgenössische Kabarettisten, wie Hagen Rether, füllen ihr Programm zur Hälfte mit unseren hysterischen Neurosen und Pseudo-Erkenntnissen.

1.4 German Angst?

Aber warum in einem Buch über das richtige Verhalten an der Börse ein so langer Exkurs über die ganz besondere Angst der Deutschen? Die eigentlich fatalen Auswirkungen zeigen sich an dem daraus resultierenden Umgang mit Chancen und Risiken. Frei nach dem Motto: »Wenn wir schon von ständigen nicht beeinflussbaren Lebensrisiken bedroht sind, dann gehe ich bei meinen freien Entscheidungen hin zur vermeintlichen Sicherheit und hole mir nicht noch weitere Risiken ins Depot.« Auf Kosten reeller Chancen.

Im positiven Sinn kann Angst durchaus auch als Sorge um das Morgen interpretiert werden, die zu einem abgewogenen, vorausschauenden Denken und Handeln motiviert. Damit wäre Angst tatsächlich die Basis für jede Anlagestrategie. Meistens und überwiegend wirkt diffuse Angst jedoch lähmend, insofern ist der Begriff der »Vorsicht« naheliegender.

Die vom Ausland richtig erkannte deutsche Überheblichkeit ist das Gegenstück zur Angst, denn um die Angst zu unterdrücken und sie sich nicht anmerken zu lassen, neigt der Ängstliche zu Überheblichkeit gegenüber Dritten. In der Geldanlage ist der Demütige jedoch sehr viel erfolgreicher als der von Allmachtsfantasien Getriebene.

Eine ganz reelle und gesunde Furcht half unseren Vorfahren zu überleben, war Tag und Nacht notwendig. Heute kann uns Vorsicht auch bei der Geldanlage helfen, Risiken herauszuarbeiten, sie zu bewerten und einzuschätzen und je nach Situation und Chance-Risiko-Verhältnis auch einzugehen.

Wir sind alle Nachfahren der Vorsichtigen; wir sind aber auch Nachfahren der Innovativen und Kreativen, die Neues gesucht und gefunden haben. Vorsichtige Neugier ist die treibende Evolutionskraft des Homo sapiens – sonst würden wir noch immer um ein Lagerfeuer sitzen und Steine klopfen. Es gibt jedoch viele junge mutige Piloten und wenige alte mutige Piloten. Angst kann die Sinne schärfen.

simplified

2 Die Psychologie der Märkte

Psychologie der Märkte, gibt es so etwas überhaupt? Beinhaltet die Psychologie nicht vor allem die Lehre vom Menschen? Können Märkte psychologisch wirken? Sicherlich nicht, aber sie werden von psychologischen Wirkungsweisen, Verhaltensmustern und Konditionierungen ganz wesentlich beeinflusst. So wollen wir in diesem Kapitel der Frage nachgehen, was Märkte bewegt, warum beispielsweise Kurse steigen, obwohl sich in den zugrunde liegenden fundamentalen Daten, also bei den Unternehmen selbst, eigentlich nichts getan hat.

Ein Unternehmen, sagen wir BMW oder Daimler, produziert Autos über Autos und fährt von Erfolg zu Erfolg und – der Kurs sinkt. Was ist passiert? Könnte es daran liegen, dass die einzelnen Marktteilnehmer, die Menschen hinter den Kursen, diejenigen, die Aktien kaufen oder verkaufen, gar nicht nach rein rationalen Kriterien entscheiden? Oder Dinge für wichtig halten, die mit dem Unternehmen und dem Kauf und Verkauf von Aktien auf den ersten Blick gar nichts zu tun haben? Ist der von der Betriebswirtschaftslehre so lange Jahre gepredigte Homo oeconomicus vielleicht nur eine Schimäre? Warum klettern Kurse erst auf sagenhafte Höhen, um dann, scheinbar ganz plötzlich, wieder abzustürzen? Was ist eine Blase und warum platzen Blasen?

Über jedes dieser Phänomene gibt es ganze Bücher. In der Psychologie befasst sich die Marktpsychologie[10] zum Beispiel intensiv mit diesen Fragen – insofern bleibt uns nichts anderes übrig, als uns mit dem Mut zur breiten Lücke und, hoffentlich, mit dem Blick fürs Wesentliche in dieses Kapitel zu stürzen.

---

[10] Die Marktpsychologie befasst sich allerdings nicht ausschließlich mit der Börse, sondern erforscht eher allgemein die Gründe und Motive für ein bestimmtes (Verbraucher-)Verhalten. Zu den »Vätern« der Marktpsychologie zählt der Mannheimer Betriebswirtschaftsprofessor Bernt Spiegel. Einen Überblick gibt etwa Günter Wiswede: »Einführung in die Wirtschaftspsychologie« (München 2007), für intensive Vertiefung bietet sich Klaus Moser: »Markt- und Werbepsychologie. Ein Lehrbuch« (Göttingen 2002) an.

2 Die Psychologie der Märkte

2.1 Was bewegt Märkte?

Für das Auf und Ab an der Börse können insbesondere drei wesentliche Einflussfaktoren ausgemacht werden, die dafür verantwortlich sind: Psychologie, Liquidität sowie Entwicklungen, Trends und Moden. Wir betrachten sie hier der Reihe nach, obwohl sie eigentlich nicht isoliert voneinander, sondern nur im direkten Zusammenspiel interagieren. Auf den ersten Blick scheint Liquidität als finanzmathematische Größe in diesem der Psychologie gewidmeten Kapitel gänzlich fehl am Platz zu sein, aber sie beeinflusst diese ganz wesentlich. Und da wir ja kein wissenschaftliches Lehrbuch fürs Regal verfassen woll(t)en, sondern eine nützliche Fibel für den Praktiker, haben wir vereint, was zusammengehört.

2.1.1 Psychologie

Auch wenn Börsengurus von großen Auftritten leben, durch die Gazetten geistern und »Tipps« raunen – Börse ist nichts Mystisches. Die Preisbildung für Aktien und andere Wertpapiere spiegelt ganz profan das Ergebnis des Handels unter vielen Marktteilnehmern wider. Diese Marktteilnehmer aber sind Menschen – auch wenn sie inzwischen von Maschinen, nämlich Hochgeschwindigkeitscomputern, unterstützt und manchmal ganz abgelöst wurden. Die Menschen beurteilen die Zukunft der Wirtschaft ihres Landes und der Welt, bewerten Branchen, technische Entwicklungen und Aktiengesellschaften. Diese Einschätzung bildet die Basis für ihre Entscheidung, Aktien zu halten, zu kaufen, zu verkaufen oder sie links liegen zu lassen. Diese Einschätzung und die Entscheidung in der Folge sind allerdings das Ergebnis eines sehr komplexen Prozesses, das Ergebnis einer Rechnung mit vielen Unbekannten, und beides erfolgt vor dem Hintergrund von inzwischen eher zu viel als zu wenig Information. Die Entscheidung wird letzten Endes in Unsicherheit getroffen, sie spielt sich in einem dynamischen, vernetzten und komplexen System mit vielen ganz unbekannten Stellgrößen und unvorhersehbaren Ereignissen ab.

Mehr zur Beruhigung bei der Bewältigung dieses unsicheren Prozesses als zur tatsächlichen Beherrschung dienen die vielen »Hilfsmittel«, die Börsianer anwenden und auf die sie – die Börse ist nichts Mystisches, tut

2.1 Was bewegt Märkte?

aber oftmals so – schwören: Das Heranziehen von Charts und das Sammeln und Prüfen unterschiedlichster Informationsquellen gibt eine erste Orientierung, ist aber immer die Extrapolation der Vergangenheit auf die Zukunft – mit ungewissem Ausgang. Dazu gibt es zu viele Unbekannte, zu viele Schätzwerte, zu viele Widersprüche. Die eine Quelle rät mit gutem Grund zu dieser Entscheidung, die andere aus genauso nachvollziehbaren Gründen zum Gegenteil. Diese weißen Flächen der kognitiven Landkarte verunsichern den Anleger. Denn der Mensch strebt intuitiv nach Sicherheit, weil ihm dieses Streben über die Jahrtausende hin das Überleben garantierte. Gerne ersetzt der Mensch deshalb Unsicherheiten durch allgemeine Glaubenssätze. Solche Glaubenssätze sind heute zum Beispiel »Der Euro ist eine stabile Währung« oder »Das Internet revolutioniert die Welt» oder »Die globale Erwärmung ist das Problem der Menschheit dieses Jahrhunderts«.

Mit solchen allgemein akzeptierten Dogmen holen sich die Anleger die notwendige Sicherheit quasi durch die Hintertür in ihr Anlagekonstrukt. Vorne öffnen sie aber das Hauptportal für die Erschütterung der »kurstreibenden Unterstellung«. Denn immer dann, wenn sich ein Marktdogma schlagartig auflöst, kann es zu einschneidenden Beurteilungsanpassungen kommen, die meist mit großen Markt- und Preisverwerfungen verbunden sind. Der Anlageprofi André Kostolany beschrieb es so: »Das Gefährlichste an der Börse ist die Überraschung. Dabei können nur die wenigsten Börsianer ihre Ruhe und Objektivität bewahren. Meistens ist die Ursache eines Börsenkrachs nicht objektive Überlegung, sondern ein massenpsychologisches Phänomen. Einer entdeckt irgendein Problem, so klein es auch sein mag, und das verbreitet sich wie ein Lauffeuer.«

Apropos kleines Problem und Masse. Schon 1956 untersuchte der Psychologe G. D. Wiebe, wie Massen zu erreichen sind. Auf der Titelseite einer Zeitung war der Aufmacher einem wichtigen politischen Ereignis gewidmet und eine winzige Meldung berichtete über einen Hund namens Trixi, der durch sein Bellen ein Kleinkind vor dem Erstickungstod rettete. 60 Prozent der Zeitungsleser, so die Untersuchung von Wiebe, erinnerten sich an den Hund namens Trixi – nur 22 Prozent konnten das politische Ereignis zitieren. Das Ansprechen der menschlichen Grunderregungen wie Aktion oder Mitleid, eine Ansprache durch eine Person des Vertrauens oder ein Moralbonus – der Eindruck der moralischen Höher-

2 Die Psychologie der Märkte

wertigkeit – liefern beispielsweise die Grundbedingungen, um von der Masse gehört zu werden. Gewiefte Werbeprofis und Produktmanager machen sich dies auch zunutze, um Anleger zu ködern.[11]

Doch zurück zum Auf und Ab an der Börse: Bevor der Schock eintritt und die Stimmung kippt, gibt es eine mehr oder weniger ausgeprägte Phase des Anstieges, des Erfolges an der Börse. Art und Verlauf des Anstieges sind abhängig von der Größe und Intensität der Masse. Die Massen haben allein aus ihrer Größe – ihrer Existenz und Permanenz – die Kraft und Stärke, Trends zu schaffen. Sosehr wir Individualisten goutieren – seien Sie niemals so töricht und versuchen, gegen einen Trend anzukommen. Sie könnten genauso gut einem mehrere hundert Tonnen schweren Zug entgegentreten in der Hoffnung, dass Sie ihn mit bloßer Muskelkraft aufhalten könnten oder der Lokführer noch rechtzeitig bremsen würde. Wenn es einen starken Aufwärtstrend gibt, dann sollten Sie ausschließlich kaufen oder an der Seitenlinie verharren und nichts tun – auch wenn es schwerfällt. Legen Sie sich niemals mit den Massen an. Haben Sie immer Respekt vor der Gewalt der Massen. Dieses Phänomen beschäftigt die Börsianer – aber auch die Psychologen, Soziologen, Politikwissenschaftler und Politiker – bereits seit Jahrhunderten und findet in zahlreichen Sprüchen zur Börse seinen oftmals resignativen Niederschlag:

> »Die Bahn der Himmelskörper kann ich auf Zentimeter und Sekunden berechnen, aber nicht, wie eine verrückte Menschenmenge die Börsenkurse in die Höhe oder Tiefe treiben kann«, sagte schon der große Physiker Isaac Newton, nachdem er 1720 beim Platzen der sogenannten Südseeblase 20.000 Pfund verloren hatte.

> »Das Geheimnis des erfolgreichen Börsengeschäftes liegt darin, zu erkennen, was der Durchschnittsbürger glaubt, dass der Durchschnittsbürger tut«, so der Ökonom John Maynard Keynes. »Es gibt nichts, was so verheerend ist wie ein rationales Anlageverhalten in einer irrationalen Welt.«

---

[11] Vgl. Hellmuth Benesch: dtv-Atlas zur Psychologie: »Massenmacht«, München 1987 (Band 1 und 2), S. 219.

2.1 Was bewegt Märkte?

Und André Kostolany meinte: »Die Börse reagiert gerade mal zu 10 Prozent auf Fakten. Alles andere ist Psychologie.«

Der französische Arzt und Ethnologe Gustave Le Bon schrieb im vorletzten Jahrhundert das Standardwerk »Psychologie der Massen« (1895). Darin beschreibt er, dass der Einzelne, unabhängig von seinem Stand, seiner Bildung und seinen kognitiven Fähigkeiten, in der Masse seine Kritikfähigkeit verliert und stark emotionalisiert wird. Der Mensch geht in der Masse auf – bis hin zur Aufgabe der eigenen Persönlichkeit. Die Masse selbst ist leichtgläubig, undifferenziert und schließt durch Verallgemeinerung vom Einzelnen auf das Ganze. In ihrer Emotionalität ist sie als Ganzes nicht aufgeschlossen gegenüber einer argumentativen Auseinandersetzung. Sie ist anfällig für Suggestion und impulsiv in ihrer Aktion. Die Meinungsbildung erfolgt im Sinne einer geistigen Ansteckung und führt zu »religiösem« Glauben. Dabei ist die Masse anfällig für einen Leithammel, den Führer. Der Gerechtigkeit halber muss erwähnt werden, dass Le Bon die Masse insgesamt sehr kritisch einschätzte und nicht unbedingt ein Freund demokratischer Prozesse war. Insofern schießt sein Werk sicherlich oft über das Ziel hinaus. Viele seiner Annahmen haben sich aber – gerade in Deutschland – nur allzu sehr bewahrheitet.[12]

Wie kann das auf das Börsengeschehen übertragen werden? An der Börse kommt dem Kurs einer Aktie, eines Indizes, die Rolle des »Leithammels« zu. Werden die Glaubenssätze durch einen stetig steigenden Kurs bestätigt und genährt, kann dies die Anleger derart hypnotisch in den Bann ziehen, dass der Glaube an die immerwährende Preissteigerung allgegenwärtig ist. Diesem Phänomen kann sich niemand entziehen, man muss einfach dabei sein. Insbesondere wenn der Nachbar, Arbeitskollege oder Tennispartner mit seinen Erfolgen prahlt und alles so leicht erscheint. Die Hausse nährt die Hausse, sagt eine alte Börsenweisheit. Erinnern wir uns an die Zeit vor dem Platzen der Internetblase: Die

---

[12] Weitergeführt hat die Thesen von Le Bon Sigmund Freud in seinem eher schmalen Bändchen »Massenpsychologie und Ich-Analyse« aus dem Jahr 1921. Nach Freud kann der Einzelne in der Masse Triebe ausleben, die er als einzelnes Individuum hätte unterdrücken müssen. Die Grundannahmen der Massenpsychologie in die PR »übersetzt« hat der Neffe von Sigmund Freud, Edward Bernays, einer der Gründerväter der PR überhaupt. Nach Bernays' Meinung können mit den Erkenntnissen der Massenpsychologie die Massen ohne ihr Wissen kontrolliert und gelenkt werden – der Traum eines jeden PR-Menschen.

2 Die Psychologie der Märkte

Euphorie erstreckte sich bis in den letzten Winkel der Republik. Auf dem Weg zur Arbeit, an den Stammtischen und nach dem Sport diktierte die Börse die Diskussionsthemen. In der Bäckerblume wurden Aktien besprochen und selbst in der Verbandszeitschrift der Dressurreiter wurde plötzlich über die Börse berichtet. Unbedarfte Zeitgenossen, die bislang keine Affinität zu Gelddingen hatten, wollten plötzlich mitreden. Und selbstverständlich mitmischen. Natürlich abseits von den Langweilern, den Blue Chips, in die ja jeder anlegen konnte. Hauptsache, es waren Aktien, die im Kurs bereits stark gestiegen waren. Auf diesen Zug musste unbedingt aufgesprungen werden. Denn, so lautete die einfache Rechnung, was schon so hoch gestiegen ist, wird auch, ja muss einfach noch höher steigen. Der Kursverlauf übernahm die Führerschaft. G. C. Seldon äußerte sich in seiner »Psychology of the Stock Market« zu diesem Phänomen: »Der größte Fehler von 99 Prozent der aktiven Anleger und Händler ist, dass sie bei hohen Kursen optimistisch und bei niedrigen Kursen pessimistisch sind.«

Eher intuitiv als wissenschaftlich bestätigen einige Börsensprüche des gewitzten Börsianers André Kostolany die Psychologie der Märkte[13]:

> »Der Tag, an dem der sonst hartnäckige Optimist zum Pessimisten wird, ist höchstwahrscheinlich der Wendepunkt in der Kurstendenz. Und natürlich auch umgekehrt. Wenn der eingefleischte Pessimist zum Optimisten wird, muss man so schnell wie möglich aus der Börse aussteigen.«

> »Ist die Börse ›talk of the town‹, wird überall, auf Partys, im Büro, ja sogar an der Bushaltestelle, nur über Aktien gesprochen, dann ist der Börsenkrach nicht mehr weit.«

> »Steigen die Kurse rasant an, kaufen die Dummköpfe, ich nenne sie die schwachen Hände, dann muss man verkaufen. Fällt die Börse in sich zusammen, dann muss man kau-

---

[13] Surft man auf der Suche nach Börsenweisheiten durch das Internet, taucht ein Name immer wieder auf: André Kostolany. Es beschleicht den Leser das Gefühl, dass mehr Zitate von ihm im Web kursieren, als er je Bücher geschrieben hat (das waren immerhin 13), und dass man schnell den Überblick verliert. Beim Sammeln seiner Zitate ging uns das auch so, sie stammen aber ganz überwiegend aus André Kostolany: »Der große Kostolany«, Berlin (8) 2005.

2.1 Was bewegt Märkte?

fen, weil die Dummköpfe auf der Verkäuferseite stehen. Nicht wegen der eigenen Klugheit, sondern an der Dummheit der anderen verdient der erfolgreiche Börsianer.«

»Steigt die Börse, kommt das Publikum, fällt die Börse, geht das Publikum.«

Der 1906 in Budapest geborene und 1999 in Paris verstorbene Kostolany war praktisch das gesamte 20. Jahrhundert an der Börse aktiv: Vom Börsencrash der 1920er-Jahre bis zum Hype der späten 1990er-Jahre erlebte er viel Auf und Ab. Bekannt wurde er jedoch weniger für seine Investments als vielmehr durch seine vielen Bücher (insgesamt 13) und Kolumnen, die er über die Börse schrieb.

Börsianer neigen zu Formeln – immer ein Hilfsmittel der sogenannten Sozialwissenschaften, wenn sie sich ein quasi naturwissenschaftlich-mathematisch abgesegnetes Siegel des einzig Wahren verleihen möchten. Die Formel hier lautet:

Geld + Psychologie = Tendenz der Kurse

Denn mit Geld allein lässt sich der Markt nicht bewegen – auch wenn es Größen wie George Soros mit Erfolg versucht haben beim Wetten gegen das britische Pfund –, aber Ausnahmen bestätigen ja die Regel. Ist die Psychologie der Anleger grundlegend negativ eingestellt und will niemand in Aktien investieren, dann kann die Börse nicht steigen – egal wie viel Geld eigentlich vorhanden ist. Es fließt in andere Kanäle oder geht in Wartestellung, geparkt auf Geldmarktkonten. Wenn jedoch Geld und eine positive Stimmung in Einklang sind, dann steigen die Kurse. Wenn beide negativ sind, fallen die Kurse. Ist nur ein Faktor positiv, der andere negativ, paralysieren sie sich gegenseitig und wir erleben eine Seitwärtsbewegung: Die Börse ist kaum in Bewegung.

Gerade mittelfristig sind die beiden Faktoren Geld und Fantasie sehr viel wichtiger als fundamentale, aus der Vergangenheit resultierende Tatsachen. Allerdings – Fantasie ist wesentlich schwieriger zu fassen.

Interessant sind die »Wendepunkte«: Wann wird wieder in Aktien investiert? Wann steigen alle aus? Der Beginn einer Hausse spielt sich in etwa so ab: Wenn es – warum auch immer – losgeht, treffen die Anleger, die sich wieder trauen, auf einen leer gefegten Markt. Die Kurse erweisen sich als äußerst dankbar und fangen an zu steigen. Steigende Kurse aber – Tenor der Massenpsychologie – ziehen weitere Käufer an und die Kurse steigen weiter. Jetzt springen die Trittbrettfahrer und Mediatoren auf, Zeitungen berichten, Magazine analysieren, Gurus sprechen Empfehlungen aus – alle finden gute und ganz unterschiedliche Gründe, warum die Kurse weiter steigen müssen. Und tatsächlich – die Kurse klettern weiter, es wird weiter gekauft. Zeitungen, Magazine, Analysten, Journalisten, Gurus – alle haben recht.

Ähnlich ist es beim oberen Wendepunkt. Die Kurse steigen weniger, oftmals fehlen die einer Kurssteigerung zugrunde liegenden fundamentalen Daten, Unternehmen gelten immer mehr als »überbewertet«. Bleiben jedoch die erwarteten Kursteigerungen aus, steigen die ersten vorsichtigen und/oder weisen Anleger aus, die Kurse geben leicht nach. Das veranlasst weitere Anleger zu Verkäufen, die Kurse sinken immer schneller. Börsenkommentatoren, Analysten und Journalisten finden immer mehr gute Gründe, warum die Aktienkurse in den Keller fallen müssen – die Anleger glauben es immer mehr und verkaufen.

Nur wann ganz genau der obere und wann der untere »Wendepunkt« erreicht ist – das ist und bleibt das große Rätsel der Börse. Zu dumm, denn das wäre die Gewinnmaximierungsgarantie.

2.1.2 Liquidität

Was in aller Welt hat ein Begriff wie Liquidität, der der Betriebswirtschaft oder Volkswirtschaft entstammt, nur mit Marktpsychologie zu tun? Wenn wir auf eine Party gehen wollen, dann bestimmt die Psychologie, auf welche wir gehen und mit welcher Erwartungshaltung (Prädisposition) wir uns dort vergnügen möchten. Die Liquidität ist – nicht nur wegen der flüssigen Assoziation – dann der Alkohol. Da trinken wir uns die Gäste und das Ambiente schön und haben uns glänzend unterhalten – gut, dass wir am nächsten Tag nicht mehr wissen, über was.

2.1 Was bewegt Märkte?

Nun, wir hätten dieses Kapitel auch simpel mit »Geld« überschreiben können, oder, poetischer, mit »Die Farbe des Geldes«. Sie erinnern sich vielleicht an Martin Scorseses Meisterwerk, in dem es um Zocken und Bluffen und die Kunst des Geldverdienens durch Poolbillard geht – mit dem unvergessenen Paul Newman in der Hauptrolle. Doch Geld, und vor allem, wie viel Geld in einer Volkswirtschaft vorhanden ist, bedeutet für echte Börsianer kein Spiel. Im Gegenteil: die ganz reale Ausgangsbasis ihrer Anlage ist nicht Kür, sondern Pflicht.

Das eigentliche Wesen des Geldes und der Prozess der Geldschöpfung werden von der großen Mehrheit, egal ob akademisch gebildet oder nicht, nicht erkannt, geschweige denn verstanden. Was nicht nur, aber auch daran liegt, dass die ökonomische Bildung insgesamt in Deutschland alles andere als berauschend ist. Nach einer Studie des Max-Planck-Instituts aus dem Jahr 2010 kannten mehr als 30 Prozent der Befragten den amtierenden Wirtschaftsminister nicht. Gut, das war damals Rainer Brüderle, das ist heute schon wieder Geschichte. Hier wurde also weniger Wirtschaftswissen abgefragt als unnützes Wissen. Aber knapp drei Viertel konnten mit Prozentrechnen nichts anfangen. Dann fällt es natürlich schwer, Dinge wie Soll- und Haben-Zinsen oder Inflation richtig einzuschätzen. Nach einer aktuellen Studie von AXA Investment Managers glauben 41 Prozent der Befragten, Rentenfonds dienten zur Absicherung der gesetzlichen Rente. Klar, und Index-Fonds sind vom Papst gebannt.

Wir leben in einer Zeit des billigen Geldes. So hat die US-Zentralbank, die Fed, die Zinsen seit dem Platzen der Internetblase und verstärkt seit den Anschlägen des 11. September 2001 kontinuierlich gesenkt. Von einer Ausgangsbasis von 6,5 Prozent senkte die Fed die Zinsen in mehreren Schritten auf den historischen Tiefststand von 0 bis 0,25 Prozent im Jahr 2008[14]. Mit welcher Folge?

»Billiges Geld erzeugte eine Immobilienblase, eine Explosion fremdkapitalfinanzierter Unternehmensübernahmen und weitere Exzesse. Wenn Geld kostenlos ist, wird der rationale Kreditgeber so lange Kredite verge-

---

[14] Es war der Fed-Chef Ben Bernanke, der diese Entscheidung traf und die Notenpresse anwarf. So versuchte er, die stark gebeutelte amerikanische Wirtschaft wieder anzukurbeln. Diese litt unter Liquiditätsengpässen, weil die US-Banken infolge der Finanzkrise knausrig mit Krediten umgingen.

2 Die Psychologie der Märkte

ben, bis kein Kreditnehmer mehr zu finden ist.« So die Börsenlegende George Soros.[15]

Immer dann, wenn der durch geldpolitische Maßnahmen verzerrte Geldzins vom natürlichen Zins abweicht, ist dies als Gleichgewichtsstörung zu beurteilen und es determiniert den Konjunkturverlauf ganz wesentlich[16]. Aber auch die Preise für Vermögensanlagen werden beeinflusst. Denn ein rational denkender Kreditnehmer wird so lange billige Kredite in Anspruch nehmen, wie er mit seinen Anlagen an den Kapitalmärkten eine höhere Rendite erwarten kann. Geld wird geschöpft und die erhöhte Geldmenge fließt in die Anlagemärkte und sorgt dort für Preissteigerungen und im Exzess zu Blasenbildungen.

Die Geldmenge ist ganz wesentlich für die Bestimmung der Wachstumschancen und der Inflationsrisiken einer Volkswirtschaft. Denn wenn zu wenig Liquidität vorhanden ist, sich eine »Geldlücke« auftut, reduziert sich das Wirtschaftswachstum. Wächst jedoch auf der anderen Seite die Geldmenge zu stark, befindet sich zu viel Liquidität im Markt, so ist die Neigung zur Inflation sehr ausgeprägt. Als aussagekräftiger Hinweis für die Entwicklung der Konjunktur hat sich in der Vergangenheit die Geldmenge M1 bewährt – sie ist also ein eindeutiger Konjunkturindikator. Unter M1 definiert die Europäische Zentralbank alle Sichteinlagen der Nichtbanken sowie den gesamten Bargeldumlauf. In der Geldmenge M2 sind noch zusätzlich alle Einlagen mit einer Laufzeit von bis zu zwei Jahren und Einlagen mit einer gesetzlichen Kündigungsfrist von bis zu drei Monaten enthalten. Die Geldmenge M3 schließlich umfasst zusätzlich zur Geldmenge M2 alle Anteile an Geldmarktfonds, Geldmarktpapieren und Bankschuldverschreibungen mit einer Laufzeit bis zu zwei Jahren und ist ein klarer Indikator für Inflation. M1 enthält, wie gesagt, den Bargeldumlauf sowie die täglich fälligen Einlagen von Unternehmen und Pri-

---

[15] Englisches Original aus: George Soros: The new paradigma for financial markets: the credit crisis of 2008 and what it means, in: Public Affairs, New York 2008, S. 15; deutsche Übersetzung bei Georg Zoche: Weltmacht Geld. Ein Handbuch der monetären Macht, München 2009, S. 38.
[16] Als weitergehende Lektüre sei empfohlen: Knut Wicksell: Geldzins und Güterpreise, Jena 1898; zum Thema Geld und Geldschöpfung: Glossar der deutschen Bundesbank; Manfred Borchert: Geld und Kredit. Einführung in Geldtheorie und Geldpolitik, Oldenbourg, München 2003; abseits des Mainstreams in der Tradition der Österreicher Ludwig von Mises und Friedrich August von Hayek: Thorsten Polleit, Michael von Prollius: Geldreform: Vom schlechten Staatsgeld zum guten Marktgeld, Grevenbroich 2010; Roland Baader: Geldsozialismus. Die wirklichen Ursachen der neuen globalen Depression, Gräfelfing 2010.

vatpersonen. Damit erfasst sie – anders als M3 – das Geld, das unmittelbar ausgegeben werden kann. Die Geldmenge M1 weist erfahrungsgemäß eine gute Korrelation sowohl mit der Konjunktur als auch mit den Aktienmärkten auf. Wenn die Menschen viel Geld liquide in der Tasche halten, ist es wahrscheinlich, dass sie es bald für Güter und Dienstleistungen oder Aktien ausgeben. Wenn sie weniger liquide Mittel zur Verfügung haben, dann schränken sie meist auch ihre Käufe ein.

Wir können insofern eine Regel aufstellen:

Die Geldmenge M1 weist auf die Wendepunkte an den Aktienmärkten nicht perfekt hin, spiegelt die richtige Richtung aber ordentlich wider.

Die US-Zentralbank Fed stellte die Veröffentlichung der Geldmenge M3 schon im März 2006 ein. Es gehört zum Kerngeschäft von Zentralbanken – also auch der Europäischen Zentralbank EZB –, die Geldmengen zu berechnen und zu veröffentlichen, nicht zuletzt, um die Inflation im Auge zu behalten und ihr – bestenfalls – vorzubeugen. Die Fed allerdings hatte im Jahr 2006 den Eindruck, dass die Geldmenge M3 für dieses Ziel nicht besonders wichtig sei, und die Amerikaner waren schon immer sehr viel pragmatischer darin, sich von Überflüssigem zu trennen. Wir Europäer sind da traditionsbewusster und rechnen lieber eifrig weiter auch Überflüssiges oder machen uns jede Menge Gedanken darüber, welche Hintergründe hinter einer solchen Trennungsmaßnahme wohl stecken könnten.

Allen Verschwörungstheoretikern – auf dem Gebiet der Marktbeobachtung und Vermögensbetreuung gedeiht diese Spezies besonders gut – entgegnete schon damals Volker Wieland, Professor für Geldtheorie und Politik an der Uni Frankfurt, dass die Entscheidung der Fed nicht »überbewertet« werden sollte. Es sei eine rein »technische Entwicklung«[17]. Skeptiker hatten hinter dem Verzicht der Fed auf die Berechnung von M3 nämlich ein »strategisches Kalkül« vermutet: Die Fed wolle mit diesem Schritt künftig verheimlichen, dass das Anwachsen der Geldmenge M3 völlig außer Kontrolle geraten sei. Allerdings, die Politik des »billigen Gel-

---

[17] Die taz hatte sich unter der Überschrift »USA interessieren sich nicht mehr für ihr Geld« am 23.11.2005 Gedanken zur angekündigten Fed-Entscheidung gemacht und die Professoren Wieland und Berger zum Thema befragt.

des« infolge der Dotcom-Blase und der Anschläge des 11. September führte tatsächlich zu einer Verdopplung der Geldmenge M3 in nur fünf Jahren auf 10 Billionen US-Dollar seit dem Jahr der Abschaffung der Veröffentlichung 2006.[18]

Jahrelang war die am Freitag vor dem US-amerikanischen Börsenhandelsbeginn verkündete Zahl zur Veränderung der Geldmenge M3 aber eine der wichtigsten Kennzahlen für die Bonds-, Devisen- und Aktienhändler gewesen, nicht nur für diejenigen aus den USA, sondern aus der ganzen Welt. Wenige Minuten vor Veröffentlichung der Zahlen kam der Handel regelmäßig zum Erliegen, um dann in der Sekunde der Verlautbarung wie eine Flutwelle die Kurse der Währungen, Zinsen und Aktien manchmal ganz erheblich zu verändern. Und plötzlich soll diese Kennzahl nichts mehr wert sein? Wir möchten an dieser Stelle nicht den Sinn und Unsinn dieser Kenngröße in volkswirtschaftlicher Hinsicht diskutieren, aber wir möchten doch den Hinweis geben, dass es sich lohnt, derartige Paradigmenwechsel nicht einfach nur zur Kenntnis zu nehmen, sondern näher hinzusehen – ohne dass man damit gleich zum »Verschwörungstheoretiker« wird. Was steckt nun tatsächlich dahinter? Cui bono? Wem nützt es – und wem nützte es zuvor? Was ist Preissteigerung eigentlich? Was ist Inflation? Worin unterscheiden sich diese, oder gibt es gar keinen Unterschied? Welche ökonomischen Denkschulen beschäftigen sich mit diesem Thema? Worin unterscheiden sich die Denkschulen? Was davon spiegelt den Mainstream, was die Meinung von Außenseitern wider? Gibt es zwischen den Lagern mengenmäßige Verschiebungen über Zulauf und Abgang? Fragen über Fragen. Für nicht wenige Marktbeobachter wie -teilnehmer war dieser Schritt der Fed Anlass, etwas genauer hinzusehen und Fragen zu stellen. Nicht wenige konnten aus der Analyse erkennen, welche Fragilität sich im Geld- und Kreditsystem und auch im amerikanischen Immobilienmarkt bereits im Jahr 2006 aufgebaut hatte und sich in den nächsten Quartalen weiter aufbauen sollte. Mit dieser Sensibilität konnten bei genauem Hinsehen bereits die ersten sich bildenden Risse im Jahr 2007, in der Anfangsphase der Subprime-Krise, ausgemacht und damit auch die Gefahr der Ansteckungswirkung auf das Gesamtsystem eingeschätzt werden. (Ohne dass wir

---

[18] Auch zu diesem Thema sei auf den einsamen Streiter wider die Tricks der Statistiker, John Williams, und sein Institut Shadow Government Statistics verwiesen unter www.shadowstats.com.

hier sagen möchten, wir hätten so ganz genau vorhersagen können, was dann alles geschah – schon allein, weil das im Nachhinein immer etwas merkwürdig daherkommt.)

Merksatz: Niedrige Zinsen und üppige Geldversorgung sind gut für die Börse.

2.1.3 Entwicklungen, Trends und Moden

Jeder hat das Wort Trend schon tausend Mal gehört oder selbst verwendet, und trotzdem ist es nicht einfach, genau zu umschreiben, was damit gemeint ist. Trends können zwar beobachtet, aber kaum exakt vorausberechnet werden. Besonders interessant sind vor allem Punkte, in denen sich ein Trend umkehrt und damit eine Trendwende vollzogen wird. Glänzten auf Autosalons beispielsweise jahrelang immer diejenigen motorisierten Untersätze mit den höchsten PS-Zahlen (Autos mit über 1000 PS beherrschten die Schlagzeilen), so sind derzeit plötzlich Elektroautos und Hybridfahrzeuge angesagt, und im Mittelpunkt steht der möglichst niedrige Verbrauch. Die Sorge um den Klimawandel führte hier zu einem Trendwechsel, der auf den Straßen allerdings derzeit noch wenig zu erkennen ist. Vielmehr erfreuen sich gerade SUVs (Sports Utility Vehicles – früher als Geländewagen bezeichnet) der höchsten Absatzzahlen in Deutschland und ganz Europa.

An der Börse bedeuten Trends, dass sich bei der Mehrheit der Handelnden – nach Umsätzen gerechnet – eine neue Auffassung, d. h. eine veränderte Einstellung zu einer bestimmten Asset-Klasse (also zum Beispiel Aktien versus Renten), einer Branche (zum Beispiel Old Economy versus Internet-Unternehmen) oder auch einer einzelnen Aktie oder einem einzelnen Unternehmen durchsetzt und damit eine neue Bewegung (hin zu Aktien, hin zu Internet-Unternehmen …) entsteht.

Jeder neue Trend zieht einen ganzen Rattenschwanz an verändertem Verhalten, an neuem Denken und Gestaltungsmustern nach sich. Damit ergeben sich ganz neue Wertungen, oder sie verschieben sich zumindest. Die Internetrevolution und ihre Aktien oder jetzt die Web-2.0-Version, aber auch etwa die Aktien von Solar- oder Windunternehmen setzen solche Trends und profitieren von ihnen.

Einen Versuch, nicht Trends aufzuspüren, sondern zu erklären, warum wer wie schnell einem Trend folgt, stellt die Diffusionstheorie dar. Sie will herausfinden, wie es zu Trends kommt, wer sie auslöst, welche Trends unmittelbar und welche erst später auf Innovationen folgen oder ganz einfach, wie in sozialen Prozessen Innovationen umgesetzt werden.

Die Diffusionstheorie
Die Diffusionstheorie wird speziell im Marketing eingesetzt und stellt Modelle des Konsumentenverhaltens dar. Welche Entscheidungen verführten den Konsumenten letzten Endes zur Wahl, zur Annahme beziehungsweise Adaption, wie es die Psychologie nennt, eines bestimmten Produktes eines bestimmten Anbieters – dieser Frage will die Diffusionstheorie auf den Grund gehen. Die Diffusionsforschung interessiert sich dabei vor allem für die Kommunikationsbeziehungen in einem sozialen System und wie sich diese Beziehungen auf das Kaufverhalten auswirken. »Wie schnell setzen sich Neuerungen durch? Wie rasch breiten sie sich aus?« wären hierbei Fragen, die mit Blick auf Trends von zentraler Bedeutung sind. Warum werden bestimmte Innovationen angenommen (adaptiert), andere abgelehnt (Rejektion)? Welche Faktoren sind dafür relevant? Wenn diese Faktoren genauer beschrieben werden können, so kann das Diffusionsmodell zur Prognose der weiteren Entwicklung eingesetzt werden.

Allerdings ist es keinesfalls so, dass wir eine Innovation erstmals wahrnehmen und dann sofort zuschlagen und kaufen, sondern dieser Prozess zur Kaufentscheidung verläuft in mehreren kleineren Schritten. Die Diffusionstheoretiker gehen von fünf solchen Schritten oder Phasen aus:

1. Wahrnehmungsphase, die Innovation wird erstmals »entdeckt«;
2. Interessenphase, man beschäftigt sich mit der Innovation, sie wird genauer untersucht;
3. Bewertungsphase, die Innovation wird als brauchbar definiert;
4. Versuchsphase;
5. Übernahmephase, die Innovation wird übernommen, gekauft.

Selbstverständlich kann die Entscheidung zum Kauf an jedem der Punkte abgebrochen werden beziehungsweise kommt auch nicht zum Tragen, wenn der potenzielle Kunde von der Innovation (Phase 1) gar nichts erfährt. Nach einem anderen Modell folgen auf die Knowledge-Phase (von einer Innovation erfahren) die Persuasion-Phase (von einer Innovation überzeugt werden), die Decision-Phase (sich für eine Innovation entscheiden), die Implementation-Phase (die Innovation wird eingeführt) und schließlich die Confirmation-Phase (die Innovationsentscheidung wird bestätigt).

Weil wir gerade bei der Zahl fünf sind – die Käufer (beziehungsweise die Grundgesamtheit derer, die eine Innovation übernehmen – eine Innovation kann ja auch immaterieller Natur sein und keine Käufer im engeren Sinne aufweisen) können in fünf Gruppen eingeteilt werden. Diese Einteilung erfolgt dabei nach dem Zeitpunkt der Übernahme, also nach dem Tempo der Aufgeschlossenheit. In der Mode also vom Avantgardisten bis zum Modemuffel. Der amerikanische Wissenschaftler Everett M. Rogers[19] hat dafür eine Konsumententypologie entwickelt:

1. Innovators oder Innovatoren: Sie sind weltoffen, risikofreudig und weisen eine hohe Kaufkraft auf.
2. Early Adopters oder frühe Investoren: Sie reagieren ähnlich wie Gruppe 1, sind aber zahlreicher und etwas vorsichtiger.
3. Early Majority oder frühe Mehrheit: Sie folgt im Konsum den ersten beiden Gruppen und bildet die Mehrheit, es sind also typische Mitläufer.
4. Late Majority oder späte Mehrheit: Sie wartet so lange ab, bis ganz sicher ist, dass sich das Produkt auch wirklich bewährt hat, um dann nachzuziehen.
5. Laggards oder Zauderer: Sie sind völlig uninformiert, haben das Neue eventuell gar nicht mitbekommen oder interessieren sich nicht dafür, haben meist ein geringes Einkommen.

Der Chart in der Abbildung 1 beschreibt den Zusammenhang dieser Käufertypologie mit dem Grad und der Qualität der Informiertheit.

---

[19] Everett M. Rogers: Diffusion of Innovations, erstmals 1962 erschienen, derzeit in fünfter Auflage 2003 erhältlich.

2 Die Psychologie der Märkte

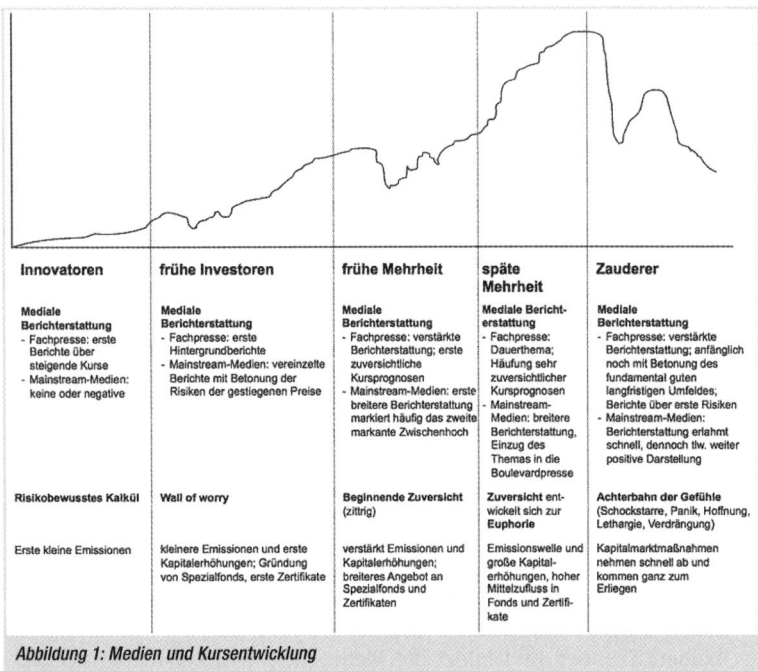

Abbildung 1: Medien und Kursentwicklung

Die These hinter diesem Chart lautet: Die Medien spielen eine wesentliche Rolle für die Übernahme von Trends in allen Phasen, besonders die Medien, die dem Mainstream folgen beziehungsweise diesen abbilden.

Welchen Einfluss Medien auf unsere Wahrnehmung haben, darüber wurden schon viele Bücher geschrieben und es wurde lange und heftig darüber gestritten – im Übrigen kommen die Medien dabei tendenziell schlecht weg, was ihrer Verbreitung allerdings keinen Abbruch tut, eher im Gegenteil.[20]

Der Kolumnist und Börsenprofi Jochen Steffens (Stockstreet GmbH) hat in einem Artikel vom Juni 2011 über die Macht der Medien räsoniert und

---

[20] Wer es ausführlich und doch spannend mag, der kann zum 600-Seiten-Wälzer von Wilhelm Andree »Archäologie der Medienwirkung. Faszinationstypen von der Antike bis heute«, München 2005, greifen.

über die Katastrophen, mit denen sie uns verunsichern. Neben der Hysterie um Ehec und der Tatsache, dass wir uns zeitweise nicht mehr trauten, in einen Burger mit Salatblatt zu beißen, stieß ihm eine Meldung auf, dass sich die bewaldeten Gebiete in Europa deutlich ausgedehnt hätten und dichter seien als noch vor 20 Jahren. Und das, obwohl in den 1980er-Jahren die Medien uns alle davon überzeugten, dass in 20 oder 30 Jahren in Deutschland überhaupt keine Bäume mehr in den Himmel wachsen würden – schließlich füllte der Begriff »Waldsterben« die Gazetten. Plötzlich sahen wir alle nur noch tote Bäume, vor allem im Winter. Auf die Börse angewandt bedeutet dies, dass Otto Normalverbraucher geradezu dazu verdammt ist, dem Mainstream zu folgen. Sosehr wir auch Trends folgen wollen – verfallen wir an der Börse dem Mainstream, dann schauen wir in die Röhre. Langfristig gewinnt hier nur, wer sich der Massenmeinung entzieht, denn wenn alle der Meinung sind, eine bestimmte Aktie, eine bestimmte Branche, ein bestimmtes Anlageprodukt werde in Zukunft die höchste Performance aufweisen, so ist diese mit Bestimmtheit bereits größtenteils vorbei.

Die ehemalige Fondsmanagerin und Buchautorin[21] Susan Levermann hat dafür einen schönen »Kontraindikator« parat – nämlich die Analystenmeinungen. Wenn die Mehrzahl der Analysten eine Aktie mit fallender Tendenz einschätzt, dann schlägt sie zu, denn ihrer Meinung nach verliert an der Börse meistens die Mehrheit, während es ertragreicher sei, eine Minderheitenposition zu beziehen.

Wir lassen uns gerne von der medialen Hysterie anstecken und versäumen es, die Nachrichten ins Verhältnis zu setzen. Wie viele Tote erforderte beispielsweise das Ehec-Virus und wie viele Todesopfer fordert Jahr für Jahr eine ganz normale Grippe?

Wichtig ist es, dass wir die Ruhe bewahren und vor dem Hintergrund der Diffusionstheorie versuchen herauszufinden, in welcher Phase sich ein Trend gerade befindet und wie man diesen für das eigene Anlageverhalten nutzen kann.

---

[21] Susan Levermann: Der entspannte Weg zum Reichtum, München 2011.

2 Die Psychologie der Märkte

Trends halten länger, als man es sich vorstellen kann, und den Todesstoß an der Börse versetzt ihnen erst die Euphorie. Steigen die Kurse, wollen Investoren nichts verpassen und springen auf den fahrenden Zug auf. Dies geschieht natürlich umso leichter, wenn man durch mediale Drittmeinungen auch noch fundamentale Gründe für das Draufhüpfen bekommt. Scheinbar bekommt. Das Problem für viele private Anleger besteht darin, dass sie leider erst viel zu spät einsteigen, also kurz vor dem Sackbahnhof. Bekommt man mit dem Diffusionskonzept ein (besseres) Gefühl für die Phase des Trends, kann man Trends aber gewinnbringend nutzen und mit unterschiedlichen taktischen Maßnahmen agieren.

In frühen Trendphasen kann man zum Beispiel Kursrückgänge auch mal aussitzen, während man in einem weiter fortgeschrittenen Zyklus unbedingt auf Gewinnabsicherungsmaßnahmen, wie zum Beispiel das Setzen von Stop-Loss-Orders, setzen sollte. Dann bietet sich die Chance, wenn wir einen Trendmarkt in einer frühen oder mittleren Phase entdeckt haben, dass wir auch einmal zu vermeintlichen Höchstkursen kaufen können, obwohl uns allen das so schwerfällt. Denn wir wollen ja lieber zu tiefen Kursen kaufen. Auf der anderen Seite können wir uns in den späteren Phasen dem medialen Trommelfeuer und den tippgebenden Arbeitskollegen entziehen und einen verpassten Trend in aller Ruhe an uns vorbeiziehen lassen. Das ist sehr viel besser, als von der Gier getrieben in den Markt noch einzusteigen, wenn der Höchstkurs und der darauffolgende Absturz kurz bevorstehen. Des Weiteren können Trendfolgestrategien, wie das Konzept der »Relativen Stärke« nach Levy, eingesetzt werden, um Trends in Märkten und Wertpapieren zu entdecken.

Jeder neue Trend, jede neue Mode etabliert neue Verhaltens-, Denk- und Gestaltmuster. Damit ergeben sich neue Wertungen. Die Internetrevolution und deren Aktien sowie die Aktien der Solarunternehmen, sind beispielhafte historische Trends, welche alle Phasen durchlaufen haben. Die Wertungen ändern sich dahin gehend, dass mit der Reife des Zyklus die Risiken negiert werden und die Wachstumschancen grenzenlos erscheinen. Dies drückt sich in teilweise abstrus hohen Kurs-Gewinn-Verhältnissen (KGV) aus. Zum Teil werden auch neue Bewertungsmaßstäbe erfunden, um die überhöhten Bewertungen dann doch noch fundamental rechtfertigen zu können. Gerade diese Kombination aus einer verbesserten, längerfristigen Perspektive einer Branche oder eines Unternehmens mit dem Zugeständnis einer höheren Bewertung führt dazu, dass die Trends häufig viel weiter führen, als man es sich jemals vorstellen konnte. Denn es handelt sich hier um eine multiplikative Verknüpfung. Verdreifacht sich die dauerhafte Gewinnerwartung und gesteht man dem Unternehmen ein doppelt so hohes KGV zu, so kann sich der Preis bereits versechsfachen. Und dies noch im rational nachvollziehbaren Bereich und noch ganz ohne obsessive Übertreibung. Aber dazu mehr bei der Behandlung von Blasen.

2.2 Die Mär vom rationalen Investor

Den rationalen Investor gibt es so wenig wie den »Homo oeconomicus« – das gleich einmal vorneweg. Überhaupt sind Typisierungen, auch wenn sie mit Vehemenz und Stringenz vorgetragen werden, immer nur Annäherungsversuche an die Realität. Leider ist die Distanz zur Wirklichkeit aber manchmal so groß, dass die Wissenschaft zwar schöne, in sich logische Modelle entwickeln kann, diese aber ausschließlich die Realität des Wissenschaftsbetriebes und nicht die Wirklichkeit des Lebens und Handelns an der Börse widerspiegeln. Der Homo oeconomicus als streng logisch argumentierender und handelnder Mensch, der im Stande der vollkommenen Information permanent nach Gewinnmaximierung mit minimalstem Einsatz (an Zeit, Arbeit und Kapital) strebt, ist eine Schimäre der neoklassischen Ökonomen, die dachten, ihrer Wissenschaft einen Dienst zu erweisen, wenn sie sich fast hauptsächlich der Mathematik verschrieben, um ökonomische Prozesse zu deuten. Einer der Gründerväter der klassischen Nationalökonomie, der Schotte Adam Smith, hatte bereits 1759, lange vor seinem 1776 erschienenen Hauptwerk »Der Wohlstand der Nationen«, die philosophische Schrift »Die Theorie der ethischen Gefühle« verfasst, in der er die Sympathie für den Mitmenschen nicht nur als Grundlage für die Moral, sondern auch für jegliche Arbeit definierte. So weit wollen wir auch als wohlwollende Arbeitnehmer heute nicht gehen, es zeigt aber, dass sich Smith sehr wohl der Tatsache bewusst war, dass der Mensch nicht nur für den schnöden Mammon allein schuftet. Der Ingenieur und Ökonom Vilfredo Pareto kam 1916 zu der Einsicht, dass sehr viele, wenn nicht die meisten ökonomischen Verhaltensweisen eigentlich gar nicht »logisch« sind. Wahrscheinlich erschien ihm inmitten des Ersten Weltkrieges die menschliche Logik überhaupt ein wenig abhandengekom-

2 Die Psychologie der Märkte

men zu sein. Er stellte jedenfalls fest, dass sowohl Veränderungen als auch die Neigung, einmal getroffene Entscheidungen stur beizubehalten, selbst wenn sie sich als falsch erwiesen haben, zwar typisch für menschliches Verhalten seien – aber nicht logisch. Handlungen werden vielmehr einer »scheinlogischen« Argumentation unterzogen, und das im Nachhinein.[22] So lesen Autokäufer vor allem nach dem Kauf ihres Autos vermehrt Testberichte und Werbeanzeigen über ihr gewähltes Fahrzeug, um ihren, oftmals aus völlig subjektiven Kriterien erfolgten Kauf dann doch noch zu legitimieren.[23]

Doch für die breite Masse der universitären Ökonomen und Volkswirte galt es als völlig sicher, dass Finanzmärkte einen Hort der Rationalität darstellen und Anleger kühle Rechner sind, die ausschließlich ihren Nutzen maximieren. Doch wer die Realität der Studierstube mit dem Blick auf die Fakten eintauschte, erkannte eine ganz andere Wirklichkeit. Denn die Geschichte der Börsen ist von Obsessionen, Irrtümern und Übertreibungen getrieben und kann eher mit dem Instrumentarium eines Psychoanalytikers als mit mathematischen Formeln erklärt werden.

Man könnte es auch so ausdrücken: Der von vielen Volkswirtschaftlern propagierte »Homo oeconomicus« trat nach einer Phase als »Homo euphoricus« von 2007 bis Mitte 2008 in ein Stadium des »Homo panicus« ein, der teilweise noch heute vorherrschend ist, wie es der Analyst und Chefvolkswirt der Bremer Landesbank, Folker Hellmeyer, ausdrückte.

Die Volkswirte haben aber nicht nur den Homo oeconomicus mit seinen »Spielarten« zum Nonplusultra erklärt, sie »erfanden« auch die Annahme der Markteffizienz. Doch diese Markteffizienzhypothese, eine der Grundlagen der modernen Kapitalmarkttheorie, die davon ausgeht, dass sich alle Marktteilnehmer streng rational verhalten, ist nicht zu halten. Die zweite Annahme, dass der Markt sich in jeder Situation selbst heilen wird und möglichst wenig politische Eingriffe nötig sind, entspricht ebenfalls nicht der Realität. Nicht weil der Markt versagt, wie viele während der Finanzkrise behaupteten, sondern weil wir keinen freien Markt

---

[22] So in seinem 1916 erschienenen »Trattato di sociologia generale« – 1955 als »Allgemeine Soziologie« erschienen. Pareto gilt – neben Max Weber – als der Begründer einer nicht marxistischen Soziologie.
[23] Das bewies schon eine Untersuchung von Guttmann, Schönbach und Mills aus dem Jahr 1959.

2.2 Die Mär vom rationalen Investor

haben. Das permanente Einwirken der Zentralbanken auf den Zins und die Geldversorgung und die Eingriffe der Regierung über immer neue Regulierungen verzerren die Selbstheilungskräfte.

Wir wollen hier keine Generalabrechnung vornehmen, aber doch einige wesentliche Kritikpunkte anbringen:

> Die erste Grundannahme der Markteffizienzhypothese ist, dass das Motiv aller Marktteilnehmer darin bestünde, den Gewinn zu maximieren. Das ist – zumindest vordergründig – sicher ein wesentlicher Beweggrund für die Geldanlage und für jede Spekulation an der Börse. Doch es ist mit Sicherheit nicht das einzige und nicht selten auch nicht einmal das wichtigste Motiv, um an die Börse zu gehen. So setzen viele Anleger beispielsweise auf Realwerte – auf Aktien –, um ihr Vermögen zu erhalten und nicht, um es zu maximieren. Manche investieren aus persönlichen Gründen – weil sie ein Unternehmen oder dessen Management gut kennen oder selbst dort beschäftigt sind – in einen bestimmten Einzelwert. Wieder andere reizt die Faszination der Spekulation, sie suchen das Risiko, den Nervenkitzel.

> Das zweite Axiom lautet: Alle Teilnehmer sind vollständig informiert. Zum einen ist es aufgrund der nur beschränkten Informationsaufnahme-Kapazitäten eines Menschen gar nicht möglich, alle relevanten Informationen zu berücksichtigen, zum anderen stehen nicht allen Teilnehmern diese Informationen in gleichem Umfang und gleicher Qualität zur Verfügung. Schon zu entscheiden, welche Informationen tatsächlich relevant sind, würde voraussetzen, im Besitze aller Informationen zu sein.

> Drittens wird von einer rationalen Bewertung aller Informationen ausgegangen. Wir wissen aber inzwischen, dass durch eine Vielzahl von kognitiven Prozessen Informationen selektiert, gefiltert und völlig irrational bewertet werden. Wir suchen uns beispielsweise lieber Informationen aus, die uns bestätigen, anstatt jene ernst zu nehmen, die unseren Ansichten widersprechen. Wir suchen nach Dissonanz reduzierenden Informationen und meiden Dissonanz erhöhende Informationen, wie es die Psychologie ausdrückt.

2 Die Psychologie der Märkte

> **Dissonanz**
>
> Dissonanz bezeichnet in der Musik Intervalle und Akkorde, die wir als eher schmerzhaft empfinden. Die moderne Musik seit Arnold Schönberg hat unser Empfinden da allerdings ziemlich entschärft. In der Psychologie wird überwiegend von der »kognitiven Dissonanz« gesprochen. Darunter wird ein als unangenehm empfundener Gefühlszustand verstanden, bei dem es nicht gelingt, unterschiedliche Einstellungen, Gefühle, Wahrnehmungen, Gedanken oder Absichten miteinander in Einklang zu bringen. Wir wissen nicht, was wir wollen, einfach ausgedrückt. Kognitive Dissonanz kann auftreten, wenn wir etwas gekauft haben und stattdessen auf anderes verzichten mussten, aber auch etwa, wenn das Gekaufte nicht unseren Erwartungen entspricht. Theoretisch formuliert wurde die kognitive Dissonanz erstmals von Leon Festinger 1957.[24]

Inzwischen beschäftigt sich ein eigener Forschungszweig, die Behavioral Finance, mit diesen psychologischen Ursachen unseres pseudorationalen Anlageverhaltens. Die Behavioral Finance berücksichtigt die Tatsache, dass sich die Anleger eben nicht streng rational verhalten, und stellt diese in den Mittelpunkt ihrer Untersuchungen. Das Handeln der Beteiligten wird von individuellen Motiven, Einstellungen und Bewertungen, vielfältigen psychischen und physischen Reaktionen und somit von einer unterschiedlichen Informationswahrnehmung, Informationsverarbeitung und Entscheidungsfindung bestimmt. Dazu kommt die Wechselwirkung mit den unterschiedlichen Marktgegebenheiten. Ein steiler Kursanstieg beziehungsweise ein starker Kursabfall löst jeweils ganz bestimmte Emotionen und Verhaltensweisen aus, die wiederum Einfluss auf die Kursentwicklung haben und so weiter. Es kommt zu massenpsychologischen Effekten, die ähnlich wie kommunizierende Röhren wirken, weil alle Beteiligten gleichermaßen angesteckt werden. Irrationale Übertreibungen nach oben und unten sind die Folgen. Kurslawinen und Kursexplosionen werden ausgelöst. Eine wichtige Erkenntnis und These lautet dabei: Das irrationale Verhalten der Anleger ist nicht zufällig, sondern systematisch. Wir handeln also nicht mal kurz zwischendurch irrational an der Börse, sondern unser Wahnsinn hat Methode.

Den Psychologen aus der Schule der Behavioral Finance ging es vor allem um die Frage, wie Entscheidungen unter Risiko und Unsicherheit – also typische, in die Zukunft gerichtete Anlageentscheidungen – getroffen, welche kognitiven Prozesse dabei freigesetzt werden oder, einfacher

---

[24] Leon Festinger: A Theory of Cognitive Dissonance. Stanford University Press 1957.

ausgedrückt, was das Gehirn dabei eigentlich macht.[25] Insofern arbeitet die Behavioral Finance gerade auch in jüngster Zeit verstärkt mit der neuronalen Forschung, der Hirnforschung, zusammen und gewinnt durch den Einsatz modernster Diagnosegeräte (funktionale Magnetresonanztomografie oder fMRT beziehungsweise Kernspintomografie) neue Erkenntnisse.

Die fMRT nutzt die Tatsache, dass aktive Zellen einen höheren Sauerstoffbedarf haben als nicht aktive und so Gehirnströme – der Sauerstoff wird durch den Blutfarbstoff Hämoglobin befördert (sogenannter BOLD-Effekt) – farblich sichtbar gemacht werden können. Die Methode erlaubt die Sichtbarmachung der Gehirnaktivitäten in Echtzeit.

Ein wichtiger Ansatz der Behavioral Finance liegt darin, Erkenntnisse durch Experimente und nicht durch mathematische Modelle zu gewinnen. Der Schweizer Professor Ernst Fehr hat zum Beispiel das sogenannte Ultimatumspiel durchgeführt. Er gab einem Mann 100 Schweizer Franken mit der Maßgabe, sie mit einem weiteren Mann zu teilen. Dabei blieb es dem Probanden überlassen, in welchem Verhältnis er die 100 Franken teilen wollte, allerdings hatte das einen Haken: Der Empfänger durfte auch ablehnen und dann musste auch der Erste seine Franken wieder abgeben. Wie verhält sich nun ein Homo sapiens, Homo oeconomicus, Homo ludens?

»Der Großteil der Spieler teilt in etwa 50 zu 50, der Großteil der Geschenke von weniger als 30 Franken wird abgelehnt«, so Ernst Fehr. Die Leute verzichten freiwillig auf Geld, wenn sie sich nicht fair behandelt fühlen. Sie sagen sich: Lieber 30 Franken weniger und dafür dem Geizhals einen Denkzettel verpassen. Nach Homo oeconomicus klingt das nicht, der würde auch fünf Franken nehmen, denn ansonsten erhielte er ja nichts. Eher nach Homo reziprocans. Reziprokes Verhalten, sagt Fehr, das sei Verhalten nach dem Motto: »Wie du mir, so ich dir«. Bliebe zu fragen, wie dieses Ergebnis ausgefallen wäre, wenn Fehr seinen Versuch nicht mit Schweizern unternommen hätte, sondern mit Menschen, in deren Kulturkreis Dinge wie Gastfreundschaft und Ehre eine andere Wertig-

---

[25] Den Grundstein der Behavioral Finance legten Amos Tversky und David Kahneman mit ihrem Aufsatz »Prospect Theory: Decision Making under Risk« im Jahr 1979.

2 Die Psychologie der Märkte

keit haben. Vielleicht hätte dann Versuchsperson eins öfters mehr als die Hälfte angeboten beziehungsweise anbieten müssen, damit der Empfänger es auch annimmt?

Ein weiteres Beispiel, das für die Irrationalität der Kapitalmärkte und gegen die Markteffizienztheorie spricht, ist die Art und Weise, wie Unternehmen bewertet werden. Als Basis für eigentlich rationale Aktienkaufentscheidungen – ist das Unternehmen mehr wert als sein Börsenwert, sollte man seine Aktie kaufen, ist es weniger wert, sollte man seine Aktie eher verkaufen – ist der Unternehmenswert von großer Bedeutung. Doch irrationale Kapitalmärkte führen zu irrealen Unternehmensbewertungen. Dies ist eine der Lehren aus den Finanzkrisen. Denn die Annahme, dass dahinter rationale Investoren und effiziente Kapitalmärkte stehen, damit die Methoden der Unternehmensbewertung aufgehen, ist schön, aber nicht realistisch. Das musste inzwischen selbst die Deutsche Bundesbank zugeben. Sie erklärt dies in ihrem Monatsbericht vom Januar 2011, den wir hier auszugsweise wiedergeben.

> **Die klassische Finanztheorie, die Effizienzmarkthypothese und das Leitbild des mündigen und eigenverantwortlichen Anlegers**
>
> Wesentlicher Eckpfeiler der klassischen Finanztheorie ist der rationale Investor. Ihm werden eine rationale Erwartungsbildung und rationale Entscheidungen zugeschrieben. Dies bedeutet, dass er diejenige Alternative wählt, die ihm persönlich den größten Nutzen bringt. Modelltheoretisch gesehen maximiert er seinen Erwartungsnutzen. Der so definierte Homo oeconomicus besitzt eine eindeutige, vollständige und widerspruchsfreie Präferenzordnung, kennt alle Handlungsalternativen und kann jeder Alternative unter Ausnutzung aller Informationen ihren jeweiligen Zielerreichungsgrad zuordnen. Weiter postuliert die Theorie, dass Anleger eingegangene Risiken sicher quantifizieren können und Transaktionskosten vollständig berücksichtigen. Letztlich besitzen in diesem Rahmen alle Marktteilnehmer ein »korrektes« und somit identisches Entscheidungsmodell. In diesen einfachen Modellen gelten Informationen als kostenlos und unbegrenzt zugänglich.
>
> Eugene Fama (Efficient capital markets: A review of theory and empirical work. In Journal of Finance 25, 1970, S. 383–417) verknüpft die Theorie rationaler Erwartungen mit der These informationseffizienter Kapitalmärkte. Hier sind in unterschiedlichen Abstufungen die verfügbaren und für die Einschätzung eines Vermögensgutes relevanten Informationen unmittelbar, vollständig und korrekt in den Preisen verarbeitet. Auf diesen Märkten existieren keine Informationsvorteile, die es einem Investor ermöglichen würden, nachhaltig eine höhere Rendite bei gleichem Risikoniveau zu erreichen (bzw. ein niedrigeres Risikoniveau bei gleicher Rendite). Da auf diesen Märkten alle verfügbaren Informationen verarbeitet sind, ist theoretisch der beobachtete Preis stets identisch mit dem sogenannten fairen oder fundamental gerechtfertigten Preis. Dieser ist der Gegenwartswert aller zukünftigen Netto-Zahlungseingänge, die der Investor aus dem Besitz des Vermögenstitels erwarten

> darf. Lediglich neue Informationen, die für alle Teilnehmer überraschend sind, können somit Kursveränderungen herbeiführen.
>
> Die Annahmen rationaler Investoren beziehungsweise effizienter Märkte sind äußerst anspruchsvoll und in der Realität nur näherungsweise zu erfüllen, dennoch stellen sie grundsätzlich einen geeigneten und gängigen Rahmen für Finanzmarktmodelle dar. Jedoch hat nicht zuletzt die jüngste Finanzkrise gezeigt, dass diese Modelle oft nur einen begrenzten Erklärungsgehalt bieten können, da das Verhalten von Finanzmarktakteuren nicht oder nur unzureichend mit der klassischen Finanzmarkttheorie erklärt werden kann.
>
> Trotzdem orientieren sich die regulatorischen Überlegungen zum Finanzverbraucherschutz häufig am Leitbild des aus der klassischen Finanztheorie stammenden Homo oeconomicus. Die Überwindung der Informationsasymmetrien zwischen Anbieter bzw. Vermittler einerseits und Anleger andererseits ist zentraler Anknüpfungspunkt dieses Konzeptes. Die Position des Verbrauchers soll durch bessere Informationsversorgung gestärkt und dieser in die Lage versetzt werden, überlegte und an den eigenen Zielen und Möglichkeiten ausgerichtete Anlageentscheidungen zu treffen. Kennzeichen dieses Regulierungsansatzes sind insbesondere anbieterseitige Informations- und Offenlegungspflichten gegenüber dem Verbraucher, wie die Veröffentlichung von Verkaufsprospekten und Produktinformationen sowie die Offenlegung von Interessenkonflikten. Ergänzt wird dieser Ansatz in der Praxis unter anderem durch Maßnahmen zur Stärkung der Rechtsdurchsetzung von Verbrauchern sowie der Marktaufsicht über Anbieter von Finanzdienstleistungen.
>
> (Quelle: Deutsche Bundesbank, Monatsbericht Januar 2011, S. 47).

Die Behavioral Finance geht also davon aus, dass Investoren nicht rational handeln, sondern dass sowohl Markt- als auch Anlegeranomalien beobachtet werden können. Wir haben uns auf die Anlegeranomalien spezialisiert, also auf die immer wieder zu beobachtenden Anlegerfehler.

2.3 Blasenbildungen und deren Korrektur

> *»Was jedermann für ausgemacht hält, verdient am meisten untersucht zu werden!«* Georg Christoph Lichtenberg

Wir alle haben noch die Blasenbildung und das ziemlich vernehmliche Platzen der New-Economy-Blase um die Jahrtausendwende in Erinnerung. Auf eine schier grenzenlose Börseneuphorie folgte eine lange anhaltende Katerstimmung. Kapitalmarktblasen und ein folgender Crash sind jedoch systemimmanent, sie gehören zum Kapitalismus dazu. Das hat Joseph Schumpeter bereits 1911 so gesehen, er spricht gar von der schöpferischen Zerstörung als einem Kennzeichen der Überlegenheit des Kapitalismus.[26] Die Investmentbank Lazard zählte 450 größere Blasen und Crashs über einen Zeitraum von 360 Jahren.[27] Absurde Erwartungen auf Grundlage eines Paradigmenwechsels, oft zusätzlich angeheizt durch billiges Geld und billige Kredite im Rahmen einer expansiven Geldpolitik und neuer Finanzinnovationen waren schon immer die Triebfedern einer Blasenbildung. Regulative Elemente (zum Beispiel Förderanreize) regen häufig die Fehlallokation an. Das manische, irrationale und von Gier geprägte Investorenverhalten ermöglicht dann das Entstehen einer Blase. Dann liegt nicht nur eine einfache Überbewertung gegenüber einem fairen Wert vor, sondern die Überbewertung ist in ihrem Ausmaß von geradezu grotesker Natur, sodass sie nachträglich nicht mehr nachvollziehbar erscheint. Allen Blasen der letzten vier Jahrzehnte war eines gemeinsam: In Fachkreisen hatte man schon Jahre vor dem Platzen der Blase darüber diskutiert, ob man sich denn bereits in einer Blase befände oder eine erst unmittelbar bevorstünde. Die Preise konnten sich meist zwischen dem Beginn der Diskussionen und dem realen Platzen noch einmal vervielfachen.

Allerdings wird der Blasenbegriff mittlerweile inflationär benutzt. Immer wenn etwas ansteigt, wird sofort vor dem Blasencharakter des Preisanstieges gewarnt. Derzeit ist dies zum Beispiel bei Blasenwarnungen in Bezug auf China-Aktien und den Goldpreis der Fall. Irgendwann kommt aber die Korrektur. Ein unerwartetes Ereignis lässt die Euphorie in Panik umschwenken. Die Luft entweicht aus dem Ballon und jeder kann es hören. Ein Schock wird ausgelöst und ein anhaltender Preisverfall sowie eine längerfristige Phase der Bereinigung, wahrgenommen als Krise, ziehen ins Land. Bei allen historisch belegten Crashs gingen 75 bis 99 Prozent der vorherigen Kursgewinne wieder verloren.

Die *Financial Times Deutschland* widmete den Blasen der Vergangenheit eine eigene Rubrik mit Bild. Zu den berühmtesten Blasen/Crashs dürften zählen:

> Tulpenmanie, 1636–1637
> Südseeblase, 1720
> Eisenbahnmanie, 1847–1857, 1873

---

[26] Joseph Alois Schumpeter: Theorie der wirtschaftlichen Entwicklung, (Erstausgabe 1912), Berlin 2006.
[27] Lazard Asset Management (Deutschland): Hintergrund, Oktober 2005, Bonds, Bubbles und andere Ungereimtheiten.

2.3 Blasenbildungen und deren Korrektur

> Der große Crash, 1929
> Japanblase, 1990
> Schwarzer Montag, 1987
> Internet- und TMT-Crash 2000
> Subprime-Krise 2007/2008

Das »Rezept« für eine Blase ist eigentlich ziemlich einfach. Es müssen sich nur die folgenden Zutaten vereinen (wer sie tatsächlich verrührt, darüber herrscht allerdings eine gewisse Unsicherheit):

1. Innovation/Paradigmenwechsel: Es sind meist Innovationen technischer oder ökonomischer Natur, die traditionelle Prozesse/Märkte auflösen und eine eigene reale Kraft der Veränderung entwickeln. Die zukünftige Entwicklung ist schwer einzuschätzen, die Notwendigkeit und Richtung erscheint jedoch klar. Das bietet alles in allem viel Platz für Fantasie und neue Anwendungsgebiete.
2. Regulierung/Deregulierung: Eine überhastete und über das Ziel hinausschießende Regulierung kann neue Märkte anheizen und/oder exorbitante Marktlagengewinne für die Akteure generieren. Eingriffe der Politik durch Fördermaßnahmen (Steueranreize, Garantiepreise) können ebensolche Wirkungen entfalten (siehe beispielsweise die Förderung des Solarstroms in Deutschland).
3. Expansive Geld- und Kreditpolitik: Seit 1987 bekämpfen die Zentralbanken jeden Crash mit einer expansiven Geldpolitik. Diese erfolgt durch massive Zinssenkungen und eine Liquiditätsexpansion. Die jeweiligen Krisen konnten damit meist überwunden werden (mit der Ausnahme Japans). Kritiker sind sich aber sicher, dass die Politik des billigen und leichten Geldes überhaupt erst die Grundlage für die nachfolgenden Krisen legte. Eine auf Dauer überexpansive Geld- und Kreditpolitik führt auf lange Sicht entweder zu realwirtschaftlicher Preissteigerung oder zu Asset-Preisblasen. Hier wird also der Teufel mit Beelzebub ausgetrieben.
4. Finanzinnovationen: Innovationen im Finanzsektor schaffen Zugang für neue Marktteilnehmer und gehebelte Investitionsmöglichkeiten. Die neuen Möglichkeiten der Verbriefung in Kombination mit den erstklassigen Ratings machten es möglich, dass sich deutsche Landesbanken einfach an den Gewinnmöglichkeiten des US-amerikanischen Immobilienmarktes beteiligen konnten. Das Entstehen der internetba-

2 Die Psychologie der Märkte

sierten Discount-Broker ermöglichte es Privatanlegern, kostengünstig und mit nur einem Mausklick Investitionen an den »Neuen Märkten« zu tätigen. Man war plötzlich Teil des Kapitalmarktes. Der Derivate-Boom eröffnete überdies dann auch noch gehebelte und exorbitant hohe Gewinnmöglichkeiten.

Die durch diese Zutaten ausgelösten Kurssteigerungen entfalten nach und nach ihre Anziehungskraft. Immer mehr Anleger steigen in die Märkte ein, was zu weiteren Kurssteigerungen führt. Die Politik will und kann auf die positiven realwirtschaftlichen Effekte nicht verzichten und eine Korrektur der falschen Anreizsysteme aus der Regulierung/Deregulierung wird nicht vorgenommen. Die expansive Geldpolitik kann aufgrund anderer »Brandherde« nicht restriktiver gestaltet werden. So ist der Markt bereit für den Aufbau einer grotesken Bewertung. Immer mehr von Gier und Irrationalität getriebene Spekulanten springen auf den Zug auf und werden mit weiteren Gewinnen belohnt. Der Glaube an ein neues Zeitalter bekommt Auftrieb. Die Bewertungen haben sich schon deutlich vom fairen Wert entfernt. Kurs-Gewinn-Verhältnisse entwickeln sich astronomisch. Der Ruf des leichten Geldes ist aber bereits stärker. Man kauft, weil man glaubt, demnächst einen noch Dümmeren zu finden, der einen noch höheren Preis bezahlt. Überforderte Marktkommentatoren und Analysten kreieren neue Bewertungsmaßstäbe (in Bezug auf den Gewinnausweis, den Wert eines Kunden, die Nutzung von Websites) oder spekulieren über neue, revolutionäre Anwendungsgebiete, um die Marktkapitalisierung noch fundamental zu rechtfertigen. »In spekulativen Kreisen ist man sich offenbar darüber einig, dass es sich hier um einen schicksalhaften Markt handelt und das Schicksal dieses Marktes darin besteht, kontinuierlich weiter zu steigen«, so die *New York Times*, im September 1929, kurz vor dem Börsencrash.

Im Idealfall können genaue Beobachter die letzte Phase der Blase daran erkennen, dass Personen über die Börse reden, die einfach nicht an der Börse investieren sollten (»Dienstmädchenhausse«). Oder daran, dass Publikationen Aktien, Anlageprodukte oder Märkte empfehlen, die ihre journalistische Qualität eher in anderen Bereichen des gesellschaftlichen Lebens haben: »Die besten Aktien der Welt: Heute die soliden Werte«, so die Bild-Zeitung am 18.03.2000. Wir erinnern uns – im März 2000 platzte die New-Economy-Blase.

2.3 Blasenbildungen und deren Korrektur

Ein weiterer guter Anhaltspunkt sind die Verkäufe von Insidern, insbesondere, wenn ein exorbitanter Anstieg der Börsengänge und Kapitalerhöhungen zu verzeichnen ist. Denn dann machen Profis auch für Außenstehende nachvollziehbar Kasse. Es kommt zu einer kritischen Phase. Kann das Wachstumstempo in den Realmärkten nicht mehr organisch bewerkstelligt und nur noch durch überteuerten Zukauf von Marktanteilen aufrechterhalten werden oder kommt es gar zu ersten Enttäuschungen in den Unternehmensaussichten, entstehen erste Zweifel an der Fortsetzung der Party. Die Investoren der ersten Stunde fangen an, Gewinne mitzunehmen. Anfänglich finden sie noch genügend Zauderer, die als Newcomer in den Markt wollen. Aber das erhöhte Angebot gleicht die Nachfrage aus und das Momentum des Kursanstieges kommt zum Erlahmen. Die Aktien wechseln von den starken Händen in die zittrigen Hände unsicherer und unerfahrener Anleger. Der Markt ist in einem sehr fragilen Zustand. Kommt es jetzt zu Problemen oder ersten handfesten Enttäuschungen, treten die Kurse den Rückwärtsgang an. Ab einem gewissen Niveau des Kursrückganges werden potenzielle Käufer irritiert und agieren zurückhaltend, während die Aktienbesitzer teilweise in Zugzwang geraten. Die einen wollen ihre verbliebenen Gewinne sichern und die anderen ihre aufgelaufenen Verluste nicht zu groß werden lassen. Der Markt schmiert deutlich ab und es entsteht eine Abwärtsspirale. Gehebelte Investments und auf Kredit finanzierte Engagements werden von den Banken aus dem Markt gezwungen. Der Panikmodus übernimmt die Regie. Die Kurse verlieren 30 Prozent, 50 Prozent oder mehr von ihrem Höchststand. In den Medien und unter Anlegern spricht man von einem Crash. Da die Meldungen aus der Realwirtschaft häufig zu diesem Zeitpunkt noch nicht schlecht sind, beginnen vermeintliche Schnäppchenjäger und Zauderer, die vorher nie in den Markt gefunden haben, mit Käufen, und der Markt beginnt wieder nach oben zu drehen. In dieser Situation reicht schon die kleinste Zuversicht, um die Kurse wieder steigen zu lassen. Denn alle, die verkaufen wollten oder mussten, wurden aus dem Markt gefegt. Wenn es in dieser Phase zu keinen objektiven Enttäuschungen kommt, entsteht häufig eine stark ausgeprägte Zwischenrallye in einem Abwärtsmarkt (eine sogenannte Echoblase). Da sich die geplatzte Finanzmarktblase aber auch auf die Realökonomie auswirkt, ist dieses Stadium sehr fragil. Die Banken finanzieren das geplante Wachstum der Firmen nun nicht mehr und rufen Kreditlinien zurück. Die Unternehmen müssen restrukturieren, Schulden zurückführen. Fehlinvestitionen und kreative Buchführungskünste werden offenbar und müssen bilanziell bereinigt werden. Schwächere Firmen sind plötzlich von der Insolvenz bedroht und ihr Scheitern wird offenbar. In dieser Phase fliegen dann auch oftmals Betrügereien auf. Wir erinnern an die Fälle wie Enron, Worldcom oder Tyco nach dem Platzen der Internet- und TMT-Blase in den USA oder Hikari Tsushin (war im Hype im Jahr 2000 die wertvollste Firma der Welt) in Japan oder an die zahlreichen Betrügereien der Firmen aus dem »Neuen Markt«, rund um EM.TV. Spätestens diese Art der Skandale beenden jede Zwischenrallye. Wirtschaftsprüfer und Banken, aber auch Kunden und Lieferanten werden gegenüber der gesamten Branche kritisch und risikoavers. Es kommt zu einer scharfen Rezession in der Realwirtschaft. Alle Exzesse des Booms müssen bereinigt werden. Insolvenzen sind an der Tagesordnung. An der Börse sind die Kurse längst unter das vorher markierte Zwischentief gefallen und sie fallen weiter, bis die Kursgewinne nahezu komplett wieder verloren gegangen sind.

Zum Abschluss noch eine kleine Auswahl der Kursrückgänge im Crash:

> Tulpenmanie, 93 Prozent Verlust;
> Der große Crash 1929, 87 Prozent Verlust
> NEMAX (Index des Neuen Marktes), 97 Prozent Verlust!

simplified

3 STUSS erkennen und vermeiden

Um an der Börse erfolgreich zu sein, gilt es vor allem, Fehler zu erkennen und zu vermeiden. Eine aktive Anlagepolitik, das konsequente Verfolgen einer bestimmten Theorie ist das eine, viel wichtiger ist es aber, nicht in jede Falle zu laufen und damit jede eingeschlagene Strategie ad absurdum zu führen. Leider neigen wir alle aber zu ganz bestimmten und wiederkehrenden Fehlern, weil wir so konditioniert sind und unser Gehirn uns so manchen Streich spielt. Oftmals merken wir überhaupt nicht, wo und warum wir falschliegen. Wir erklären hier die fünf häufigsten Fehler des Handelns an der Börse, und weil Stuss nun einmal Stuss ist, haben wir sie auch danach benannt: **S**ektorenverliebtheit, **T**reue zur Heimat, **U**rteilsverzerrungen, **S**elektion nach Chancen und **S**pekulation ohne System und Struktur, kurz also STUSS. Nicht sehr schön für unsere Selbsteinschätzung, nicht hoch wissenschaftlich, dafür aber merkbar – und nur was wir uns merken können, hilft uns auch weiter im Augenblick des Handelns.

3.1 Sektorenverliebtheit

Sektorenverliebtheit umschreibt das Problem, dass viele Anleger sich auf einige wenige, wenn nicht gar eine einzige Branche fokussieren. Aus psychologischer Sicht lässt sich dieser Sector Bias – also die Verzerrung – hin zu nur einer Branche beispielsweise mit der Verfügbarkeitsheuristik erklären: Informationen einiger Branchen sind präsenter, leichter verfügbar und – je nach Herkunft und Ausbildung des Anlegers – auch einfacher interpretierbar als Informationen anderer Branchen.[28] Ein Chemiker oder Biologe wird andere Branchen bevorzugen, in denen er sich auskennt, als ein Kfz-Händler oder ein IT- oder Telekommunikationstechniker.

---

[28] Bereits in den 1970er-Jahren haben die beiden »Behavioral Finance«-Forscher Amos Tversky und Daniel Kahneman sich mit diesem Verhalten der Anleger befasst. Ihre Schlussfolgerung: Anleger reagieren bei komplexen, mit Unsicherheiten behafteten Entscheidungen nach einfachen »Faustregeln«, indem sie sich zum Beispiel auf bekannte Branchen oder auf Anlageformate aus der Heimat konzentrieren.

3 STUSS erkennen und vermeiden

Hinzu kommt oftmals noch, dass Anleger selbst für ein börsennotiertes Unternehmen arbeiten oder zumindest Mitarbeiter dieses Unternehmens persönlich kennen. All dies trägt dazu bei, ein Gefühl der Vertrautheit gegenüber bestimmten Unternehmen aus der Branche oder aus artverwandten Branchen und/oder Technologien zu schaffen, was wiederum die Bereitschaft zur Investition in Wertpapiere dieser Unternehmen deutlich erhöht. Man ist sich ja nur zu sicher, dass es sich dabei um äußerst erfolgversprechende Unternehmen und Branchen handeln muss. Einseitigkeiten und Missverhältnisse bei der Auswahl führen in der Geldanlage jedoch nur allzu häufig zu einer Fehlallokation.

Die Tetralog Systems AG, spezialisiert auf IT-Lösungen für den Finanzvertrieb, untersuchte im Jahr 2002 Privatanlegerdepots auf die Auswahl der Produkte und konnte damit für die Sektorenverliebtheit der Anleger anschauliche Beispiele aufführen. So gibt es zwischen dem MSCI World, der die globale Marktkapitalisierung börsennotierter Unternehmen widerspiegelt, und dem durchschnittlichen Depot deutscher Privatanleger sehr deutliche Gewichtungsunterschiede.

Im MSCI sind diese fünf Branchen folgendermaßen gewichtet:	
Finanzen	19,6 %
Energie	14,1 %
Gesundheitswesen	12,6 %
Telekommunikation	0,4 %
Automobilindustrie	0,3 %

Bei (deutschen) Privatanlegerdepots findet sich diese Branchenverteilung:	
Finanzen	9,4 %
Energie	5,8 %
Gesundheitswesen	6,9 %
Telekommunikation	3,9 %
Automobilindustrie	4,0 %

Damit sind die Branchen Finanzen, Energie und Gesundheit mit 9,4 Prozent, 5,8 Prozent und 6,9 Prozent bei den Privatanlegern erheblich un-

3.1 Sektorenverliebtheit

tergewichtet, die Telekommunikations- und die Automobilindustrie sind mit 3,9 Prozent und 4,0 Prozent dagegen deutlich übergewichtet. Solche Diskrepanzen sind zumindest teilweise mit der Verfügbarkeitsheuristik erklärbar: So besitzt gerade Deutschland im internationalen Vergleich eine außergewöhnlich hohe Dichte von Automobilunternehmen – Hersteller wie Zulieferer –, was wiederum zu einer relativ hohen Zahl von Beschäftigten in diesem Bereich führt. Die Affinität der Deutschen zum fahrbaren Untersatz ist darüber hinaus weltbekannt. Dies führt entsprechend auch zu einer intensiven öffentlichen Berichterstattung in allen Medien. Diese leichte Verfügbarkeit vielfältiger Informationen über diese Branche scheint viele Privatanleger dazu zu verleiten, die globale Bedeutung dieser Branche zu überschätzen.

Noch deutlicher wird die Sektorenverliebtheit beim Vergleich der Depots verschiedener Berufsgruppen, wie die folgenden Beispiele eines IT-Angestellten und eines Bankers – die es ja eigentlich besser wissen müssten – belegen.

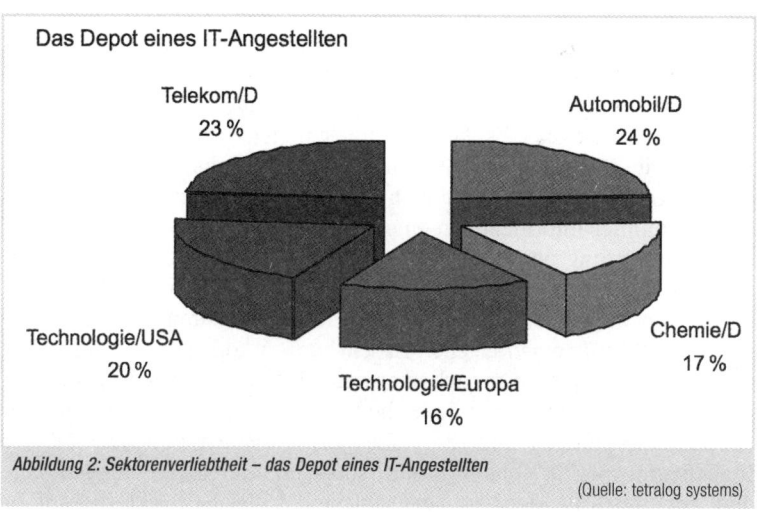

Abbildung 2: Sektorenverliebtheit – das Depot eines IT-Angestellten

(Quelle: tetralog systems)

3 STUSS erkennen und vermeiden

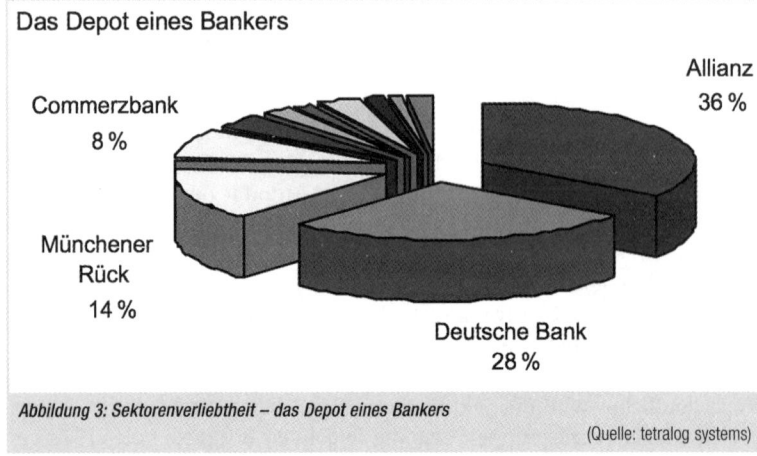

Abbildung 3: Sektorenverliebtheit – das Depot eines Bankers
(Quelle: tetralog systems)

Natürlich ist es nicht falsch, wenn Sie sich beim Nachdenken über die optimale Geldanlage zunächst auf Branchen und Unternehmen konzentrieren, über die Sie sich gut und leicht informieren können beziehungsweise über die Sie auch schon so einiges in Erfahrung gebracht haben; über die Sie auch ausgehend von Ihrer eigenen fachlichen Qualifikation besser Bescheid wissen – oder wenigstens glauben, das zu tun. Allerdings müssen Sie sich als Anleger immer fragen, ob Ihr Branchen- und Technologie-Know-how ein tatsächlicher Informationsvorsprung ist oder ob Sie ihn sich aufgrund der hohen Präsenz und potenziellen Verfügbarkeit bestimmter Informationen eher einbilden. Selbst wenn dieser Informationsvorsprung bei Ihnen tatsächlich besteht, müssen Sie sich dennoch die Risiken ganz bewusst machen, die drohen, wenn Sie sich beim Investieren ausschließlich auf diese Bereiche beschränken. Denn wer sich zu sehr auf seinen eigenen Arbeitsbereich konzentriert, potenziert das Risiko im Depot, aber auch in seinen allgemeinen Lebensumständen insgesamt. Denn wenn die Sicherheit des Arbeitsplatzes, die Chancen auf Lohnerhöhungen und die Höhe der Tantiemen ohnehin von der Branchenprosperität abhängig sind, sollte es tunlichst vermieden werden, auch noch bei der Vermögensanlage das gleiche Risiko in Kauf zu nehmen. Ganz im Gegenteil, der Anleger benötigt gerade auch in diffizileren Phasen der eigenen beruflichen Karriere – etwa eine Phase der Arbeitslosigkeit durch eine betriebsbedingte Kündigung – ein stabiles Portfolio, das über diese Zeit hinweghilft und den Rücken freihält für eine Umorientierung ohne Zeitdruck. Wer nur und ausschließlich in das eigene Unternehmen und »seine« Branche investiert, potenziert also sein Risiko.

Gerade angesichts der heute zur Verfügung stehenden Möglichkeiten der modernen Informations- und Kommunikationsangebote, sich über unvertraute Branchen Wissen anzueignen, sollte kein Anleger die vergleichsweise leicht vermeidbaren Risiken eingehen, die aus einem Sector Bias resultieren. Aber auch hier besteht der erste Schritt zum richtigen Handeln darin, dass man sich der möglichen Fehlerquellen bewusst wird.

3.2 Treue zur Heimat

Treue oder besser Liebe zur Heimat ist vielleicht ein nützliches Gefühl, auch für das eigene Wohlbefinden – in der Geldanlage ist ein solcher Home Bias allerdings ähnlich fatal wie der Sector Bias. Viele Anleger setzen trotzdem auf Aktien und Finanzprodukte aus der eigenen Heimat. 23 Prozent der in Aktienfonds investierten Gelder werden auch in deutschen Aktien angelegt. Das hört sich nicht nach besonders viel an, schließlich ist Deutschland doch eine der größten Volkswirtschaften und verfügt über jede Menge an hoch kompetenten, innovativen und zukunftsträchtigen Kapitalgesellschaften. Aber entsprechend einer weltweit differenzierten Streuung dürfte der Anteil bei höchstens 4 Prozent liegen. Deutsche Aktien werden von deutschen Anlegern aber mit Blick auf ihre tatsächliche weltweite Bedeutung grandios überschätzt. Bei der Einzeltitelauswahl, also bei der direkten Anlage in Aktien und nicht über Fonds, kann eine noch viel eklatantere Übergewichtung deutscher Titel beobachtet werden: Deutsche Privatanleger investieren rund 75 Prozent in deutsche Aktien. Der für die Begrenzung des Risikos so wichtige Diversifikationseffekt wird dadurch aber viel zu wenig genutzt.

Diese besondere Präferenz für heimische Anlagen ist aber im Übrigen kein deutscher Sonderfall, sondern ein weltweit zu beobachtendes Phänomen. Nach einer Untersuchung aus dem Jahr 1991 wurden damals über 90 Prozent der US-Aktien von Amerikanern gehalten – ein Wert, der sich inzwischen allerdings deutlich verringert haben dürfte, investieren inzwischen doch viele Staatsfonds, etwa aus den Ölländern oder Asien, ganz gezielt in US- und europäische Aktien. Das Problem ist, dass die heimatbezogene Aktienauswahl sich schlüssig begründen lässt – was die Gefahr für Anleger aber eher noch verstärkt. Bei einem Investment ist das Vertrauen in die Solidität und Zukunftsfähigkeit des ausgewählten Unternehmens von großer Bedeutung. Handelt es sich um ein inländisches Unternehmen, sind zum einen die Informationen schon aufgrund der Sprache leichter zu beschaffen und zu verstehen. Auch die Mentalität der Unternehmensführung kann besser eingeschätzt werden. Die Vorstände, ihre Aussagen und ihr Werdegang sind in den (Wirtschafts-)Medien präsent. Die sehr viel intensivere Medienberichterstattung vor Ort über heimische Unternehmen mit allen Facetten wirkt weiterhin unterstützend. Im Gegenzug kommen bei vielen ausländischen Anlagen noch schwer einschätzbare Währungsrisiken zur verminderten Informationslage und schwierigeren Informationsbeschaffung hinzu.

Die Heimatverbundenheit der Anleger ist so groß, dass sie objektiv gesehen sogar größere Risiken auf dem Heimatmarkt in Kauf nehmen, anstatt in wesentlich risikoärmere ausländische Papiere zu investieren. Was im Übrigen auch viel über unser Risikoempfinden aussagt: Je mehr wir glauben, das Risiko einschätzen zu können – bei heimischen Werten –, für umso unwahrscheinlicher halten wir den tatsächlichen Eintritt des Risikofalles. Nach den klassischen und oftmals propagierten Regeln der optimalen Geldanlage ist eine möglichst breite Streuung der Anlagen die sinnvollste, weil risikoärmste Variante. Aber selbst Anleger, die tatsächlich »breit« streuen, gewichten noch immer den Heimatmarkt überproportional.

Ein so offensichtliches »Fehlverhalten« der Anleger rief die Verhaltensforscher auf den Plan, die Erkenntnisse über die tatsächlichen Gründe dieses Phänomens sammeln wollten. 1997 ließen Kilka/Weber[29] amerikanische und deutsche Studenten die Renditeentwicklungen und das Risiko von amerikanischen und deutschen Aktien einschätzen. Das Ergebnis überrascht nach unserer Vorrede nicht wirklich: Die Schätzungen

---

[29] Michael Kilka und Martin Weber: Home Bias in International Stock Return Expectations. In: Journal of Psychology and Financial Markets, 1, 2000, S. 176–193.

fielen für die jeweils heimischen Werte stark positiv verzerrt aus. Die Renditeaussichten der heimischen Aktien wurden also signifikant höher, und die Risiken weitaus geringer eingeschätzt als bei den ausländischen Aktien.

Doch welche Gründe stehen hinter dieser offensichtlichen Fehleinschätzung? Zu den psychologischen Faktoren zählt zum Beispiel das Gefühl der Anleger, mehr über die Unternehmen des eigenen Landes zu wissen und deshalb die Aktien auch besser bewerten zu können. Da beißt sich die Katze in den Schwanz: Denn je besser man über ein Unternehmen Bescheid weiß, umso eher traut man sich ein Urteil zu, umso mehr vertraut man diesem Urteil und umso intensiver fällt der Home Bias aus.

Der deutsche Ökonom K. Fischer konnte einen Overconfidence-Effekt nachweisen, eine klassische Form von Selbstüberschätzung bei der Auswahl von Aktien aus dem Heimatland. Die zukünftige Entwicklung der Kurse von Aktien des eigenen Landes werde gegenüber ausländischen Aktien wesentlich positiver bewertet. Man könnte dies noch zusätzlich mit einem Ambiguitäts-Effekt verbinden, so Helmut Jungermann. Der Berliner Professor fand 2004 heraus, dass Anleger möglichst wenig Aktien von unbekannten und unvertrauten Unternehmen kaufen, selbst wenn ihnen ausreichend Informationen über Renditen und Risiken zur Verfügung stehen.[30]

All diese Faktoren führen auch dazu, dass nicht nur das eigene Land überproportional in den Portfolios der Anleger vertreten ist, sondern dass die Auswahl sogar noch kleinteiliger getroffen wird. So investieren Amerikaner überproportional in Unternehmen aus dem eigenen Bundesstaat – ein Untersuchungsergebnis, das wahrscheinlich auch auf Deutschland übertragbar ist: Auch hier dürften etwa Bayern, Baden-Württemberger oder Nordrhein-Westfalen besonders intensiv in den eigenen Bundesländern investieren. Da sich bei einer solch kleinteiligen Betrachtungsweise oftmals zum Home Bias noch ein Sector Bias hinzugesellt, erhöht sich das Risiko für den Anleger zusätzlich. Da legen dann Bayern oder Schwaben insbesondere in die Automobilindustrie an, finden sie doch Werte wie BMW, Daimler, Porsche, MAN, Elring Klinger und viele andere, wäh-

---

[30] Helmut Jungermann: Der Ambiguitäts-Effekt. In WISU, 33, 2004, S. 459 und Home Bias, in: WISO Magazin 11/2006.

rend Anleger aus dem Ruhrgebiet besonders in den heimischen Energiesektor investieren. Ein Sonderfall des Home Bias dürfte allerdings die Möglichkeit so manches Fußballfans darstellen, in seine Heimatmannschaft zu investieren. Aus nüchterner Sicht der Geldanlage kann davon nur abgeraten werden – dass wir damit einen wahren Fan überzeugen könnten, davon gehen wir aber nicht aus.

Einen Sonderfall stellen Belegschaftsaktionäre dar: Viele halten auch über die Sperrfrist hinaus die Aktien ihres Unternehmens – allerdings soll damit ja auch eine gewisse Verbundenheit und Treue zum Unternehmen und zum Arbeitsplatz als zusätzliche Motivation geschaffen werden. Hier gesellt sich der psychologische Effekt hinzu, dass man gerade in schlechten Zeiten zu seinem Unternehmen halten und sich nicht von ihm abwenden möchte. Umgekehrt trennt man sich schnell von den Aktien, wenn man das Unternehmen wechselt, obwohl es aus anlagetechnischen Gründen eigentlich keine Notwendigkeit für einen Verkauf gibt.

Auch die Münchener DAB Bank wollte dem Home Bias auf die Spur kommen. In einer groß angelegten Studie kam sie zu dem Ergebnis: Anleger investieren bevorzugt in Aktien von Großunternehmen aus ihrer Region. Dazu hatte die Direktbank die Bestände von 450.000 Depots ihrer Kunden ausgewertet. Nach Ansicht der Bank führt aber ein zu starker regionaler Bezug bei der Portfoliogestaltung zu Klumpenrisiken. Generell stammten zwei Drittel der Aktien, in die die Kunden der DAB Bank investiert hatten, aus Deutschland. Auch wenn derzeit allenthalben deutsche Aktien empfohlen werden, warnt die Bank trotzdem in der Studie vor einem allzu engen Heimatbegriff.

Bei der Studie wurde ferner ermittelt, ob bei bestimmten Aktiengesellschaften ein besonders starker »Heimat-Faktor« nachgewiesen werden kann. Der Software-Konzern SAP weist in der Region Rhein-Neckar demnach eine 3,1 Mal so hohe Aktionärsdichte wie im Bundesdurchschnitt auf. Laut der DAB-Studie ist bei keiner anderen deutschen Aktie dieser »Heimat-Faktor« so hoch. Das mag nicht zuletzt an der großen Anzahl von hoch qualifizierten Mitarbeitern liegen.

Auf Platz zwei der beliebtesten Heimataktien folgt die HeidelbergCement mit einem Heimat-Faktor von 2,6, den dritten Platz belegt der traditions-

3.2 Treue zur Heimat

reiche Stahlkonzern Thyssen-Krupp aus dem Ruhrgebiet mit einem Heimat-Faktor von 2,5.

Doch es gibt auch das Gegenteil von Heimattreue: Der Chemiekonzern BASF aus Ludwigshafen – also fast ein Nachbar von SAP und Heidelberg-Cement – ist in seiner Region weniger beliebt als im Bundesdurchschnitt. Der Faktor lag laut DAB Bank unter 1,0. Nur knapp oberhalb von 1,0 lagen die Deutsche Post, Lufthansa und der Energiekonzern E.ON.

Dieser Heimatbezug findet nicht nur im Aktienhandel statt, auch etwa bei Sportwetten unterliegt man gerne diesem einseitigen Auswahlprozess. Generell wird dabei die Heimatmannschaft optimistischer bewertet als die Gastmannschaft. Was für einen Fan noch selbstverständlich scheint, ist für einen Wettkönig fatal. Ein Deutscher, der bei einem Fußballspiel Deutschland gegen England auf Deutschland als Sieger setzt, wird bei einem deutschen Buchmacher typischerweise schlechtere Quoten bekommen als bei einem britischen.

Top 20: Aktien in Privatanleger-Depots					
Platz	Name	%	Platz	Name	%
1	Deutsche Telekom	17,15	11	Nokia (Finnland)	5,55
2	Daimler	16,94	12	Lufthansa	5,15
3	Allianz	11,54	13	K+S	4,80
4	Deutsche Bank	11,12	14	Infineon	4,77
5	Siemens	9,60	15	Thyssen-Krupp	3,82
6	SAP	8,40	16	Hypo Real Estate	3,63
7	BASF	7,90	17	SolarWorld	3,55
8	E.ON	7,67	18	RWE	3,21
9	Commerzbank	7,32	19	Cisco Systems (USA)	3,19
10	Bayer	6,58	20	Porsche	3,11

Tabelle 6: Die beliebtesten Aktien in Privatanlegerdepots im Jahr 2007 – aus 20 Titeln zwei aus dem Ausland

(Quelle: n-tv Depot-Check, tetralog systems AG, Erhebung aus 2007)

3 STUSS erkennen und vermeiden

Top Ten List: Aktien		
ISIN	Name	%
DE0005557508	Deutsche Telekom	34,88
DE0007100000	DaimlerChrysler	24,13
FI0009000681	Nokia S (DE)	19,01
DE0007236101	Siemens NA	18,25
DE0008404005	Allianz	15,73
DE0006231004	Infineon Technologies	15,65
DE0005557706	T-Online International	14,25
DE0007164600	SAP	12,10
DE0005552004	Deutsche Post	11,30
DE0005140008	Deutsche Bank	10,82

Tabelle 7: Die beliebtesten Aktien in Privatanlegerdepots im Jahr 2003 – aus 10 Titeln zwei aus dem Ausland

(Quelle: tetralog systems AG, Erhebung aus 2003)

Die beiden Tabellen zu den Jahren 2007 und 2003 zeigen, dass sich in Sachen Home Bias nichts geändert hat – im Gegenteil: Hätte man 2007 nur die beliebtesten zehn Aktien genommen wie 2003, wäre kein einziger ausländischer Wert verzeichnet gewesen. Beiden Depots gemeinsam ist die »Beliebtheit« der Telekom-Aktie – die wie Blei in den Depots der Anleger verharrt –, doch dazu später mehr.

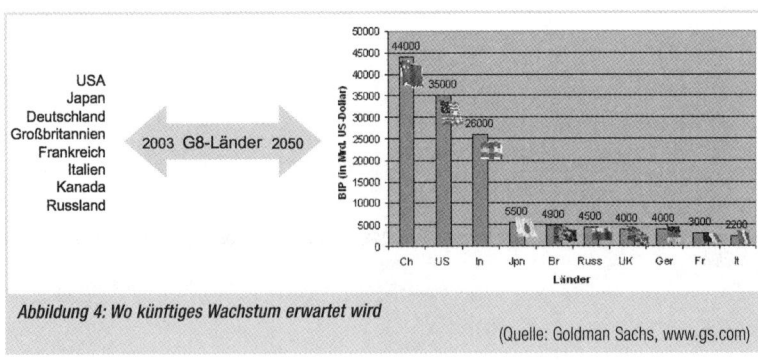

Abbildung 4: Wo künftiges Wachstum erwartet wird

(Quelle: Goldman Sachs, www.gs.com)

Abbildung 4 wirft folgende Frage auf: »Wenn die Arbeitseinkommen, die Sicherheit der Renten- und Versorgungssysteme und der Wert der Immobilien von der Prosperität des geografischen Raumes abhängig sind und zugleich die Wachstumspotenziale der nächsten Dekaden in anderen geografischen Räumen liegen, brauche ich das Risiko des Lebens- und Erwerbsstandortes auch noch überproportional im eigenen Vermögen?« Diese Frage dürfen Sie sich gerne selbst beantworten, uns interessieren jetzt noch weitere Urteilsverzerrungen jenseits der Sektorenverliebtheit und Heimatvernarrtheit.

3.3 Urteilsverzerrungen

Es gibt eine ganze Reihe von »Psychofallen«, die sich beim Anlegen an der Börse und überhaupt beim langfristigen Vermögensaufbau auftun, wir sprachen bereits davon. Viele laufen darauf hinaus, dass wir eine verzerrte Wahrnehmung, ein falsches Urteil fällen. Was uns in der Vergangenheit – in grauer Vorzeit – vielleicht davor bewahrt hat, nicht von Feinden gefressen zu werden, beschert uns heute Probleme bei der richtigen Einschätzung von Chancen und Risiken bei der Vermögensanlage. Immerhin, wir selbst werden nicht mehr gefressen – aber unser Vermögen. Wir beschreiben hier in einer Kurzübersicht die drei unserer Ansicht nach wesentlichen Psychofallen, die schlimmsten Urteilsverzerrungen, und die sich daraus ergebenden Fehler bei der Anlage. Aber diese Effekte sind keinesfalls in Stein gemeißelt, keine Naturgesetze; die einen mögen mehr, die anderen weniger oder gar nicht auf Sie, auf Ihre Wahrnehmung und Ihr Verhalten zutreffen. Es geht hier um Tendenzen und Wahrscheinlichkeiten, in gewissem Sinne aber auch um Automatismen, und es ist sicher kein Fehler, alle möglichen Fallstricke zu kennen – damit diese Ihnen im richtigen Moment einfallen und Sie sie vermeiden können. Es kann auch sein, dass Sie noch mit keinem dieser Effekte jemals konfrontiert wurden, aber dann haben Sie entweder noch nie an der Börse mit echtem (sprich Ihrem) Geld gehandelt oder Sie sind nicht ehrlich oder Sie sind eine Maschine.

Effekt Nummer 1 – Selbstüberschätzung
Das Schlimmste, was einem unerfahrenen Anleger bei seinen ersten Schritten an der Börse passieren kann, ist, dass er Erfolg hat. Denn Er-

3 STUSS erkennen und vermeiden

folge schreiben wir gerne unseren ausgeprägten eigenen Fähigkeiten zu, uns im Markt zu behaupten. Schnell fühlen wir uns als Hecht im Karpfenteich und wundern uns über das Versagen, über die Verluste anderer. Das Gehabe der Karpfen eben. Die Psychologie spricht hier von »Attributionsfehlern«, von »overconfidence« als zentralem Begriff in der Entscheidungsfindung[31]. Dabei gibt es an der Börse einfach Phasen, in denen alle Kurse steigen, an denen der Bulle dominiert, die Hausse feiert. »Steigt Butter, steigt Käse!« Der Anleger hatte das Glück, zum richtigen Zeitpunkt auf den Zug aufgesprungen zu sein, und fährt jetzt mit, begeistert über die Aussichten, die sich ihm bieten, und verwundert über all jene, die noch zusteigen oder schon aussteigen. Aber das ist keinesfalls ein hinreichender Beweis für wirklich nachhaltiges Können im Börsenhandel.

Von den ersten Erfolgen gestärkt, agiert der Anleger schon mutiger. Die Gewinne in Aktien werden als schön, aber noch keinesfalls als ausreichend beziffert. So beginnt der Anleger, sich für die Chancen der derivativen Märkte zu interessieren. Optionsscheine, Knock-out-Hebelzertifikate, Optionen, Futures und Contracts for Difference (CFDs), Papiere mit hübschen und verlockenden Namen rücken jetzt immer mehr als Anlagemöglichkeiten mit hohem Leverage (Hebel) ins Blickfeld. Durch den vergleichsweise geringen Einsatz im Vergleich zum Basiswert kann sich der prozentuale Gewinn auf den Einsatz tatsächlich schnell vervielfachen. Der Vergleich zwischen den Gewinnen in Aktieninvestments und den hypothetischen Gewinnen bei spekulativerem Vorgehen unter Einsatz der Derivate fällt im Hinblick auf Erstere entmutigend aus. Denn eigentlich vergleicht der Anleger hier einen VW Golf mit einem Düsenjet. Er stellt fest, dass die Gewinne mit Derivaten um den Faktor x höher ausgefallen wären. Mit dem gestärkten Selbstvertrauen im Rücken ist er versucht, die exorbitanten Gewinnmöglichkeiten dieser Instrumente für sich zu nutzen.

Nehmen wir als ein weiteres Beispiel die Anlage in Gold. Es gilt als sicher und hatte in den vergangenen Jahren eine sehr gute Wertentwicklung. Aber auch hier denkt der Anleger nach ersten Erfolgen, dass ein Invest-

---

[31] Die Literatur dazu füllt inzwischen Bände, zu nennen wären vor allem die angelsächsischen Forscherteams Brad M. Barber und Terrance Odean; Kent D. Daniel, David Hirshleifer und Avanidhar Subrahmanyam sowie Richard Deaves, Erik Lüders und Guo Ying Luo.

3.3 Urteilsverzerrungen

ment in ein Portfolio von Junior-Explorern, also Unternehmen, die bisher nichts als Schürfrechte mit möglichen Goldfunden aufweisen können, noch sehr viel lohnender wäre. Der Einsatz ist hier sehr viel geringer – die meisten dieser Werte sind Pennystocks – und der Erfolg sehr viel höher. Die Chancen potenzieren sich, die Risiken allerdings auch. Denn die Risiken sind hier völlig losgelöst von der Entwicklung des Goldpreises – wenn zum Beispiel keine der Minengesellschaften fündig wird oder die Fundstätten den Abbau gar nicht lohnen.

Kaum ein Anleger wird aber die notwendigen theoretischen Kenntnisse zu den Produkten und vor allem die praktische Erfahrung im Hinblick auf das Verhalten der Produkte in volatilen Marktphasen mitbringen. Die sehr viel volatileren Schwankungen dieser Derivate und Zertifikate, auf Minengesellschaften etwa, üben außerdem eine nicht zu unterschätzende Rückkoppelung auf die Psyche des Anlegers aus. Wer in Siemens-Aktien oder Daimler-Aktien investiert, kann ruhig schlafen, selbst wenn die Märkte einmal nach unten gehen oder die Unternehmen schwierigere Phasen durchleben. Auf lange Sicht und mithilfe der Dividenden bereitet dem Anleger sein Investment mit ziemlicher Wahrscheinlichkeit mehr Freude als Frust, schon gar nicht ist Panik angesagt. Ganz anders sieht es bei solch volatilen Werten mit ihren schnell aufgelaufenen, großen Buchgewinnen und horrenden Verlusten aus. Hier fahren die Emotionen ganz schnell Achterbahn und der Traum von der Geldanlage wird zum Albtraum. Ein Totalverlust ist plötzlich innerhalb von Wochen, Tagen, ja Stunden und Minuten möglich. Wer nicht aufgepasst hat, muss sogar noch nachschießen und verliert noch mehr als nur den Einsatz. Mit dem angegriffenen Nervenkostüm nimmt die Bereitschaft, in Psychofallen zu tappen, drastisch zu. Dem Anleger fehlen Mechanismen, die Profis in solchen Fällen weiterhelfen. Durch Money Management das Risiko zu managen, Methoden der Verlustbegrenzung einzusetzen, von diesen Instrumenten weiß der Anleger nichts und kann sie gerade dann nicht anwenden, wenn es dringend notwendig wäre. So passiert, was passieren muss, und der Anleger geht in die vielen Statistiken ein, die belegen, dass die überwiegende Mehrzahl der Privatanleger in diesen derivativen Märkten Geld verliert.

Lassen Sie solch überaus riskante Geschäfte sein, es kann durchaus Spaß machen, einen VW Golf auszufahren, und es ist immer noch sehr viel besser, als mit einem Düsenjet abzustürzen. Wenn Sie wirklich in riskante Produkte investieren möchten – und ausreichend Kapital zur Verfügung haben –, lernen Sie dieses Geschäft von der Pike auf und geben Sie sich Jahre Zeit, langsam und behutsam die Techniken und sich selbst kennenzulernen. Sicher, ein wesentliches Faszinosum der Börse ist der Wunsch aller, schnell reich zu werden. Aber Wunsch und Wirklichkeit decken sich oftmals nicht.

Übrigens, für alle, die sich längst jenseits des Zustandes der Greenhorns unter den Anlegern wähnen: Teodoro Cocca, Professor in Linz, hat in einer Studie herausgefunden, dass sich gerade versierte und vor allem vermögende Geldanleger irrational verhalten – der Grund: Selbstüberschätzung. Anleger mit einem Mindesteinsatz von einer halben Million Euro verfallen dem Home Bias genauso wie blutige Anfänger. Und selbst absolute Profis verfallen der Selbstüberschätzung, wie Untersuchungen zu Berufsgruppen wie Psychologen – die ihre Analysefähigkeiten überschätzten –, Ingenieuren, Managern und Analysten beweisen.[32]

Effekt Nummer 2 – Harmoniesucht

Jede Entscheidung für etwas ist gleichzeitig auch eine Entscheidung gegen etwas. Insofern ist fast jede Entscheidung mit einem Zwiespalt verbunden. Diesen Zwiespalt empfinden wir aber als unangenehm, denn wir streben eigentlich nach Harmonie. Kopf und Bauch sollen sich im Gleichgewicht befinden, damit wir uns wohl fühlen. Haben wir aber eine Entscheidung getroffen, die in eine Handlung mündete, binden wir uns ohne Wenn und Aber an diese Entscheidung. Der Anleger hängt also auch emotional an seiner einmal getroffenen Entscheidung. Er sieht nur noch Hinweise, die seine Entscheidung bestätigen, filtert Informationen so, dass er nur die bestärkenden wahrnimmt. Ja nicht die Harmonie zwischen uns und unserer Entscheidung stören![33]

Wir nehmen selektiv wahr. Gute und unterstützende Meldungen zu einem Depotwert werden entdeckt und untermauern unsere Investitions-

---

[32] Aufgeführt bei J. F. Yates u. a. in: Beliefs about Overconfidence: Including its Cross-National Variation, in: Organizational Behavior and Human Decision Processes, 65, 1996, S. 138–147.
[33] Wir wollen hier jedoch nicht so weit gehen wie Thomas Vasek in seinem amüsanten Buch »Die Weichmacher. Das süße Gift der Harmoniekultur«, der zu dem Schluss kommt, Harmonie verblöde, mache träge, mutlos, unkreativ und schwach. München 2011.

entscheidung. Schlechte Informationen werden zum Teil gar nicht wahrgenommen und wenn dieser Filter nicht funktioniert hat, sind wir gerne bereit, die Informationen umzudeuten oder als unbedeutend zu klassifizieren.

Der Lohn für diese Willkür ist die Vermeidung von Dissonanz und die Beibehaltung unseres Gleichgewichtes. Die einfache Erkenntnis: Jede Investition führt zum Verlust unserer Neutralität. Erkennbare schwarze Wolken werden nicht bemerkt beziehungsweise negiert oder umgedeutet. Konkret führt dies dazu, dass wir trotz sich verschlechternder Faktenlage zu lange unsere Engagements rechtfertigen können und an ihnen festhalten.

Ein weiterer Aspekt, der sich auf unsere Harmoniesucht zurückführen lässt, ist unser Umgang mit den lahmen Gäulen in unserem Depot. Da das eigene »Versagen« ungern zugegeben wird, haben wir Schwierigkeiten, eindeutig identifizierte Verlustbringer zu verkaufen. Es sind ja nur Buchverluste und die Hoffnung stirbt ja bekanntlich zuletzt. Ganze Anlegerscharen handeln nach dem Motto »mit Verlust wird nichts verkauft«. Die Zeit soll alle Wunden heilen. So wartet der Anleger geduldig oft jahre-, gar jahrzehntelang, bis er mit plus/minus null wieder aus dem Engagement herauskommt. Dabei war man doch als so ambitionierter Spekulant gestartet. Gelandet aber ist man als enttäuschter Langfristanleger. Dies alles nur aufgrund der immanenten Verlustaversion. Hätte der Anleger das Papier frühzeitig mit Verlust verkauft und in tatsächlich gewinnbringende Engagements investiert, es wäre sehr viel mehr als eine bloße Null herausgekommen. Um an der Börse zu gewinnen, muss man Verluste auch realisieren, so die einfache, aber schwer verdauliche Wahrheit.

Eine andere, gern gewählte Option ist das Nachkaufen auf niedrigerem Niveau. Der Anleger füllt sich den Stall mit weiteren lahmen Gäulen, nur weil sie gerade billig zu haben sind. Kann man ja aufpäppeln, die Tierchen. Tatsächlich mindert man damit den Einstandspreis und erhöht die Wahrscheinlichkeit, bei einer leichten Kurszwischenerholung mit plus/minus null wieder aussteigen zu können. Nur um nichts mit Verlust verkaufen zu müssen. Dies funktioniert sogar oft, sodass bei vielen Anlegern diese Vorgehensweise wie eingebrannt erscheint. Bezahlt wird ein solches Handeln aber ebenfalls mit dem Auslassen anderer Möglichkeiten, welche ein viel besseres Chance-Risiko-Verhältnis aufweisen. Über-

3 STUSS erkennen und vermeiden

dies gibt es Aktien, die auch nach einem Jahrzehnt die Einstandspreise nicht mehr erreichen. Sehen sie sich einfach den nachfolgenden Chart der Deutschen Telekom an.

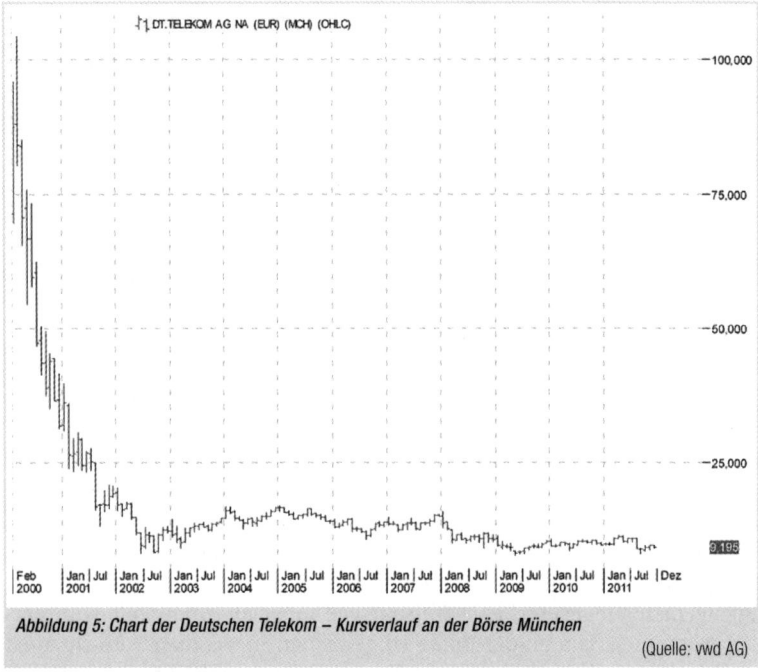

Abbildung 5: Chart der Deutschen Telekom – Kursverlauf an der Börse München

(Quelle: vwd AG)

Ein weiterer und noch viel gefährlicherer Aspekt besteht in der Tatsache, dass es bei einer exzessiven Anwendung dieser Methode zu einer gefährlichen Depot-Allokation kommen kann. Das betroffene und eifrig nachgekaufte Wertpapier erhält mit großer Wahrscheinlichkeit eine viel zu hohe Gewichtung am Depotvolumen. Der Anleger setzt – um in unserem Bild zu bleiben – auf ein Pferd. Bleiben wir bei der Telekom. Die konnten Sie nach Höchstkursen um die 100 Euro bei 80 Euro nachkaufen, dann bei 60 Euro, bei 50 Euro und so weiter. Aktuell (Dezember 2011) steht der Kurs, siehe Chart, bei 9 Euro.

3.3 Urteilsverzerrungen

Bedenken Sie beim Umgang mit Verlusten immer: Um einen Verlust von 50 Prozent aufzuholen, ist eine Steigerung von 100 Prozent nötig, um einen Verlust von 75 Prozent aufzuholen, ist eine Steigerung von 300 Prozent nötig, um einen Verlust von 95 Prozent aufzuholen, ist eine Steigerung von 1900 Prozent nötig!

Das ist Realität und keine höhere Mathematik.

Effekt Nummer 3 – Disposition

Der Dispositionseffekt führt dazu, dass wir dazu neigen, Verliereraktien zu lange zu halten und Gewinneraktien zu früh zu verkaufen. Dem leider viel zu netten Umgang mit Verlierern haben wir uns bereits unter dem Aspekt unserer Harmoniesucht genähert. Aber unser Umgang mit Gewinnern ist im Ergebnis nicht viel besser.

»An Gewinnmitnahmen ist noch niemand gestorben.« Das ist nach unserer Einschätzung der gefährlichste Börsenspruch unter den vielen Sprüchen, Weisheiten und Halbwahrheiten, die es gibt. Gefährlich deswegen, weil er faktisch stimmt und emotional sehr eingängig ist. »Die Basis ist die Grundlage aller Fundamente.« Auch richtig. Aber eben sinnfrei. Tautologisch und nicht logisch. Zu früh realisierte Gewinne können ebenso viel Depotrendite kosten wie verlustreiche Trades. Der Börsenspruch dient uns als Ausrede, um Gewinne dissonanzfrei zu realisieren.

Aber versuchen wir eine Erklärung. Die Wertfunktion beschreibt den Effekt, dass der hypothetische Verlust von bereits entstandenen Buchgewinnen uns mehr schmerzen würde, als dass es uns erfreuen würde, wenn sich der Gewinn nochmals verdoppelte. Wir haben also eine »abnehmende Grenzfreude« über weitere Gewinnaussichten und ein hohes Schmerzrisiko für den Fall, dass die Gewinne wieder flöten gingen. Abhängig von vielen Faktoren gibt es einen individuellen Gewinnbereich, bei dessen Erreichen wir von einer inneren Stimme daran erinnert werden, zuzugreifen. Nehmen wir einmal an, wir hätten vor einigen wenigen Monaten in einem wenig volatilen Standardwert Geld investiert und hätten jetzt 20 Prozent Gewinn auf unsere Investitionssumme. Tolle Sache. Wir sind mit Glückshormonen voll, fühlen uns als Börsen-King. Die innere Stimme warnt: »Wir haben schon die berühmt berüchtigten Pferde vor der Apotheke gesehen. Sei nicht dumm, realisiere das Glück.«

3 STUSS erkennen und vermeiden

Unsere grundsätzliche Disposition ist für eine sofortige Realisierung des Glücks und die Vermeidung des Risikos einer künftigen Gewinneinbuße. Die Angst vor einem Verlust ist auf einer imaginären Gefühlsskala in dieser Situation ungefähr doppelt so stark wie die Freude über eine potenzielle Gewinnausweitung. Da liegt die Gewinnmitnahme unter psychologischen Gesichtspunkten nicht nur nahe, sie ist fast ein Muss. Selbst wenn wir der festen Überzeugung sind, dass das Wertpapier weiterhin sehr aussichtsreich ist, beruhigen wir unsere innere Stimme wenigstens mit einer Teilgewinnmitnahme. Gewinne werden deshalb häufig nach und nach realisiert, während Verluste, wenn sie denn überhaupt realisiert werden, en bloc auf das Buch genommen werden. Aktien im Gewinn werden signifikant häufiger verkauft als Aktien im Verlust. Das beweisen mehrere Studien.[34] Durch dieses Verhalten werden die exorbitanten Gewinnmöglichkeiten in Trendmärkten verpasst.

Die zu frühe Gewinnrealisierung entlädt sich in ihrer Wirkung insbesondere, wenn der Anleger auch noch gleichzeitig mit den Verlierern nicht umzugehen weiß. Dann wird mit nahezu 100-prozentiger Wahrscheinlichkeit eine Situation eintreten, bei der er nur noch Verliereraktien im Depot hat. Dieses Verhalten erklärt aber auch, warum Privatanleger in den Derivatemärkten so schlecht abschneiden. Wenn man dort 25 Prozent Gewinne realisiert und auf der anderen Seite der Totalverlust droht, dann brauchen wir 4 Treffer auf eine Niete. Das kann nicht funktionieren.

Insofern möchten wir Ihnen für die Anlagepraxis raten, diese vier Punkte zu beherzigen:

> Safety first: riskante Anlagen meiden beziehungsweise langsam und bedächtig Know-how aufbauen
> Verluste begrenzen
> Gewinne laufen lassen
> niemals nachkaufen, nur um sich die Fehlentscheidung nicht eingestehen zu müssen

---

[34] Erforscht hat den Dispositionseffekt zum Beispiel Andreas Oehler, Behavioral Finance, Österreichisches Bankarchiv 2000.

Hört sich nach fünf Euro ins Phrasenschwein an. Aber es funktioniert – wobei die reale Anwendung dieser Empfehlungen selbstverständlich schwieriger ist, als sich diese einfachen Verhaltensempfehlungen einzuprägen.

3.4 Selektion nach Chancen

Was wir in diesem Punkt ausführen möchten, zeigt Abbildung 6 am besten:

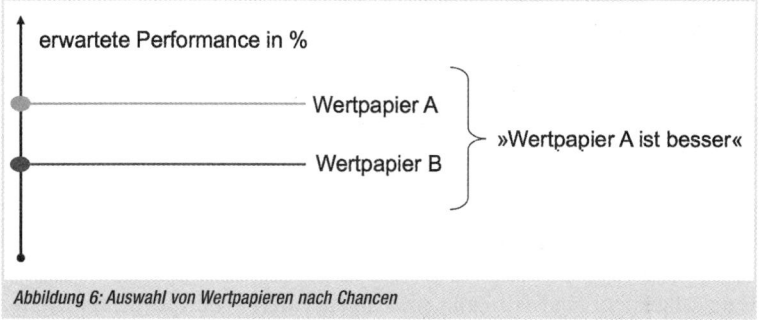

Abbildung 6: Auswahl von Wertpapieren nach Chancen

»Welches Wertpapier ist besser?«, so die simple Frage. Aufgezeigt wird dabei nur, dass das Wertpapier A nächstes Jahr um 25 Prozent steigen soll und das Wertpapier B im gleichen Zeitraum um 10 Prozent zulegen soll. Die Mehrheit der Anleger spricht sich dann für Wertpapier A aus. Die Wahrscheinlichkeit, dass ein Wertpapier mit höherer Rendite auch ein höheres Risiko nach sich zieht, blenden sie dabei völlig aus. Chancen und Risiken sind jedoch – nicht nur in der Vermögensanlage – untrennbar miteinander verbunden.

Zurück zum Beispiel der beiden Aktien: Sehr wahrscheinlich handelt es sich bei Wertpapier A um einen Modewert, einen Hotstock eines Aufsteigers, während Aktie B ein klassisches Dickschiff der Industrie repräsentiert. Doch gehen die Börsen ganz allgemein nach unten, regieren die Bären, dann verhält sich ein Hotstock sehr viel volatiler, seine Ausschläge nach unten sind wesentlich kräftiger, als dies bei der Aktie eines weltweit operierenden Unternehmens mit global bekannten Marken und nachgefragten Produkten der Fall ist. Ein solcher Konzern hat über die Jahre hinweg seinen Anlegern Dividenden bezahlt, verfügt über Macht im Markt, bestimmt die Preise seiner Produkte und besitzt wahrscheinlich auch noch eine gute Finanzierungsbasis – einem solchen Unternehmen halten die Anleger, gerade die institutionellen Anleger mit ihren riesigen Einsätzen, die Treue und die Kurse halten sich überproportional sehr viel besser.

Ein zweites Problem dieser Chancenselektion resultiert aus der Tatsache, dass sich die Anleger an Werten der Vergangenheit orientieren. Sie erinnern sich an hohe Kurse bei diesem Papier und hegen die Hoffnung, dass diese bald wieder erreicht werden. Damit greifen sie jedoch ganz klassisch »ins fallende Messer«, wie der Börsianer sagt. Bei unserer »Lieblingsaktie«, der Telekom, bedeutete dies, dass ein Preis von 50 Euro enorm günstig erschien, hatte man doch noch 100 Euro im Hinterkopf. Da muss der Kurs doch irgendwann und irgendwie wieder hingehen, so denkt der chancenfixierte Anleger. Die 100 Euro wirken wie ein »Anker«: Dies ist ein Wert, den wir einfach nicht mehr aus dem Kopf bekommen und der unser Handeln beeinflusst.

Ganz allgemein sind wir sehr auf Zahlen fixiert – und nicht auf Werte. Klar, fünf Feinde sind einfach gefährlicher als zwei, auch wenn die zwei vielleicht einzeln stärker wären als die fünf. Beim Anker-Effekt kommt hinzu, dass unser Gehirn ständig versucht, Verbindungen zu schaffen. Wenn zwei Dinge um uns herum geschehen, dann will es partout Zusammenhänge erkennen. Wir misstrauen dem Zufall und vermuten Gesetze hinter allem. Bahnbrechende Untersuchungen führten auch hier wieder Kahneman und Tversky durch. Sie ließen ihre Probanden erst einmal ein Glücksrad drehen und befragten sie dann, wie viel Prozent afrikanische Länder ihrer Meinung nach Mitglied in der UNO seien. Was die Versuchskaninchen nicht wussten – ihr Roulette mit der Glückszahl war voreingestellt auf die Zahlen 10 oder 65. Das Ergebnis: Diejenigen, die die 65 als Zahl vorher gedreht hatten, sagten im Schnitt (Meridian), dass 45 Prozent der UN-Länder aus Afrika stammten, diejenigen mit der 10 schätzten aber nur einen Anteil von 25 Prozent. Obwohl die Glücksradzahl also überhaupt nichts mit der Anzahl afrikanischer Länder in der UNO zu tun hat, beeinflusst sie unsere Schätzung. Diese Beeinflussung findet im Übrigen auch vor Gericht statt, wie einige Studien bewiesen – zum Wohle cleverer Anwälte.

Doch zurück zum Aktienkauf. Man könnte es auch so sagen: Wir sind auf Rabatte fixiert, geborene Schnäppchenjäger, ein niedriger Preis signalisiert uns: Da müssen wir sofort zuschlagen, so billig wird's nie wieder. Das Problem: An der Börse wird das dann oft richtig teuer.

Leider funktioniert der Anker auch umgekehrt: Wir erkennen Aktien im Aufwärtstrend nicht, denn wir erinnern uns an den niedrigeren früheren Preis – zum Beispiel 20 Euro für eine Aktie vor vier Wochen –, und so erscheinen uns jetzt 25 Euro als teuer. Anker wirken auch über einen längeren Zeitraum, wie Psychologen nachweisen konnten, sie sind einfach verflixt verankert in unserem Hirn. Wir kaufen doch keine Aktie beim Höchstkurs ein und lassen uns dann auslachen. Lieber nicht. Deshalb verpassen gerade viele Privatanleger den günstigsten Einstieg in Trendmärkte. Aber Trends zeichnet aus, dass sich die Kurse langsam nach oben entwickeln, von einem Hoch zum anderen laufen. Selbst in der allerletzten Phase, der sogenannten Dienstmädchenhausse, wo wirklich jeder – auch das gar nicht mehr existierende Dienstmädchen – mitbekommen hat, dass hier etwas zu holen ist, laufen sie noch von Hoch zu Hoch weiter. So kann der Anleger über die Jahre hinweg zaudern und zögern, um dann tatsächlich erst während der Dienstmädchenhausse zuzuschlagen und bestenfalls noch die Krümel vom Tisch der Börsen-Herren zu bekommen.

3.5 Spekulation ohne System und Struktur

Unter Spekulieren ohne System und Struktur verstehen wir hier vor allem, dass der Anleger kein durchdachtes und strukturiertes Depot hat, das nach den Kriterien der größtmöglichen Diversifikation zur Risikominderung gebildet ist. Diese Diversifikation ist auch Thema der modernen Kapitalmarkttheorie und eigentlich unumstritten. Gleichzeitig wollen wir aber auch (einmal mehr) darauf hinweisen, dass es vor der Anlage an der Börse eminent wichtig ist, sich mit den Zielen, dem Anlagehorizont und den Möglichkeiten der Zielerreichung genauer auseinanderzusetzen, weil nur so der Erfolg – auch für sich selbst nachprüfbar und nachvollziehbar – erreicht werden kann.

Wer sein Depot nicht ausreichend diversifiziert, der spekuliert nicht, sondern der wettet nur. Durch eine zu geringe Streuung kann ein einziger Underperformer Ihre Depotrendite gründlich verhageln. Im Gegenzug aber verhilft ein einziger Outperformer noch nicht dazu, eine Traumrendite für das gesamte Depot zu erzielen.

Sehr häufig unterschätzt werden von Anlegern außerdem Korrelationen zwischen den verschiedenen Asset-Klassen, Branchen und Regionen. Wer zum Beispiel im Jahr 2000 eigentlich breit gestreut Aktien der Branchen Telekommunikation, Biotechnologie, Internet und Medien – also typische Zukunftsmärkte – erworben hat, den traf die Baisse, das Platzen der Internet-Blase, frontal.

Es gilt, sich vor dem Aktienkauf über die eigenen Anlageziele genau im Klaren zu sein. »Geld allein macht nicht glücklich. Es gehören auch Aktien, Immobilien und Gold dazu«, wie es so schön heißt. Ohne eine klare Vermögensstruktur werden Sie als Anleger aber leicht Opfer von Kapitalmarktmoden, die des Öfteren wechseln, immer ihren Guru finden, aber schnell Ihre Töpfe leeren. Bauherrenmodelle, Windparkfonds, der Neue Markt, Mittelstandsanleihen … es gibt viele Moden. Vermeiden Sie auch eine monokausale Begründung für Ihre Geldanlage, zum Beispiel: Steuersparen als Hauptmotiv für die Auswahl Ihrer Anlageprodukte. Meist freuen sich daran obskure Berater und Sie sparen auf jeden Fall Steuern, weil Ihr Vermögen abschmilzt.

Setzen Sie die »Spannweiten« der prozentualen Anteile einzelner Vermögensklassen in Ihrem Depot nicht zu weit. Empfehlenswert wären aus unserer Sicht etwa folgende Anteile: Aktien zwischen 30 und 60 Prozent, Liquidität zwischen 5 und 15 Prozent, Renten zwischen 25 und 50 Prozent, alternative Investments von maximal 15 Prozent. Größere Spannweiten führen dazu, dass man überreagiert und etwa Aktienquoten auf null setzt. Tabula-rasa-Entscheidungen sind meistens von Panik oder Euphorie geprägt und schaden mehr, als sie nützen. Das Anlagegenie Kostolany sagte einmal, wer in der Abwärtsbewegung nicht dabei gewesen sei, der sei auch bei der nächsten Aufwärtsbewegung nicht mit dabei.

Eine vorgegebene Struktur und das System sollen Sie vor allem vor Überreaktionen schützen und Sie weiterhin »im Spiel« halten. Abhängig sind

3.5 Spekulation ohne System und Struktur

System und Struktur natürlich davon, welcher Anlegertyp Sie sind und wie viel Risiko Ihr Vermögen verträgt. Wobei es für beide Stellgrößen eine bedeutende Rolle spielt, in welcher Lebensphase Sie sich gerade befinden, denn sie definiert, wie viel Spielraum Sie überhaupt zur Verfügung haben.

Es gibt viele Möglichkeiten, um an der Börse erfolgreich zu sein. Value-Investing, antizyklische Vorgehensweisen, Trendfolge, Chartanalyse und so weiter. All diese Methoden haben ihre Berechtigung, ihre Anhänger, ihre Gurus. In einigen Phasen sind sie erfolgreicher, in anderen weniger erfolgreich. Das alte Rezept à la Kostolany, »Aktien zu kaufen, Schlaftabletten zu nehmen und sich nach dem Aufwachen über die Erfolge zu freuen« wird zwar in den vergangenen Jahren von vielen Fachleuten als altmodisch und nicht mehr adäquat angesehen. Wir sehen das jedoch – zumindest teilweise – anders. Es wird auch wieder andere Zeiten an den Börsen geben, in denen dieses Uralt-Rezept sehr erfreuliche Renditen bringt, und es sollte als Grundhaltung bestimmend für Ihr Verhalten sein, auch wenn es durchaus immer wieder Gründe zu Umschichtungen, Neugewichtungen, zu Flexibilität und Variabilität gibt. Begehen Sie aber bitte nie den Fehler, einen per se erfolgreichen Ansatz in Marktphasen, in denen es nicht so gut läuft, in die Tonne zu treten, die Methodik zu ändern und einfach das nächstbessere Pferd (der Ansatz, der gerade in Mode ist) zu reiten. Machen Sie es also zum Beispiel nicht wie der Value-Investor, der nach Quartalen der Pein zur Jahrtausendwende plötzlich zum Growth-Investor mutiert. Risiken und Nebenwirkungen sind bekannt und schmerzhaft.

Die Wahl Ihres Ansatzes ist eigentlich gar nicht so wichtig. Viel wichtiger ist, dass Ihr Investmentansatz zwei Bedingungen erfüllt:

1. Er muss flexibel genug sein, um auf Einzelwertbasis auch graduell Anpassungen zuzulassen, insbesondere bei Verliereraktien und/oder bei Trendmärkten – entsprechend der Devise von George Soros: »Mein Ansatz funktioniert, nicht weil er zutreffende Prognosen macht, sondern weil er mir erlaubt, falsche Prognosen wieder zu korrigieren.«
2. Die Vorgehensweise muss zu Ihrem Typ passen und ausreichend Rücksicht auf Ihre psychologischen Dispositionen für Fehler nehmen.

Value-Investing ist nichts für ungeduldige Personen. Trendfolgeansätze führen bei Anlegern, die bei einem Trendbruch Probleme mit der Realisierung von Verlusten haben oder Gewinnabsicherungsautomatismen generell ablehnen, wahrscheinlich sogar zum Genickbruch, um nur zwei Beispiele zu nennen.

simplified

4 Psychofallen vermeiden

Wir haben bereits einige typische Psychofallen in Kapitel 3 aufgeführt, jetzt wollen wir noch einmal ein breites Spektrum von Vermeidungsstrategien vorstellen. Dazu vorab eine kurze Übersicht über die in der Finanzpsychologie beschriebenen Phänomene. Wir führen sie hier in der Hoffnung auf, nicht nur einen Aha-Effekt beim Leser zu erzielen, sondern ihm ein Rüstzeug an die Hand zu geben, auf das er beim Handel an der Börse zurückgreifen kann. Grundsätzlich gibt es drei verschiedene »Fehlerquellen« für Anleger, so versiert sie auch sein mögen (oder sich fühlen mögen): bei der Reizaufnahme, bei der Reizverarbeitung und in der Ausprägung.

Bei den Ausprägungen handelt es sich um beobachtbares Verhalten, Anomalien des Lernens oder Prädispositionen zur Bildung von Einstellungen, Erwartungen und Motiven. Eine eindeutige Zuordnung in die von uns gewählten Attribute ist allerdings nicht immer zweifelsfrei möglich. Schubladendenken führt auch in der Psychologie nicht immer weiter, so schön Klassifizierungen für Systematiker auch sein mögen. Viele der aufgezeigten Anomalien hängen miteinander zusammen, bedingen, überlagern und verstärken sich gegenseitig. Getroffene Entscheidungen und gezeigtes Verhalten verändern Einstellungen, Motive, Bewertungsprozesse und das Sehen, Schmecken, Riechen und Hören.

4.1 Fata Morgana: Wahrnehmung kommt nicht von wahr (Heuristiken)

»*Liebe macht nicht blind. Der Liebende sieht nur weit mehr, als da ist.*« Oliver Hassencamp

Die Psychologie fasst mit dem Begriff Wahrnehmung alle Prozesse und Ergebnisse der Informationsgewinnung und -verarbeitung durch Sinneseindrücke zusammen. Der Schwerpunkt liegt aber auf den Sinneseindrücken, denn das, was wir wahrnehmen, gibt nicht eins zu eins die Realität wieder, sondern nur ein individuelles Bild von dem, was wir für real halten. Zwischen der Realität und dem, was wir wahrnehmen, befinden sich mehrere Filter. Unsere Sinnesorgane können nur einen Teil von dem, was in der Realität tatsächlich existiert, aufnehmen. Mit dem Auge können wir zum Beispiel nur einen kleinen Ausschnitt der Realität der existierenden elektromagnetischen Wellenlängen erkennen: das sichtbare Licht mit Wellenlängen zwischen 400 Nanometern (violettes Licht) und 700 Nanometern (rotes Licht). Sensoren für radioaktive Strahlung, Gammastrahlen, ultraviolettes Licht, Radiowellen oder Niederfrequenzen haben wir Menschen nun mal nicht. Insofern wird der erste Filter von unseren Sinnesorganen definiert.

Nicht alle potenziell wahrnehmbaren Reize können aber auch verarbeitet werden. Unsere Kapazität ist begrenzt. Auch wenn die Zahlen sehr differieren, insbesondere weil die Forschungen und Thesenbildungen noch viel Spielraum für neue Erkenntnisse zulassen – wir verstehen heute in etwa nur 60 Prozent der Leistungen unseres Gehirns –, wollen wir Ihnen eine Idee von dem Missverhältnis zwischen den unseren Sinnesorganen angebotenen Reizen und den in unserem Gehirn bewusst verarbeiteten Reizen geben. Von den mehreren Millionen Sinneseindrücken (schätzungsweise zwischen zwei und elf Millionen und mehr je nach Quelle), die in jeder Sekunde auf uns einprasseln, können nur wenige (fünf bis sechzig je nach Quelle) im Bewusstsein verarbeitet werden. Reize zu den Themen Sex, also potenzielle Fortpflanzung, und Lebensbedrohungen/Gefahr schaffen es grundsätzlich immer, durch den Filter zu schlüpfen. Das war die Grundvoraussetzung für das Überleben der menschlichen Spezies. Gefahren meiden, Nachwuchs zeugen. Aber was sonst schafft es noch, sich in unser Bewusstsein zu drängen? Dies herauszufinden, versucht die Hypothesentheorie der Wahrnehmung.[35]

Unsere Wahrnehmung wird von ganz unterschiedlichen Faktoren beeinflusst, dazu zählen etwa unsere ganz individuellen und teilweise auch situationsbezogenen Bedürfnisse, Motive, Werte, Einstellungen, Emotio-

---

[35] Als deren Begründer gilt Jerome Bruner mit seiner in den 1950er-Jahren aufgestellten »Hypothesentheorie der sozialen Wahrnehmung«.

4.1 Fata Morgana: Wahrnehmung kommt nicht von wahr (Heuristiken)

nen und Erfahrungen. Weiter wird das Wahrgenommene von uns wieder unterschiedlich beurteilt. Ein einfaches Beispiel: Wenn wir großen Hunger haben, werden wir ständig und überall etwas Essbares sehen und riechen, es überwiegen Gespräche rund um das Thema Essen. Können wir dann endlich unseren Hunger stillen, schmeckt es uns in der Mehrzahl aller Fälle auch. Sprichwörtlich heißt es dazu:»Hunger ist der beste Koch«. Unsere Wahrnehmung wird geleitet von sogenannten Erwartungshypothesen, die aus unserem kognitiven Repertoire stammen. Einfacher ausgedrückt: Im Wahrnehmungsprozess stehen Reizinformationen und Gedächtnisinformationen in ständiger Wechselwirkung, wir koppeln also ständig rück, ob das, was wir gerade sehen, schmecken, riechen, unseren bisherigen Erfahrungen entspricht. Dies führt dazu, dass wir vor allem das wahrnehmen, was wir bereits kennen – hier passt das alte Sprichwort:»Wer sucht, der findet.« Wir nehmen wahr, was wir dissonanzfrei wahrnehmen wollen und können. Die Dissonanztheorie und die Hypothesentheorie sind eng miteinander verbunden, die Schubladen durchlässig.

Pessimisten sehen ein Glas halb leer, Optimisten halb voll. Menschen, die zu Depressionen neigen, nehmen vor allem schlechte Nachrichten aus aller Welt geradezu seismografisch wahr, während sie bei guten Nachrichten alle möglichen Überlegungen anstellen, ob diese auch wirklich wahr sein können. Die Medien mit ihrem ausgeprägten Faible für schlechte Nachrichten kommen den Pessimisten zusätzlich entgegen, aber immerhin können in den gleichen Medien dann Diskussionen geführt werden, warum es bei uns so viele Pessimisten gibt. Jede Wahrnehmung ist also sehr individuell.

Auch wenn wir glauben, dass wir völlig losgelöst von allen anderen und sehr individuell Dinge wahrnehmen, so sind wir doch von sozialen Einflüssen geprägt: Der Gruppendruck – also Wert- und Normvorstellungen wichtiger und repräsentativer Gruppen, wie etwa Vorgesetzte, Medien oder Künstler – prägt den Wahrnehmungsprozess, also sowohl unsere Erwartungshypothesen als auch die Interpretation des Wahrgenommenen. Ein Foul beim Fußballspiel wird vom Anhänger der Mannschaft des Gefoulten ganz anders wahrgenommen als vom Fan des Foulenden. Während der Erste sich über die Schwere des Fouls und die hundertprozentige Torchance des Gefoulten erregt und heftig mindestens eine Gelbe

4 Psychofallen vermeiden

Karte einfordert, wird der Zweite allenfalls einen »harmlosen Rempler« erkennen können und den Pfiff des Schiedsrichters ins Reich des Überflüssigen, ja seine Mannschaft Diskriminierenden verweisen.

Um den Wahrnehmungsprozess zu vereinfachen und zu strukturieren, neigen wir zu Verallgemeinerungen und Vorurteilen. In unserer Gesellschaft beispielsweise unterwerfen wir uns einem sehr intensiven Hang zur »politischen Korrektheit«, ohne näher zu hinterfragen, warum einige Sachen eigentlich »politisch inkorrekt« sein sollen. Wir entziehen uns darum auch wichtigen Diskussionen als Basis zur Veränderung.

Welche Streiche uns unser Gehirn spielt, belegen höchst eindrucksvoll die vielen Beispiele zu optischen Täuschungen. Die Gestaltpsychologie setzt sich wissenschaftlich mit diesem Phänomen auseinander. Wenn Sie gerne Charts ansehen und für Ihre Analyse verwenden, ein kleiner Tipp: Gehen Sie im Internet, zum Beispiel auf Wikipedia, auf das Stichwort »optische Täuschung«. Dort können Sie zum Teil sehr frappierende Wahrnehmungstrugbilder ansehen.

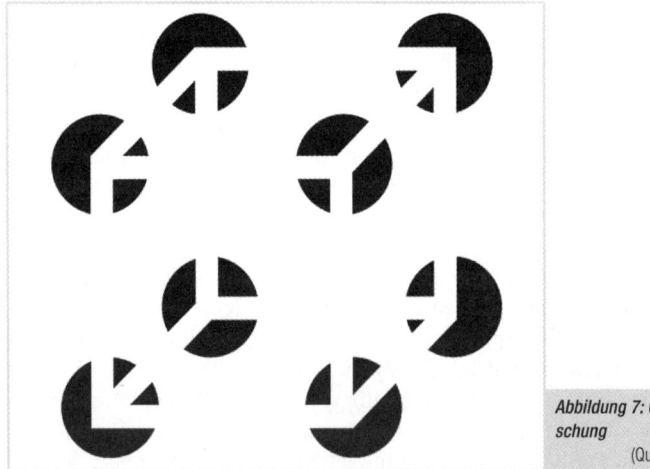

Abbildung 7: Optische Täuschung
(Quelle: Wikipedia)

Sehen Sie das Muster? Obwohl es sich »objektiv« gesehen nur um acht schwarze Punkte mit einem unterschiedlichen weißen Muster handelt,

4.1 Fata Morgana: Wahrnehmung kommt nicht von wahr (Heuristiken)

zeichnet unser Auge einen dreidimensionalen Kubus. Wir sehen etwas, was es gar nicht gibt, weil wir es erwarten. Erinnern Sie sich bitte das nächste Mal, wenn Sie einen Chart ansehen, daran, dass wir Muster sehen, wo es gar keine gibt. Jetzt wissen Sie auch, warum ein und derselbe Chart einer Aktie bei fünf Analysten zu sechs ganz unterschiedlichen Prognosen führen kann.

Nach so viel theoretischem Überbau unsere typischen Beispiele aus der Welt der Anleger:

> »Aktien sind riskant«, »Leerverkäufe verursachen Kurseinbrüche«, »Spekulanten sind nichtsnutzige Elemente«, all das sind starke Leithypothesen in unserer Gesellschaft, die nicht mehr auf ihre »Wahrheit« überprüft werden.
> Negative Analystenurteile wirken wie starke Hypothesen bei der Aktienbeurteilung.
> Die Chartanalyse kann sehr individuell sein; der eine meint, in einem dauerhaft, stark fallenden Kursverlauf einen stabilen Abwärtstrend erkennen zu können, sodass er von weiter fallenden Kursen ausgeht, während der andere die Aktie bereits als stark gefallen ansieht und so auf eine rasche Gegenbewegung setzt. Ein und derselbe Chart kann also zu Aktienkäufen wie -verkäufen führen.
> Unternehmensmeldungen werden nach unserer Positionierung am Markt wahrgenommen. Schlechte Meldungen zu einer Aktie, die wir im Depot haben, kommen gar nicht durch die Filter hindurch und wenn sie es schaffen, spielen wir die schlechten Nachrichten herunter und suchen sofort nach anderen Informationen oder Meinungen, die unsere Zuversicht im Hinblick auf diese Aktie bestärken und die negativen Nachrichten kompensieren.

Alle Mechanismen, die wir einsetzen, um aus der Fülle der Informationen mit geringstmöglichem Aufwand die wichtigsten (leider nicht immer die richtigen) herauszufiltern, um schnell zu einem Ergebnis zu kommen, werden Heuristiken genannt. Darunter fallen etwa Verhaltensweisen wie Schubladendenken und die Anwendung von Faustregeln. Komplexität zu reduzieren und schnell ein Urteil zu fällen, steht dabei an erster Stelle. Aber was in der Frühzeit der Menschheit richtig und wichtig war – eine schnelle Entscheidung zu treffen, ob es besser ist, wegzulau-

4 Psychofallen vermeiden

fen oder anzugreifen – entpuppt sich bei komplexen, vernetzten und dynamischen Prozessen als zu simpel, um zum Erfolg zu führen.

Einen Spezialfall der Heuristiken stellt die Vereinfachungsheuristik dar. Sie beschreibt genauer die Tendenz des Menschen zur Komplexitätsreduzierung. Auf die Aktienanlage bezogen bedeutet dies etwa, dass bei der Beurteilung eines Kurs-Charts nur die Gründe herangezogen werden, die am einfachsten die Kursbewegung erklären können. Dabei beschränkt sich der Anleger allerdings auf die üblichen Verdächtigen, also auf Erklärungsmomente wie Zinsänderungen, Währungsveränderungen, Rohstoffpreisentwicklungen und so weiter. Hinzu kommen noch Erklärungsmuster, die gerade en vogue sind, derzeit etwa bei Kursrückgängen gerne die bösen Leerverkäufer. Insgesamt beurteilen wir Produkte gerne nach der Verpackung, dem Preis und dem Markennamen.

Beim Verfügbarkeitsbias (Availability Bias) handelt es sich ebenfalls um eine Heuristik zur Komplexitätsreduktion. Dabei greifen wir in erster Linie auf Informationen zurück, die leicht zugänglich und gut verständlich sowie aktuell und prägnant sind, um zu einem Urteil zu gelangen. Diese Informationen gewichten wir sehr viel stärker als andere, schwer zugängliche oder schwer verständliche Quellen, die wir gerne einfach ausblenden.

Einen Spezialfall der Verfügbarkeitsheuristik stellt das Mental Accounting dar. Auch mit ihm versuchen wir, zu einer Komplexitätsreduktion zu gelangen, allerdings führt diese Methode häufig zum Selbstbetrug. Wir führen dann nämlich wie ein Buchhalter mehrere verschiedene Konten für jede unserer Aktivitäten und Umstände, nicht auf dem Papier mit Buchhalternase, sondern im Kopf. Idealerweise wollen wir jedes Konto erfolgreich oder zumindest dissonanzfrei führen. Mental Accounting erklärt, warum wir bei Verliereraktien gerne nachkaufen, statt nach Gewinneralternativen zu suchen. Oder es erklärt, wie wir Verluste aus Derivate-Wetten dissonanz- und schmerzfrei verarbeiten – nämlich nach dem Motto: »Es war ja nur Spielgeld.«

Mit Confirmation Bias wird die Tendenz beschrieben, nur diejenigen Informationen auszuwählen, die den eigenen Standpunkt bestätigen, also in unser Bild passen.

4.1 Fata Morgana: Wahrnehmung kommt nicht von wahr (Heuristiken)

Interessant ist überdies der Framing-Effekt, der Einbettungseffekt. Je nachdem, wie eine Nachricht verpackt ist, mit welchen Formulierungen sie verbreitet wird, reagieren die Empfänger ganz unterschiedlich auf sie. Ganze Werbestäbe und PR-Abteilungen leben von diesem Effekt. Ein inhaltlich ausgesprochen dünner Vortrag kann mithilfe einer eindrucksvollen PowerPoint-Präsentation so aufgepeppt werden, dass seine völlige Substanzlosigkeit kaum einem Zuhörer auffällt. Das erklärt die große Beliebtheit von PowerPoint-Präsentationen. Und es löst Kritik aus – so will der Schweizer Matthias Pöhm bei der nächsten Nationalratswahl mit der neu gegründeten APPP, der Anti-PowerPoint-Partei, antreten.[36]

Der Rezenzeffekt (Recency Effect) beschreibt die Tendenz, dass den zuletzt genannten Informationen mehr Gewicht zugebilligt wird als den früheren Informationen. Wir sind auf »Neuigkeiten« gepolt und der Aufdruck »neu« ist für uns immer wieder ein Hingucker. Die Reihenfolge der Informationen übt einen Einfluss auf die Wahrnehmung, Erinnerung und Gewichtung aus. In der Kombination aus Primäreffekt und Rezenzeffekt werden Informationen, die zeitlich in der Mitte angesiedelt sind, häufig unterbewertet. Bedenken Sie jedoch, dass professionelle Kommunikatoren diese Regeln auch ganz genau kennen. Suchen Sie ab sofort in der Mitte.

Der Primäreffekt (Primacy Effect) stellt das Gegenteil des Rezenzeffektes dar: Die erstgenannte, die früheste Information brennt sich bei uns ein und erhält so mehr Gewicht, als sie es oftmals verdient. Auch hier gilt wieder der Rat, sich an die Mitte zu halten.

Wie wir bereits mehrfach ausgeführt haben, bringt jede Entscheidung für etwas gleichzeitig auch eine Entscheidung gegen etwas mit sich. »Jede Medaille hat zwei Seiten«, »Wo Licht ist, ist auch Schatten« und wie die Sprüche alle heißen. Auch auf Anleger trifft dies zu, doch eine solche kognitive Dissonanz empfinden wir als unangenehm, denn sie stört unser Streben nach größtmöglicher Harmonie. Nachdem wir aber

---

[36] Das Parteiprogramm deckt sich praktischerweise mit dem von Matthias Pöhm verfassten Buch »Irrtum PowerPoint«. Laut Autor werden allein durch PowerPoint in Deutschland jährlich 15,8 Milliarden Euro verbrannt. Allerdings sind das rein hypothetische Zahlen, indem er die Zeitverschwendung durch PowerPoint-Präsentationen mit durchschnittlichen Stundenlöhnen multipliziert – mit dieser Methode könnte man allerdings auch die volkswirtschaftlichen Schäden des Nasebohrens berechnen.

nun eine Entscheidung getroffen und gehandelt haben, binden wir uns emotional an unsere Entscheidung. Um kognitive Dissonanz und den daraus entstehenden Konflikt zu vermeiden, werden Informationen, die nicht ins Bild passen, ignoriert oder zurechtgebogen. Wir nehmen selektiv wahr.

Keine Wahrnehmungsverzerrung im klassischen Sinn ist die »Gambler's Fallacy«. Jedoch ist die Wahrnehmung eines unwahrscheinlichen Musters der Auslöser für eine Fehleinschätzung. Wenn etwa beim Roulettetisch im Kasino eine Farbenserie aufgelaufen ist – also sagen wir, die Kugel blieb acht Mal hintereinander auf »Rot« liegen –, dann entscheiden sich immer mehr Spieler für die Farbe Schwarz, denn nun muss doch einmal Schwarz dran sein. Aber die Wahrscheinlichkeit bei jedem neuen Roulettespiel zwischen Rot und Schwarz liegt bei knapp 50 Prozent (schließlich müssen wir die Möglichkeit der »Null« ins Kalkül ziehen). Nach einer »roten« Serie wird die subjektive Wahrscheinlichkeit für das Eintreten des Ereignisses »Schwarz« allerdings deutlich höher bewertet. Auch Wertpapiere können tage- und wochenlang steigen oder fallen.

4.2 Teenagerliebe: Unsere Gefühle fahren Achterbahn mit uns (Gier und Panik)

»Gier ist gut. Gier ist richtig. Gier ist gesund. Sie hat Amerika groß gemacht und wird unsere Rettung sein.«
Gordon Gekko im Film »Wall Street«

Gier ist ein stark negativ besetzter Begriff. Gier ist das starke Verlangen, etwas zu erreichen oder zu bekommen. Unter Aspekten der Motivation sprechen wir hier erst einmal wertfrei von einem starken Antrieb, seine Kräfte auf etwas ganz Spezifisches zu richten. Unser Gehirn ist darauf ausgerichtet, uns das Überleben zu ermöglichen, deshalb versuchen wir nicht nur, aktuelle Bedürfnisse zu befriedigen, sondern nach Möglichkeit auch zu akkumulieren, um schon heute die Basis für die Deckung zukünftiger Bedürfnisse zu schaffen. Wir stillen nicht nur unseren aktuellen Hunger und legen uns dann wie die Löwen schlafen. Nein, wir denken auch schon an den Hunger von morgen und in den nächsten Tagen

4.2 Teenagerliebe: Unsere Gefühle fahren Achterbahn mit uns (Gier und Panik)

und Wochen und deshalb pökelten und räucherten wir Fleisch und Fisch, legten Vorräte an. Daraus kann Maßlosigkeit resultieren, die wir mit der Steigerungsform von Gier, der Habgier, benennen.

Unter Habgier wird das übersteigerte, ja rücksichtslose Streben nach materiellem Besitz ohne konkreten Nutzen beschrieben. Eng verknüpft mit der Habgier sind Geiz oder zumindest eine übertriebene Sparsamkeit und der daraus resultierende Unwillen, zu teilen. Die Habgier, »Avaritia«, gilt dem Christentum als eine der sieben Hauptlaster oder schlechten Charaktereigenschaften des Menschen. Da diese Laster mehr oder weniger automatisch Sünden nach sich ziehen, bezeichnete man sie der Einfachheit halber als »Todsünden«. Auch in anderen Religionen spielen Geiz oder Habgier eine wichtige – negative – Rolle, so etwa im Islam. Ebenso wird die Habgier in einer ganzen Reihe von Märchen und Sagen vorgeführt, wie zum Beispiel in »Der Fischer und seine Frau« der Brüder Grimm oder in »Das kalte Herz« von Wilhelm Hauff.

Neutral betrachtet ist die Gier jedoch ein starker Antrieb, auch und gerade an der Börse. Gewinne – oder auch nur die Aussicht auf Gewinne – lösen beim Menschen neuronale Vorgänge aus, wie sie noch am ehesten mit denen beim Konsum von Kokain zu vergleichen sind. Das Merkwürdige: Wenn wir den Gewinn dann tatsächlich in die Tasche stecken, fühlen wir uns bei Weitem nicht so freudig erregt wie in der Erwartung des Gewinns. »Vorfreude ist die schönste Freude«, heißt es im Sprichwort, und das beschreibt unsere Gefühlslage ziemlich genau. Und kann für alle Freunde des Lotteriespiels als Trost gelten.

Neurowissenschaftler der Stanford University in Kalifornien werteten 21 experimentelle Untersuchungen aus, die den neuronalen Wurzeln der Geldgier auf den Grund gingen. In allen Versuchen reagierten Probanden besonders stark auf einen erwarteten finanziellen Gewinn.[37] Geldbeträge, die sie tatsächlich besaßen, hatten dagegen einen wesentlich geringeren Effekt auf das Belohnungssystem im Gehirn, das für Glücksgefühle zuständig ist. Die Aussicht auf einen möglichen Geldsegen ruft also trotz der einhergehenden Risiken ein deutlich größeres neuronales Feuerwerk hervor als vorhandenes Eigentum. Verantwortlich dafür sei eine Art »An-

---

[37] Nikolas Westerhoff: »Hauptsache: Mehr!«, in Gehirn & Geist, 12/2008, S. 66–68.

4 Psychofallen vermeiden

tizipationsschaltkreis« im Gehirn, der dafür sorgt, dass ein besonders hohes Risiko die Vorstellung eines möglichen Gewinns noch zusätzlich versüßt – der Reiz des Spiels.

Das mag das alte Sprichwort »Geld macht nicht glücklich« zum Teil erklären. Es erklärt aber auch »Gier frisst Hirn« und die negative Besetzung des Begriffes Gier. Der Gewinnrausch kann natürlich auch zu Suchtverhalten führen. Süchtige sind selbstverständlich auch eher bereit, andere in Mitleidenschaft zu ziehen, man denke nur an den Milliardenbetrüger Bernard L. Madoff – und seine vielen Vorgänger. Aber es besteht auch die Gefahr, dass sie sich selbst in den Abgrund stürzen, indem sie übermäßige und völlig irrationale Risiken eingehen, wie etwa der deutsche Unternehmer Adolf Merckle. Auf den Punkt brachte es Lloyd Blankfein, Chef der Investmentbank Goldman Sachs, die aus teilweise geradezu hazardeurhaften Investments (inzwischen wieder) Milliardengewinne zieht. Er berichtete inmitten der Finanzkrise, dass er und seine Bank einfach nur »Gottes Werk« verrichteten. Seitdem nennt man seine Bank auch gerne Godman Sachs.

Die Gier der Wohlhabenden

Der Freitod des Milliardärs Adolf Merckle im Januar 2009 löste Bestürzung, aber auch Überraschung aus. Er hatte sich während seines Lebens ein ganzes Firmenimperium aufgebaut. Dazu zählten erfolgreiche Unternehmen wie etwa HeidelbergCement, Phoenix Pharmahandel, Ratiopharm, die Zollern-Gruppe, die VEM-Gruppe und die Kässbohrer Geländefahrzeug AG. Sein Vater hatte bereits in zweiter Generation eine pharmazeutische Fabrik betrieben, doch nach 1945 wurde die in Dresden ansässige Firma enteignet und die Familie floh ins Schwäbische. Dort gründete Adolf Merckle sein ansehnliches Firmenimperium, das heute etwa 100.000 Mitarbeiter beschäftigt und einen Umsatz von 30 Milliarden Euro macht. Ratiopharm war einer der Marktführer für Generika in Europa, allerdings habe er sich dann beim Kauf des traditionsreichen HeidelbergCement-Konzerns »verhoben«, so Kritiker. Tatsächlich lasteten auf dem Imperium Schulden in Höhe von etwa 16 Milliarden Euro. Einige Monate vor seinem Freitod hatte Merckle – angeblich – Millionen auf fallende Kurse von Volkswagen gesetzt. Im Zuge von Porsches Versuch, Volkswagen zu übernehmen, und der gelungenen Übernahme von Porsche durch Volkswagen kletterte die VW-Aktie jedoch zwischenzeitlich auf einsame Rekordhöhen. Was die einen freute, die ihre VW-Aktien gewinnbringend losschlugen, endete bei Merckle im finanziellen Fiasko. Wobei bis heute umstritten ist, wie hoch die Verluste tatsächlich ausfielen – vom niedrigen dreistelligen Millionenbereich bis hin zu Milliarden war die Rede –, auf jeden Fall zwangen die Banken Merckle dazu, sich von Ratiopharm, seiner gewinnbringendsten Beteiligung, zu trennen.

Vor der Finanzkrise zählte Merckle zu den reichsten Deutschen, jetzt waren seine Aktienpakete, die bei den Banken als Sicherheit fungierten, plötzlich kaum noch etwas wert.

4.2 Teenagerliebe: Unsere Gefühle fahren Achterbahn mit uns (Gier und Panik)

Er wurde in aller Öffentlichkeit dafür kritisiert, quasi Arbeitsplätze »verspielt«, sich verspekuliert zu haben. Er hatte plötzlich den Ruf des dümmsten Anlegers weg. Er hatte beim Land Baden-Württemberg um eine Landesbürgschaft nachgefragt, was für allgemeine Entrüstung sorgte. War die Kritik im Recht? Wer sein privates Geld an der Börse verzockt, sollte eigentlich nicht die Hilfe des Staates für sich in Anspruch nehmen wollen, auch wenn es ihm in erster Linie um den Erhalt von Arbeitsplätzen gegangen sein mag.

Finanzielle Entscheidungsprozesse, so stellte einer der Urväter der »Behavioral Finance«-Theorie, Daniel Kahneman, fest, drehen sich nicht nur um Geld. Es geht auch um Motive wie die Vermeidung von Reue oder das Erlangen von Stolz. Der Grenzwert des Besitzes, des Geldes an sich, nimmt relativ schnell ab. So kann die Rivalität innerhalb von Vergleichsgruppen schnell zu einem diffusen, aber wichtigen Motiv werden. Fährt der Nachbar etwa ein größeres, komfortableres, teureres Auto als man selbst? Ist sein Garten grüner, der Rasen gepflegter, der Pool um einen halben Meter länger? Meine Villa, mein Auto, mein Boot. Prestigedenken spielt eine große Rolle bei uns allen, ob wir das wollen oder nicht. Sage mir, welche Automarke du fährst, und ich sage dir, was für ein Mensch du bist – nach diesem Strickmuster, das von Werbung und PR ja auch weidlich ausgenutzt wird.

Die Kombination aus der natürlichen Gier und der Rivalität gegenüber anderen erschwert aber unseren tatsächlichen Erfolg an den Kapitalmärkten. Wenn wir steigende Preise in einem Markt sehen, wir selbst jedoch gar nicht dabei sind, aber viele andere, auch der Golfpartner, dann gibt es gleich zwei wichtige Motive, die uns in den Markt treiben. Teilweise wider besseres Wissen. Unser Schmerz ist einfach sehr viel größer und intensiver, wenn wir das Gefühl haben, dass alle anderen sehr viel Geld verdienen und wir nicht dabei sind. Das würde ja die »Hackordnung« verschieben, die anderen stünden plötzlich besser da. Das ist für uns mit viel mehr Schmerz verbunden, als wenn wir dann – mitgefangen, mitgehangen – selbst mit involviert waren und tatsächlich Schaden davontragen. Des anderen Glück wird als persönliches Unglück empfunden, eine Ausprägung des Neids und offensichtlich sehr viel stärker, als 2000 Jahre Christentum wettmachen konnten (sofern man es denn ernst genommen hätte). Wer will schon auf einer Party voller ausgelassen Feiernder abseits als Langweiler in der Ecke sitzen? Dann lieber mit allen anderen den Kater des nächsten Vormittags riskieren. Geteiltes Leid ist ja bekanntlich halbes Leid. Diesen Mechanismus kann man als eine Art »rationale Ignoranz« bezeichnen. Ignorant, da erkennbare Gefahren und Risiken ausgeblendet werden, rational, weil in der Abwägung aller Motive und Emotionen etwas Stabiles dabei herauskommt.

Der Gier diametral gegenüber steht die Panik. Der gesamte idealtypische Zyklus bei der Geldanlage besteht aus Gemütszuständen wie Zweifel, Zuversicht, Gier, Hochmut, Schreck, Hoffnung, Ratlosigkeit, Angst, Panik, Reue und Abscheu. Die Preise beginnen an der Wand des Zweifels zu klettern. Wenn dann die ersten Fundamentalfaktoren die gestiegenen Preise untermauern und die Zukunftsaussichten auch günstig aussehen, werden wir zuversichtlich. Erste erzielte Gewinne lassen uns hochmütig und gierig werden, bis uns ein starker Kurseinbruch einen wirklichen Schrecken einjagt. Die Hoffnung, dass es sich bei der Bewegung nur um eine Korrektur handelt, lässt uns im Markt verbleiben. Weitere Kursverluste machen uns erst ratlos und wenn dann die ersten negativen Fundamentaldaten nicht mehr zu leugnen sind, treten erste Ängste in den Vordergrund. Weitere tiefe Einschnitte in unsere Vermögenssituation und die Möglichkeit eines finanziellen Desasters können letztlich die Panik auslösen, sodass wir in einer Tabula-rasa-Aktion die Brocken hinwerfen. Übrig bleiben Reue und Abscheu vor dem Markt im Allgemeinen oder vor dem spezifischen Segment, in dem wir Geld verloren haben. Viele Besitzer von Telekom-Aktien können diese Achterbahnfahrt des Gefühlslebens bestens nachvollziehen. Die Bewegung der Märkte ist nicht nur ein finanzielles Ereignis, ausgedrückt in einer Gewinn-und-Verlust-Rechnung. Sie ist auch ein psychisches Ereignis. Sie löst mit die intensivsten Gefühle aus, die ein Mensch überhaupt haben kann. Gute wie schlechte. Es hat sogar physische Auswirkungen auf den Körper und das Gehirn. Das sollte uns immer bewusst sein.

Verluste werden in denselben Hirnregionen verarbeitet wie Schmerzen oder auch bedrohliche Situationen. Es gibt in der Natur drei Möglichkeiten, um mit Bedrohungen umzugehen: Kampf, tot stellen (Angststarre) oder Flucht.

Bei der Panik regieren die Emotionen, sie steuern unser Fluchtverhalten. Panik tritt vor allem auf, wenn wir eine Situation als absolut unkontrollierbar einschätzen. Typische Merkmale einer Panik sind die ungenügende Reflexion der Realität, ein Mangel an Informationen und fehlende Kommunikation. Wir denken nur noch an uns selbst, ohne Rücksicht auf

4.2 Teenagerliebe: Unsere Gefühle fahren Achterbahn mit uns (Gier und Panik)

Verluste, schaden anderen – und am meisten uns selbst. Panische Menschen machen keinerlei Versuche, ihre Panik unter Kontrolle zu bekommen. Tritt Panik bei mehreren Personen gleichzeitig auf – wie es an der Börse leider des Öfteren geschieht –, so kommt es zu einer Massenflucht, die sich selbst wiederum verstärkt. Denn zur Panik gehört auch, dass sie andere mitreißt, dass sie »ansteckt«. Dabei findet jedoch in der stets steigenden Masse eine totale Vereinzelung statt, jeder ist sich der Nächste, herkömmliche soziale Gruppenbildungen lösen sich auf.

Wenn die Panik endlich abgeklungen ist – denn sie ist in jedem Fall ein vorübergehender Zustand –, folgt eine Phase der Erschöpfung und Hilflosigkeit. Jetzt will man wieder handeln, aber wie? Was? Deshalb wird noch weiter abgewartet, an der Börse findet kaum noch Handel statt.

Wenn Sie sich bei einer besonders gruseligen Szene in einem Horrorfilm schon einmal die Augen zugehalten haben, dann haben Sie Ihre Wahrnehmung verändert beziehungsweise beeinträchtigt, um einer bedrohlichen Situation aus dem Wege zu gehen. Wir blenden bedrohliche Aspekte gerne aus, gerade wenn wir nur Beobachter sind. Als Filmbetrachter wie als Aktienbesitzer sind wir Zuschauer.

Was wir bei den Aktienkursbewegungen tatsächlich sehen, wird stark von unserer Wahrnehmung bestimmt; wir haben das bereits ausgeführt, doch es kann gar nicht oft genug betont werden. Die Wahrnehmung hängt wiederum davon ab, was wir sehen wollen. Unangenehme Dinge sehen wir nur selten gerne. Fallende Kurse zum Beispiel, wenn wir nicht gerade wie Herr Merckle darauf gesetzt haben. In diesem Fall würden wir dann steigende Kurse übersehen. Aber als »normale« Aktienbesitzer blenden wir Abwärtsbewegungen erst einmal vollkommen aus, blättern schnell zu den Sportseiten – im Zweifel reichen uns die dort gemeldeten Horrornachrichten über unseren Lieblingsverein völlig und lenken uns bestens ab. Damit schützen wir unser Bewusstsein vor schmerzhaften Realitäten. Das ist ein ganz natürlicher Vorgang – und gerade deshalb so schwer zu durchbrechen. Doch nur das Eingeständnis, dass die Kurse fallen, versetzt uns in die Lage, unabhängig zu handeln.

In Krisenzeiten werden Sie als Anleger mit einer ganzen Flut negativer Eindrücke, angefangen bei Schlagzeilen in den Medien, Werbung für »absolut sichere Produkte« bis hin zu Kommentaren aus Wirtschaft und Politik überschüttet und damit auch manipuliert. Es ist extrem schwer, sich dem entgegenzustellen – denken Sie nur an die Schweinegrippe vor zwei Jahren: Die einen gerieten in Panik und strömten zum Arzt, um sich impfen zu lassen, sodass die Politik bereits Befürchtungen hegte, der Impfstoff könnte nicht ausreichen, während die anderen in der Impfung einen Angriff auf Leib und Leben wahrnahmen. Die Wahrheit lag in der Mitte – weder die Grippe noch die Impfung war so gefährlich –, aber die Panikmache führte zu großen Gewinnen der einschlägigen Impfstoffhersteller, was uns zu denken geben sollte. Am Ende wurden im November 2011 Impfstoffe im Wert von fast 240 Millionen Euro in einer Müllverbrennungsanlage vernichtet – immerhin, der Heizwert soll sehr hoch gewesen sein.

Allerdings hilft es bereits, dieses Prinzip zu durchschauen. Allein wenn Sie anfangen, Werbung und Schlagzeilen mit anderen Augen zu sehen, sich also fragen, warum diese Überschrift so gewählt wurde, welche Intention der Schreiber, der Verlag, die Zeitung dabei hatte, dieses genau so zu formulieren, verliert die suggestive Kraft dieser Schlagzeilen und der Werbung massiv an Wirkung. Man sollte das schon an den Schulen lehren und Paul Watzlawicks »Wie wirklich ist die Wirklichkeit?«[38] zur Pflichtlektüre erklären.

Sie können also, wie Kostolany empfohlen hat, alle Nachrichten ausschalten. Das wird aber in unserer extrem medialen Welt kaum wirklich zu realisieren sein. Da müssten Sie sich schon – am Ende Ihrer erfolgreichen Aktienengagements – auf eine einsame Insel zurückziehen. Dann haben Sie es aber ohnehin nicht mehr nötig, an der Börse zu spekulieren. Sie können allerdings auch alle Nachrichten, die Werbung und alles, was Sie im Internet lesen, kritisch hinterfragen. Sprich, Sie können aufhören, dem geschriebenen Wort oder inszenierten Bildern absoluten Glauben zu schenken.

Allein das ist für einen Börsenanleger enorm hilfreich. Wenn Sie es dann auch noch schaffen, insgesamt einen objektiveren Blick auf die Entwicklungen der Kursverläufe zu werfen, werden sich Ihre Prognosen, das können wir Ihnen versprechen, erheblich verbessern. Auch das ist wie-

---

[38] Paul Watzlawick: Wie wirklich ist die Wirklichkeit?, München (10) 2005.

4.2 Teenagerliebe: Unsere Gefühle fahren Achterbahn mit uns (Gier und Panik)

der ein schönes Beispiel, wie die menschliche Psyche funktioniert. Das Wohlbefinden der Menschen hängt unter anderem mit dem befriedigten Bedürfnis nach Sicherheit zusammen. Sicherheit ist die Abwesenheit von »Gefahr«. Um beständig zu überprüfen, ob wir uns im Moment in einem Zustand der Abwesenheit von Gefahr befinden, sind wir Menschen auf die Suche nach Gefahren spezialisiert. Sobald der Verstand mögliche Gefahren ausgemacht hat, schrillen logischerweise die Alarmglocken. Im Leben ist dieses Vorgehen durchaus sinnvoll, an der Börse kann es zu einigen Fehlentscheidungen führen.

G. C. Seldon, der sich intensiv mit der »Psychologie der Börsen« auseinandergesetzt hat[39], sagt: »Der größte Fehler von 99 Prozent der aktiven Anleger und Händler ist, dass sie bei hohen Kursen optimistisch und bei niedrigen Kursen pessimistisch sind.« Sein Fazit lautet: Bei allgemeinem Optimismus verkaufen, bei Pessimismus kaufen! Daher gilt es, die Indikatoren für Optimismus und Pessimismus zu kennen und zu beachten.

Eine Studie der US-Finanzwissenschaftler Tom Arnold, John Earl und David North widmete sich der Beziehung zwischen den Veröffentlichungen über Unternehmen und den Auswirkungen auf den Aktienkurs. Dazu untersuchten die Forscher Titelgeschichten der Wirtschaftsmagazine *Business Week*, *Fortune* und *Forbes* von 1983 bis 2002. 549 Artikel ordneten sie danach, ob ein Unternehmen positiv, negativ oder neutral dargestellt wurde. In einem zweiten Schritt überprüften sie die Aktienkurse der betreffenden Unternehmen und wie sie sich in den 500 Tagen vor und nach dem Erscheinen entwickelten. Die Ergebnisse wurden im *Financial Analysts Journal*[40] veröffentlicht.

Diese Ergebnisse waren ziemlich eindeutig: Die Unternehmen, die in den Artikeln positiv bewertet wurden, hatten stets bereits vor dem Erscheinen des Artikels außergewöhnlich gut abgeschnitten. Ihre Kurse lagen im Schnitt 42,7 Prozent über dem CRSP-Index (Center for Research in Security Prices) der Universität Chicago, der von Wissenschaftlern oft dem Standard & Poor's 500 vorgezogen wird. In einigen Fällen nahmen

---

[39] So in seinem Hauptwerk »The Psychology of the Stock Market«, (Erstausgabe 1912), Flint Hill, Virginia 1995.
[40] Thomas M. Arnold, John H. Earl, David S. North: Cover Stories: Are Business Magazine Covers Effective Contrarian Indicators, in: Financial Analysts Journal, 63, 2007, S. 70–75.

die Forscher auch Unternehmen aus derselben Branche mit einer ähnlichen Marktkapitalisierung als Vergleichsmaßstab.

Nach dem Erscheinen der Titelgeschichten ergab sich jedoch ein ganz anderes Bild: Die gelobten Unternehmen lagen anschließend nur noch 4,2 Prozent über dem Schnitt. Bei Verrissen kam es hingegen zur Trendwende: Lagen die Kurse solcher Firmen vor Erscheinen der Artikel 34,6 Prozent unter dem CRSP-Index, ging es nach dem Medienverriss bergauf: Sie legten im Schnitt um 12,4 Prozent zu. Im Falle von Yahoo waren es sogar 58,2 Prozent.

Das Fazit der Studie ist eindeutig: Positive Titelgeschichten zeigen meistens das Ende einer überdurchschnittlichen Performance an, negative das Abklingen einer unterdurchschnittlichen. Die Marktteilnehmer stürzen sich in ihren Bewertungen auf die jüngsten Zahlen, ohne die längerfristige Entwicklung im Auge zu behalten. Im Glauben, die aktuelle Kursentwicklung würde sich weiterhin so fortsetzen, verkennen sie den wahren Trend. Gefeit sind dagegen auch keinesfalls die »Fachleute« in den Medien, ganz im Gegenteil. Ein Trost für frustrierte Pressesprecher von Unternehmen, die gerade für negative Titelgeschichten sorgen, ist die Untersuchung allemal.

Tatsächlich lässt sich noch ein weiterer Trend aus der Studie ableiten: Fast zwei Drittel der untersuchten Titelgeschichten zeigten ein positives Bild. Dies ist nicht nur damit zu erklären, dass negative Berichterstattung oft zu großen rechtlichen Schwierigkeiten führen kann und solche Geschichten deshalb aufwendiger zu produzieren sind; es spiegelt auch die Tendenz von Analysten wider, lieber Kauf- als Verkaufsempfehlungen auszusprechen. So könnten sich die Redakteure von Wirtschaftszeitschriften unter demselben Druck wie die Analysten befinden: Empfehlen sie den angeblich heißesten Trend auf dem Aktienparkett, haben sie die aktuelle Stimmung auf ihrer Seite – und wirken kurzfristig glaubwürdiger. Würden sie hingegen den Kauf von derzeitigen Verlierer-Aktien vorschlagen, ernteten sie nur Kopfschütteln. Umso mehr, wenn die Erholung erst einige Zeit nach der Veröffentlichung einsetzt.

Der Psychologe Lothar Imhof hatte 2001 anhand der Entwicklung des damals noch höchst aktuellen Börsengeschehens rund um den Hype und

4.2 Teenagerliebe: Unsere Gefühle fahren Achterbahn mit uns (Gier und Panik)

Zusammenbruch 1999/2000 versucht, die Wechselwirkungen zwischen Psychologie und Anlageverhalten zu analysieren.[41] Seiner Meinung nach spielte sich das Börsenverhalten vornehmlich zwischen Gier, Panik und Ratlosigkeit ab. Ein viertes, aber ebenfalls wichtiges Gefühl vermisste Imhof aber, nämlich den Optimismus, die Zuversicht, wie er es nannte. Vielmehr wurden – und werden bis heute – die Anleger einem permanenten Stress ausgesetzt. Insofern ist es an der Zeit, dem Stress auf die Spur zu kommen – immerhin hat der es ja begrifflich inzwischen bis in die Beurteilung von Banken (»Stress-Test«) gebracht.

»Hirnphysiologisch gesehen ist eine Krise nichts anderes als die Wahrnehmung einer unzulänglichen Umweltanpassung«, so Imhof damals. Klar, Anleger, deren Werte in den Keller rauschen, deren Derivate plötzlich auf »null« stehen, kennen nur zu gut einerseits dieses Gefühl der absoluten Ohnmacht und andererseits das Unwissen im Hinblick auf das, was zu tun ist.

Der Umgang mit Verlusten

Massive Verluste an der Börse hinnehmen zu müssen, ist dem Verlusterleben im privaten Bereich sehr ähnlich, zum Beispiel, wenn ein lieber Mensch Sie verlässt, Ihnen mit der Entlassung gedroht oder Ihnen die Diagnose einer schweren Erkrankung mitgeteilt wird. Bei solchen Entwicklungen ändert sich schlagartig etwas in Ihrem ganzen Körper, wie der Neurobiologe Gerald Hüther in »Biologie der Angst«[42] geschrieben hat.

Massive Kursverluste setzen den Anleger unter permanenten Stress, dem er sich durch – oft vorschnelles – Verkaufen entziehen möchte. Das Geld ist dann zwar endgültig weg, aber eben auch die Stresssymptome. Stress ist ein seltsames Gefühl, das aus dem Bauch zu kommen scheint und sich bis in die Haarwurzeln ausbreitet. Sie spüren Ihr Herz rasen, den Pulsschlag im ganzen Körper, es läuft Ihnen kalt über den Rücken. Sie fühlen sich schlecht, allein gelassen und hilflos. Wenn Ihnen jemand etwas über »positiven Stress« zu erzählen versucht, packt Sie die blanke Wut. Sie haben Angst: ein Gefühl, das den Körper überflutet, ohne dass Sie sich dagegen wehren können. Angst dient dem Gehirn als ein Alarm-

---

[41] Lothar Imhof: Psycho-Börse – Nichts als Stress?, in: Manager Magazin 11/2001.
[42] Gerald Hüther: Biologie der Angst, Göttingen (10) 2011.

zeichen, es gilt zu handeln. Sie suchen verzweifelt nach einer Lösung, die irgendwo zwischen den 100 Milliarden Gehirnzellen verborgen zu sein scheint.

Wir wollen eine Verhaltensstrategie aktivieren, um die Bedrohung abzuwenden und die Situation zu bereinigen. Bestätigt sich die Richtigkeit der Strategie, fällt uns ein Stein vom Herzen. Wir empfinden Erleichterung und manchmal sogar Freude und Ausgelassenheit. Wir haben es geschafft, eine Krise ist überwunden. Sie kennen das, wenn nach einer schwierigen Landung die Passagiere laut klatschen und damit der Erleichterung, wieder auf sicherem Boden zu stehen, Ausdruck verleihen. Sie haben eine kontrollierte Stresssituation bewältigt. An der Börse geschieht dies, indem man Verluste durch Verkäufe begrenzt und indem sich die Richtigkeit von Depotumschichtungen bestätigt.

Euphorie trägt
Kaufen, wenn auch alle anderen kaufen, ist ein naheliegendes Verhalten, weil Sie sich damit einen gewissen Grad an Sicherheit kaufen nach dem Motto »Was alle machen, kann doch nicht falsch sein«. Sich von der Euphorie aller tragen zu lassen, könnte sich aber als gefährlich erweisen. Wir denken, wir haben damit die Lösung gefunden, um Stress entgegenzuwirken und ihn zu kontrollieren. Wir erleben es als Lernerfolg, der sich als Lebenserfahrung in unser Gehirn eingraben kann. Wiederholen sich derartige Erfolgserlebnisse beim Überwinden von Stress und Angst, sind wir geneigt, fest daran zu glauben und immer wieder darauf zurückzugreifen. Jeder neue Erfolg bestätigt das alte Vorgehen.

Aber was wir für eine tolle und vor allem bewährte Lösung halten, dreht sich ins Gegenteil: Der individuelle Erfolg macht blind für Unwägbarkeiten. Schlimmer aber noch wird es, wenn dieser Erfolg mit vielen Menschen geteilt wird – dann sind wir für Risiken weitgehend blind. So etwas führt dann zu einem Aktienboom wie 1999/2000. Nachdem ihn vorab niemand vorausgesagt hatte, am allerwenigsten die Profis, die institutionellen Anlageberater, ist es ebenso wenig gelungen, die übertriebene Euphorie zu dämpfen. Die lineare gedankliche Fortschreibung des Erfolges spiegelt sich nicht nur in den Kursverläufen, sondern auch in der Flut von Ratgebern nach dem Motto »So werden Sie an der Börse reich« wider.

4.2 Teenagerliebe: Unsere Gefühle fahren Achterbahn mit uns (Gier und Panik)

Wer zu lange meint, er habe eine Krise unter Kontrolle, beschäftigt sich zu wenig mit Lösungen, die aus der Krise führen. Das bewahrheitete sich im großen Stil auch wieder bei der Finanzkrise: Als die Politiker – und auch große Teile der Wirtschaft – dachten, die Finanzkrise sei überwunden, schlug sie in Form der Schuldenkrise wieder zu. So wird oftmals an den Symptomen herumgedoktert, da man zwischen Ursache und Wirkung nicht zu unterscheiden vermag.

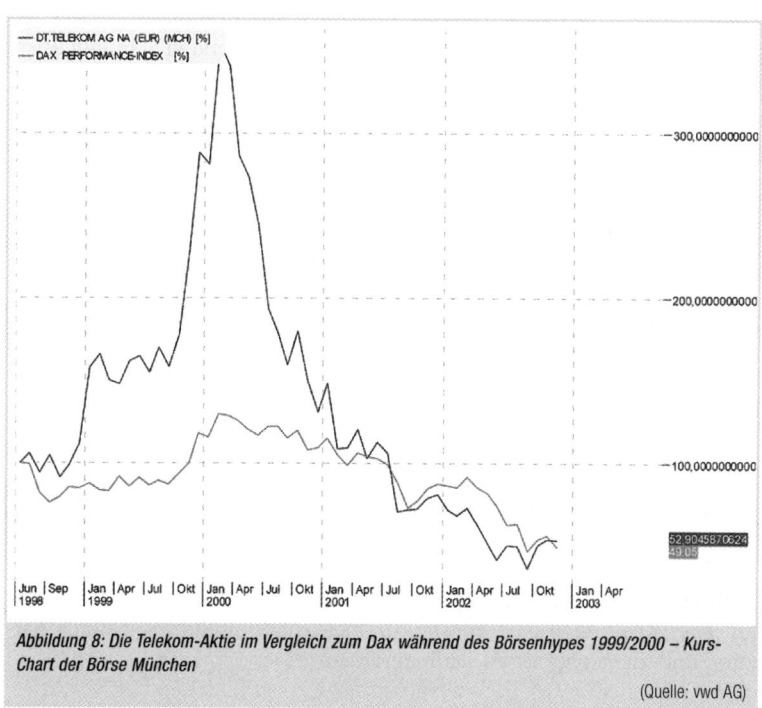

Abbildung 8: Die Telekom-Aktie im Vergleich zum Dax während des Börsenhypes 1999/2000 – Kurs-Chart der Börse München

(Quelle: vwd AG)

Abbildung 8 zeigt den Verlauf der Telekom-Aktie während des Hypes 1999/2000 und des folgenden Absturzes. Im Gegensatz zum eher »ruhig« verlaufenden Dax war die Entwicklung unserer Lieblingsaktie gigantisch, denn sie erklomm einsame Höhen. Aber erinnern Sie sich noch daran, wie der Boom im März 2000 kippte? Irgendwann bestätigte sich der Verdacht und wurde zur Gewissheit: Unsere individuellen Erfolgsrezepte

4 Psychofallen vermeiden

versagten. Eine ganze Zeit lang bestand noch die von vielen herbeigeredete Hoffnung auf eine Kurserholung, doch die Angst wurde immer größer. Vordringlich versuchten die Anleger damals, ihre Betroffenheit über die Kursentwicklungen zu verleugnen, und sie wandten allerlei Ausweichmanöver an, um ihr Verhalten zu bestärken.

Der Facharzt für Psychologie Lothar Imhof warnt davor, dass Krisen noch weniger beherrschbar werden, je mehr wir glauben, sie kontrollieren zu können. Er dachte dabei an 1999/2000, doch dies bewahrheitete sich genauso 2007 bei der Subprime-Krise und bei der folgenden Schuldenkrise.

Wenn wir keinen Ausweg mehr wissen, schüttet das Gehirn ein Hormon aus, das den ganzen Körper in Stress versetzt, und es entsteht ein Gefühl von Verzweiflung, Ohnmacht und Hoffnungslosigkeit. Verzweifelt und leider auch vergeblich suchen wir Lösungswege. Weil wir keine finden, wachsen Selbstzweifel, die Belastung zehrt an unseren Energiereserven. Wir sind wie gelähmt – und gleichzeitig rastlos. Wir können nicht schlafen, aber sind permanent müde. Wir leben in einer Stresssituation, die außer Kontrolle gerät, und tatsächlich nimmt ein solcher Zustand auf Dauer durchaus lebensbedrohliche Formen an.

Wir fangen an, die Dinge, die uns in diese Situation gebracht haben, zu hassen. An der Börse macht sich das dadurch bemerkbar, dass einmal abgestrafte Aktienwerte sich in der Regel nur sehr langsam wieder erholen, weil die Anleger sie meiden wie die Pest.

Ein Gutes haben solche Stresssituationen aber immerhin, so Imhof: Wir suchen neue, alternative Lösungswege. Grundsätzlich verbirgt sich hinter jeder Krise auch eine enorme Chance zur kritischen Selbsteinschätzung und zu erfolgreichen Veränderungen.

Medizinischer Exkurs

Medizinisch verantwortlich für unser »Stressverhalten« ist das Hormon Cortisol. Dieses Hormon ruft die stressbedingten Erkrankungen hervor. Das Gehirn ist für diesen Stoff allerdings sehr empfänglich. Durch Stress produziertes Cortisol kappt uns quasi die nervlichen Schaltkreise, die synaptischen Verbindungen. Das Ergebnis: Leere. Wegen Umbau geschlossen. Dieser Zustand ist aber nicht nur höchst unangenehm, er kann auch medizinisch bedenklich werden. Herz-Kreislauf-Erkrankungen oder Störungen des Immunsystems, aber auch Depressionen bis hin zu Selbstmordgedanken können die Folge sein.

Als Anleger sehnen wir uns nach Sicherheit, wollen dem Stress entkommen. Die Börsen reagieren auf das hohe Sicherheitsbedürfnis der Anleger beispielsweise mit Kursabsicherungsmaßnahmen wie automatischen Stopp-Kursen oder mitwandernden Stopp-Kursen (Trailing-Stops). Diese funktionieren auch bis zu einem gewissen Grad, geben unserer Order quasi Leitplanken mit. Aber leider ist nur eines wirklich konstant an der Börse: die Volatilität und Unvorhersehbarkeit der Kursentwicklungen. Es gilt also, sich selbst Sicherungsmechanismen – eine bestimmte Strategie und zum Beispiel der Gebrauch von bedingten Ordertypen, die praktisch »rational« Entscheidungen für uns fällen – zu setzen. So können wir unseren psychologischen Voreinstellungen ein Schnippchen schlagen.

4.3 Wissenswertes über Lemminge: Lieber bei der Herde bleiben (sozialer Druck)

Wenn Raubtiere Herden jagen, haben sie das Ziel, das unvorsichtigste und schwächste Tier von der Herde abzusondern, um es aufs Korn nehmen zu können. Die Herde bietet deshalb hohe Sicherheit und garantiert das Überleben der Gesamtheit. Für das menschliche Überleben war und ist die Verbindung in größeren Einheiten (Sippe, Dorfgemeinschaft, Stämme, Völker, Nationen) eine Notwendigkeit. Der Herdentrieb ist evolutionär begründet und scheint in uns eingebrannt zu sein. Ausgeschlossen zu sein verursacht uns deshalb im Normalfall Pein. Der körperliche Schmerz und der soziale Schmerz eines solchen Ausgeschlossenseins entstehen in genau den gleichen Teilen des Gehirns. James Montier, bekannt geworden mit Büchern über Behavioral Investing und Behavioral Finance, beschreibt dies vortrefflich:»Konträre Strategien zu verfolgen ist so, als würde man sich regelmäßig den Arm brechen.«[43] Aber, wer immer mit der Herde läuft, der ist nicht nur geschützt vor Raubtieren, der kann auch von der Klippe fallen mit allen anderen Artgenossen, wie es den Lemmingen – irrtümlich – zugeschrieben wird. Im Sinne Montiers bedeutet dies, wer immer mit der Herde zieht, der bricht sich das Genick.

---

[43] James Montier: Die Psychologie der Börse. Ein Praxisleitfaden für Behavioral Finance, München 2010, S.15.

4 Psychofallen vermeiden

Da wir das Thema der Beeinflussung durch soziale Gruppen für sehr wichtig halten, greifen wir es in mehreren Kapiteln des Buches immer wieder auf und widmen ihm auch ein eigenes kleines Kapitel. Denn an der Börse ist gleichgerichtetes Verhalten mit der Masse suboptimal, um es diplomatisch zu formulieren. In diesem Sinne äußerte sich auch John Templeton, als er schrieb: »Zu kaufen, wenn andere verzweifelt verkaufen, und zu verkaufen, wenn andere gierig kaufen, erfordert größte innere Stärke und macht sich am meisten bezahlt.« Besser als die Investmentfonds-Legende Sir John Templeton, der von der Queen geadelt wurde, obwohl er der Finanzbranche angehörte und in den USA (Tennessee) geboren wurde, hätten wir es nicht ausdrücken können.

Der Herdentrieb entfaltet schon bei der Wahrnehmung und der Informationsaufnahme seine Wirkung. Medien kennen die psychologische Seite ihres Geschäftes ganz genau. So verlangt der Nutzer, insbesondere der Durchschnittsleser, in den Medien eigentlich längst Vertrautes in immer neuen Variationen. Studien haben gezeigt, dass die Mediennutzer vollständig bekannte Inhalte als langweilig empfinden; vollkommen neue Inhalte allerdings überfordern den Informationsempfänger. Informationen mit mittlerem Neuigkeitsgrad lösen das höchste Interesse aus. Klar, ein Fernsehquiz, bei dem die Mehrheit der Zuschauer keine einzige Frage beantworten könnte, würde schnell langweilig werden. Medien, die Auflage oder Einschaltquoten brauchen, richten sich nach dieser Maßgabe. Oder haben Sie sich schon einmal gefragt, warum häufig Informationen nach der Salamitaktik über Wochen langsam und behutsam in die Öffentlichkeit getragen werden? Teilweise liegt dies selbstverständlich in der Natur der Sache, häufig aber ist dies einem ausgeklügelten Kommunikationskonzept geschuldet. Große Firmen und Institutionen, aber auch die Politik bedienen sich professioneller Hilfe bei der Kommunikation. Es kommt zum Wiederkäuen der immer gleichen Themen und der immer gleichen Erklärungsansätze in kleinen Variationen – was sich besonders in Wahlkämpfen bemerkbar macht. Die Erklärungen und das Fazit, anfangs noch in epischer Breite diskutiert, verengen sich immer mehr, bis im Einzelfall die Handlungsableitung wohl überlegt und alternativlos erscheint. Dabei trifft das schreckliche Modewort »alternativlos« in den seltensten Fällen wirklich zu. Mit dieser Methodik können aber auch unpopuläre Entscheidungen mehrheitsfähig gemacht werden. Kontakt schafft eben Sympathie und Glaubwürdigkeit. Bekanntheit wirkt als Selektionsheuristik. Experi-

4.3 Wissenswertes über Lemminge: Lieber bei der Herde bleiben (sozialer Druck)

mentell ist belegt, dass persönliche Erinnerungen durch die »Fremderinnerung einer Gruppe« geradezu überschrieben werden können. Verantwortlich wird hierfür der soziale Druck gemacht. Niemand von uns will gerne als Versager oder Verlierer dastehen. Deswegen bedeutet die Anpassung der eigenen Meinung an die der Experten und Meinungsführer eine Externalisierung der Verantwortung. Warum auch selber denken, wenn es andere so gut vormachen! Das kann direkt auf die Vermögensanlage übertragen werden: Die Wahrnehmung und Meinungsbildung der Anleger orientiert sich tendenziell an den Ansichten und Berichten der Kommentatoren, der Analysten und der Börsengurus. Wir erkennen dieses Verhalten selbst bei den professionellen Prognostikern. Sei es das erwartete Wirtschaftswachstum, erwartete Gewinne, Dax-Jahresendprognosen – es ist immer das gleiche Lied. Eine Art vorsichtiger Einheitsbrei als Prognose, nur keine Ausreißer, die uns dazu treiben würden, unser Gedankenmodell auf seine Plausibilität hin zu überprüfen. Eben lieber bei der Herde bleiben. Im Zielsystem der Prognostiker ist das Herdenverhalten sogar rational, denn wer will schon seinen Job riskieren?

»Nicht das Erreichte zählt, sondern das Erzählte reicht« – so sind die Stammtische und das Börsenparkett voll von Gewinnern. Statt Seemannsgarn müsste es eigentlich Börsenschmarrn heißen. Die Außendarstellung und das »Dabeisein« ist vielen wichtiger als die eigene Depotrendite. An dieser Stelle muss jeder für sich seine Entscheidung treffen und rechtfertigen.

Medienwirkungen

Bei den großen Boulevardmedien, die die Mehrheitsmeinung bestimmen, wird mehr Arbeit und Aufwand in die Formulierung der Headlines gelegt als in das Formulieren (und Recherchieren) der eigentlichen Texte. Oftmals sind die Headlines »Chefsache« und die Journalisten müssen ihre Texte nochmals umschreiben, damit sie zu den Headlines passen. Insofern sollten Sie dafür sensibilisiert sein, dass diese Headlines immer mit dem Ziel formuliert sind, Sie zum Kauf ebendieser Zeitung zu animieren. Die Headlines sollen nicht die Wahrheit vermitteln – sofern es überhaupt »die Wahrheit« gibt. Doch obwohl die Headlines nur gewählt werden, um die Auflage möglichst in die Höhe zu treiben, beeinflussen sie die Leser, prägen deren Meinung. Überspitzt betrachtet glauben wir an eine wahre Geschichte und bekommen nur einen Werbespruch zum Kauf einer Zeitung serviert.

Die Auswirkung des Herdentriebes auf das Anlageverhalten haben wir schon beim Thema der Trends und Blasenbildungen näher erläutert. Es gibt aber eine systemimmanente Börsenweisheit, welche unumstößlich

4 Psychofallen vermeiden

gilt: Die Gewinne werden überwiegend dort gemacht, wo die Masse und die Massenmeinung nicht unterwegs ist. Deshalb gilt es, erst einmal zu definieren, wo die Mehrheitsmeinung eigentlich steht. Dies versucht man, mithilfe von Sentiment-Indikatoren – Stimmungsindikatoren – zu messen. In der Vergangenheit, insbesondere in einigen Phasen der 1980er- und 1990er-Jahre, konnten Anleger durch die Zuhilfenahme von Sentiment-Indikatoren erstaunliche Erfolge erzielen. Aber sobald Techniken und Methoden zu stark in den Fokus einer breiteren Schicht rücken, lässt die Wirkung dieser Indikatoren naturgemäß etwas nach, weil sich quasi eine »neue Herde« bildet. Sie sind aber immer noch interessante Mosaiksteine, insbesondere in Extremphasen an der Börse – und von denen haben wir in den letzten Jahren ja so einige erfahren dürfen. Einige Experten auf dem Gebiet der Behavioral Finance haben in der Sentiment-Analyse ihre Geschäftstätigkeit gefunden. Dabei versuchen sie, die Stimmungen von Investoren hinsichtlich ihrer Auswirkungen auf die Kursverläufe zu verstehen, um die künftigen Kursverläufe vorherbestimmen zu können.

Wichtig ist, dass Sentiment-Indikatoren konträr interpretiert werden: Wird die Stimmung als gut eingeschätzt, muss das als Verkaufssignal gedeutet werden. Ist sie negativ, sollte man kaufen. Diese Erkenntnis ist nicht wirklich neu, doch Sentiment-Indikatoren machen die jeweilige Stimmung sichtbar. Das ist einer der Vorteile gegenüber einer persönlichen und manchmal eher diffusen Einschätzung des Marktes.

Sentiment-Indikatoren spiegeln die aktuellen Meinungen an der Börse wider, oder besser, die aktuell (kurs-)bestimmenden Meinungen. Sie informieren etwa über intakte Trends, Phasen der Überhitzung oder untere Wendepunkte an den Börsen. Sie zeichnen die Erwartungen von Anlegern und Investoren nach. Je extremer diese Erwartungen auf steigende oder fallende Kurse ausfallen, desto wahrscheinlicher steht der Markt an einem Wendepunkt.

Gerade an den Wendepunkten liegen Sentiment-Indikatoren häufig richtig, weisen dem Anleger den Weg. Sentiment-Indikatoren messen Stimmungen wie den Optimismus und den Pessimismus vieler Marktteilnehmer. Es können aber auch Erwartungen, die aktuelle Markteinschätzung oder das Ausmaß an Selbstvertrauen erfasst werden. Weiterhin sind andere psychologische Merkmale denkbar.

4.3 Wissenswertes über Lemminge: Lieber bei der Herde bleiben (sozialer Druck)

Nachdem Sie jetzt so viel über Sentiment-Indikatoren erfahren haben, brennen Sie natürlich darauf, konkrete Indikatoren kennenzulernen, um sie auswerten und anwenden zu können. Erwarten Sie dabei aber eher weniger »harte« Kennziffern, denn es geht um Stimmungen, Erwartungen, Hoffnungen, Einschätzungen, Bewertungen – und die lassen sich ganz überwiegend nicht in Zahlen mit exakten Kommastellen ausdrücken.

Bekannte Sentiment-Indikatoren:

> Umfragen unter Anlegern (privaten wie professionellen) zur Einschätzung der Lage (bekannt ist etwa die Umfrage der American Association of Individual Investors (AAII) oder die sentix-Umfrage unter Anlegern.
> Die Put-Call-Ratio, also das Verhältnis von gehandelten Puts zu Calls an einer Optionsbörse. Diese zeigt an, ob mehr Anleger auf fallende Kurse setzen (Puts) oder auf steigende (Calls) und die Märkte damit eher negativ oder positiv gesehen werden. Da gibt es dann auch exakte Kommastellen.
> Die Haltung der »Profis«, der Verfasser von Börsenbriefen. Das Analyseunternehmen Investors Intelligence misst das Sentiment bei amerikanischen Börsenbriefschreibern.
> Allgemeine Medienberichte, wobei hier auch die Häufigkeit und die Intensität der Berichterstattung von Interesse ist, mit allen Empfehlungen oder Meinungskundgebungen zu Aktien, Devisen, Derivaten und Renten.
> Die aktuellen Mittelzuflüsse und der Cash-Bestand von Fonds verschiedenster Ausprägung.
> Insidertrades. Auf Internetportalen, wie etwa finanzen.net, werden die veröffentlichungspflichtigen Insidertrades der betreffenden Unternehmen angezeigt, das heißt, die Käufe und Verkäufe von Mitarbeitern der Aktiengesellschaften.
> Der »closed-end fund discount«, also der Auf- oder Abschlag des Preises eines geschlossenen Investmentfonds gegenüber seinem Nettoinventarwert.
> Die Anzahl der Börsengänge und die Höhe der Zeichnungsrenditen (wie hoch ist der erste Kurs im Verhältnis zum Ausgabekurs).

4 Psychofallen vermeiden

> Eher gesamtwirtschaftliche oder volkswirtschaftliche Sentiment-Indikatoren sind beispielsweise der ifo-Geschäftsklimaindex oder der ZEW-Index.

Allerdings gilt es, auch bei diesen Indikatoren ein gewisses Maß an Vorsicht walten zu lassen. Denn gerade die sich auf Befragungen gründenden Ergebnisse sind sehr stark abhängig vom ausgewählten Personenkreis: Werden Analysten oder Berater hinzugezogen oder eher Menschen, die von Finanzmärkten kaum eine tiefere Ahnung haben, oder Marktteilnehmer, deren Engagement sich ganz real dahin gehend auswirkt, dass sie Geld bekommen oder verlieren?

Seit 2002 befragt die Deutsche Börse AG wöchentlich etwa 170 institutionelle Marktteilnehmer, also Profis, mit einem mittelfristigen Handelshorizont (drei Wochen bis 12 Monate), die ständig Risiken im deutschen Aktienmarkt ausgesetzt sind: In erster Linie Fondsmanager und Vermögensverwalter prognostizieren, ob der Dax oder der TecDax (dazu werden auch wichtige Privatanleger befragt) in einem Monat höher, gleich hoch oder tiefer als zum Befragungszeitpunkt gehandelt wird. Damit will die Deutsche Börse einen wichtigen und für das Börsengeschehen doch eher repräsentativen Ausschnitt abbilden. Nach Einschätzung der Deutschen Börse kann sie dadurch einen tieferen Einblick in die Entwicklung der Aktienmärkte gewinnen als mit vielen anderen Analysetools.

Wenn Sie diese Indikatoren gesammelt haben, müssen Sie das Ausmaß des festgestellten Optimismus, also die bullishe Stimmung, beziehungsweise des konstatierten Pessimismus, die bearishe Stimmung, bewerten. Geht es über ein empirisch bekanntes – also aus der Historie belegtes – Normalmaß hinaus, dient Ihnen das als Kontra-Indikator zum Anlageverhalten, weil Sie damit die Wende voraussehen.

Für ein konträres Handeln sprechen zwei einfache Annahmen:

> Erste Annahme: Wenn Anleger optimistisch sind, haben sie bereits in die Aktie investiert. Wenn sie von fallenden Kursen ausgehen und pessimistisch sind, halten sie mit Sicherheit keine Wertpapiere im Depot.

> Zweite Annahme: Wenn die große Masse der Anleger bereits investiert ist, bleiben nur wenige potenzielle Anleger übrig, die sich noch zu steigenden Preisen an Bord drängeln wollen. Die Gefahr, dass sich bereits Investierte wieder von der Aktie trennen wollen, steigt an. Das gilt natürlich ebenso: Wenn die Anleger mehrheitlich nicht investiert haben, liegen die Aktien häufig bei den Hartgesottenen. Das Überraschungsmoment liegt in beiden Fällen auf der Gegenseite der Mehrheit des Marktes.

4.4 Goliath: Nimm dich in Acht vor David (Selbstüberschätzung und Überoptimismus)

»Investieren ist eine Übung in Demut. Schicken Sie jemanden mit Neigung zum Größenwahn mit eigenem Geld an die Börse, und er kommt bescheiden zurück.«

So führte Herbert Wüstefeld in einem Interview mit der *Frankfurter Allgemeinen Sonntagszeitung* aus, und als Leiter der Kundenbetreuung der Royal Bank of Scotland zählt er zu den Insidern der Branche.

Statistisch gesehen wird auch der Dümmste einmal eine Serie von Gewinnen an der Börse einfahren – ähnlich wie beim Glücksspiel. Sie kennen ja alle das Sprichwort vom Bauer und den Kartoffeln. Wir haben die Gefahr bereits beschrieben: Dadurch wächst das Zutrauen in die eigenen Fähigkeiten über Gebühr an. Dies führt zu völliger Selbstüberschätzung: Aber selbst bei einem gemischt erfolgreichen Verlauf an der Börse kann es schnell zu Selbstüberschätzung kommen. Ein Grund hierfür liegt im Attributionsfehler.

Attributionsfehler (Attribution Bias): Erfolge schreiben die Anleger ausschließlich ihren eigenen Fähigkeiten zu. Für Misserfolge machen sie andere, nicht vorhersehbare Umstände verantwortlich. Erfolge sind Können und Misserfolge sind Pech. Daraus resultiert im Übrigen auch die prekäre Lage der Wertpapierberater von Banken oder Sparkassen: Haben sie ihren Kunden optimal beraten und fährt er daraufhin Gewinne ein, kann sich der Kunde meist nur noch daran erinnern, den sich sträubenden Banker von seinen eigenen Ideen überzeugt zu haben. War die Anlage hingegen kein Erfolg, lag es einzig und allein an den falschen Empfehlungen des Beraters. Da mag das nicht sehr beliebte Beratungsprotokoll dem einen oder anderen Anleger vielleicht im Nachhinein die Augen öffnen, wenn er denn hineinsieht.

Selbstüberschätzung (Overconfidence Bias): Menschen neigen nun einmal dazu, ihre eigenen Fähigkeiten und Kenntnisse sowie ihre Einflussmöglichkeiten zu überschätzen. Es gibt mehrere missliche Folgen der Selbstüberschätzung, die Sie sich als Anleger immer wieder vor Augen führen (und noch besser vermeiden) sollten.

Mit Selbstüberschätzung erhöhen Sie das Risiko:

> **durch höhere Einsätze:** Diese führen aber fast automatisch zu einem anderen emotionalen Empfinden, da die Gewinne und vor allem die möglichen Verluste dann sehr viel heftiger auf Ihre Vermögenssituation durchschlagen. Konnten Sie mit einem angemessenen Anteil von Aktien noch emotional stabil handeln, ist es bei höheren Einsätzen plötzlich vorbei mit der Gelassenheit. Die individuellen Gefühlsschwankungen übernehmen das Ruder, und Sie werden anfällig für Gier und Panik.
> **durch Investieren auf Kredit oder mit Hebel:** Hier reagiert die emotionale Seite wie oben beschrieben. Techniken des Risikomanagements und des Money-Managements sind Grundvoraussetzungen, um sich in diesem Geschäft zu behaupten. Gerade diese Techniken müssen aber behutsam erlernt und »scheibchenweise« erfahren werden.
> **durch die Wahl immer riskanterer Wertpapiere:** Sie haben beispielsweise eine dezidierte Meinung zur Entwicklung des Ölpreises. Aber anstatt einen großen Tanker einer etablierten Ölförderfirma ins Depot zu legen, interessieren Sie sich viel mehr für ein wendiges Schnellboot, einen Junior-Explorer, der gerade »günstig zu haben« ist. Doch die speziellen Risiken des Geschäftsmodells sind Ihnen unbekannt – die damit verbundene höhere Volatilität und mangelnde Handelsliquidität kennen Sie gar nicht und das führt zu Fehlverhalten. Denn wenn die Grundprognose falsch ist, kommt der höhere Hebel

auf der Verlustseite mit dem Risiko des Totalverlusts zum Tragen. Eine Buy-and-hold-Strategie ist bei diesen Werten meist gar nicht möglich, schon gar nicht, wenn die Kurse nachhaltig in den Keller rauschen.
> **durch Optionsgeschäfte:** Auch hier fahren die Emotionen Achterbahn. Sie sind viel mehr involviert als erwartet und benötigen die richtigen Techniken. Denn hier wetten Sie nicht nur auf den Kurs, sondern auch noch auf die Zeitdimension; der Einfluss der »Griechen« (hier sind einmal nicht die europäischen Schuldenspezialisten mit ihrer kreativen Buchführung gemeint, sondern Sensitivitätskennzahlen wie Delta, Gamma und so weiter) ist weder bekannt noch wurde er schon einmal erfahren. Insbesondere die Auswirkungen des Theta (der Einfluss der Restlaufzeit auf die Preisbildung) und des Vega (der Einfluss der impliziten Volatilität des Basiswertes) können nicht eingeschätzt werden. Dabei ist es ganz einfach: Die Zeit arbeitet gegen Sie.
> **durch übermäßiges Handeln:** Sie wollen durch das Spielen kurzfristiger Marktbewegungen das Glück erzwingen. Das führt jedoch nur zu häufigem Ein- und Aussteigen, nicht zu nachhaltigem Erfolg. Denn die damit verbundenen hohen Transaktionskosten müssen erst einmal verdient werden. Kurzfristigere Spekulationszeiträume haben ganz andere Regeln und verlangen ein ganz anderes Anforderungsprofil des Anlegers als mittel- bis langfristige Anlagezeithorizonte.

Die alte Börsenweisheit »Hin und Her macht Taschen leer« wird sehr eindrucksvoll durch eine Studie des Behavioral-Finance-Professors Terrance Odean belegt. Dabei ließ er über 66.400 Konten eines großen US-Brokerhauses über Jahre hinweg untersuchen. Das Ergebnis war eindeutig: »Trading is hazardous to your Wealth«, also, Trading gefährdet Ihren Wohlstand. Die statistische Untersuchung zeigte, dass diejenigen Investoren, die ihr Depot am häufigsten umschichteten, eine viel geringere Jahres-Performance erzielten als die langfristig orientierten Anleger, die unterjährig kaum Veränderungen vornehmen (Buy-and-hold-Anleger mit nur 2 Prozent Umschlag jährlich hatten eine um 50 Prozent bessere Performance als die aktivsten Trader mit 258 Prozent Umschlag pro Jahr). Hier dürfen wir also einmal ein »Lob der Faulheit« singen.

In einer weiteren Studie von Terrance Odean und Brad Barber wurden komplett alle Depots der Taiwan Stock Exchange im Zeitraum von 1995 bis 1999 untersucht, die Depots von insgesamt 925.000 Investoren. Für typische Day-Trader fiel diese Studie ähnlich schmerzlich aus wie die vorige: 82 Prozent dieser Heavy-Trader endeten in roten Zahlen – von wegen astronomische Börsengewinne und Lebensabend in der Südsee.

Diese beiden Behavioral-Finance-Studien sind frei zugänglich, aber umfangreich, wissenschaftlich und noch dazu englischsprachig. Sehr interessant, aber wohl nichts für den faulen Investor.[44]

4.5 Homo technicus: Illusion der Kontrolle und des Wissens

> »Er weiß nur, dass es nicht stimmt, was er denkt, was er sagt, was er tut, was er weiß«. Max Frisch

Unabhängig davon, was und wie viel ein Einzelner auch an Wissen angehäuft hat – im Vergleich zu dem, was er nicht kennt, geschweige denn weiß, ist es unbedeutend. »Ich weiß, dass ich nichts weiß«, sagte schon der Philosoph Sokrates. Nach Karl Popper ist auf dem Gebiet der empirischen Wissenschaften die Verifizierung einer Theorie oder These gar nicht möglich. Sie kann lediglich falsifiziert werden.

Karl Popper

Karl Raimund Popper wurde 1902 in Wien geboren und gilt als einer der bedeutendsten Philosophen des 20. Jahrhunderts. Popper befasste sich vordringlich mit Erkenntnis- und Wissenschaftstheorie, aber auch mit Geschichtsphilosophie und politischer Philosophie. Popper arbeitete als Grundschullehrer in Wien und promovierte über die Methodenfrage der Denkpsychologie. 1937 emigrierte er zusammen mit seiner Frau nach Neuseeland, ab 1944 lehrte er auf Vermittlung des Ökonomen Friedrich von Hayek in London. Dort starb der 1965 geadelte Popper im Jahr 1994. Zu seinen Hauptwerken zählen »Logik der Forschung« (1934), »Die offene Gesellschaft und ihre Feinde« (1945) sowie »Ausgangspunkte. Meine intellektuelle Entwicklung« (1976) als eine Art Autobiografie. Zu seinen Schülern rechnet sich unter anderem auch der Milliardär und Finanzmakler George Soros.

---

[44] Abzurufen sind die Studien unter:
berkeley.edu: Trading Is Hazardous To Your Wealth
berkeley.edu: Do Individual Day Traders Make Money? Evidence from Taiwan.
Wobei Terrance Odean noch weiteres Material auf seiner Berkeley-Website zur Verfügung stellt, etwa:
berkeley.edu: http://faculty.haas.berkeley.edu/odean/
Die Websites seines Co-Autors Brad M. Barber: ucdavis.edu: http://faculty.gsm.ucdavis.edu/~bmbarber/

4.5 Homo technicus: Illusion der Kontrolle und des Wissens

Unser tatsächlich vorhandenes Wissen ist marginal im Vergleich zu dem, was wir nicht wissen. Genau aus dieser Erkenntnis resultiert der Ansatz für Charttechniker. Ihrer Meinung nach sind die in der Kursentwicklung gebündelten und verarbeiteten Informationen und Emotionen und die hieraus gewonnenen Erkenntnisse zuverlässiger als Fundamentalfaktoren und die eigene Meinung. Die Kurse speichern bereits mehr Wissen, als wir je erlangen könnten. Der Chart hat immer recht. Die Wissensillusion drückt sich darin aus, dass Menschen überwiegend von einer zunehmenden Richtigkeit ihrer Einschätzungen und Prognosen mit zunehmender Quantität ihrer Recherche und Informationen ausgehen. Dies führt dann häufig zu »overconfidence« und dazu, dass zu hohe Risiken mit zu hohen Wetteinsätzen eingegangen werden. »Information is ruination« als altbekannte Börsenweisheit drückt diesen unerquicklichen Zusammenhang aus. Es kommt also nicht auf die Quantität, sondern vielmehr auf die Qualität der Informationen an und vor allem darauf, was Sie daraus machen.

Und immer gilt: Erwarten Sie das Unerwartete und agieren Sie risikoadäquat. Bei der Wahrnehmung haben wir gesehen, dass Information immer auch mit unserer Erfahrung vermischt wird.

Konsequenz 1: Wissen ist subjektiv.
Konsequenz 2: Wissen ist asymmetrisch verteilt.

Wissen vermittelt uns vor allem eine Kontrollillusion. Denn Menschen haben ein hohes Kontrollbedürfnis. Schließlich sind Sicherheit und Kontrolle eng miteinander verwoben. Hierbei ist das subjektive Gefühl der Kontrolle allein ausschlaggebend und nicht die objektive. Während viele beim Fliegen ein unangenehmes Gefühl beschleicht bis hin zur Flugangst, wird in der Regel die Fahrt im eigenen Auto zum Flughafen unter Risikoaspekten auch nicht ansatzweise infrage gestellt. Obwohl die Statistik beweist, dass die Fahrt zum Flughafen das eigentlich Gefährliche an Flugreisen ist. Fahrradfahrer mit Helm fahren riskanter als solche ohne und nach einer legendären Studie waren in die Hälfte der Unfälle Münchener Taxifahrer Fahrzeuge mit ABS verwickelt – zu der Zeit verfügte aber nur ein Viertel aller Taxis über dieses »Sicherheits«-System.

Unsere Gehirne haben sich im Laufe der Evolution so weit entwickelt, dass wir einen Sinn in der Welt entdecken möchten. Wir fragen nach Kausalitäten, wo gar keine sind. Wir suchen nach dem Grund – der Satz vom zureichenden Grund gilt nicht nur für Philosophen. Im Gegenteil, aus unserer permanenten Suche nach dem Sinn und Hintersinn entsteht der Aberglaube, der Hang zum Übernatürlichen und der uns nach wie vor beherrschende Glaube an übernatürliche Phänomene. Kinder glauben noch ganz fest daran, dass eine alles ordnende Kraft existiert, dass alles seinen ganz genau vorbestimmten Zweck habe in der Natur und in ihrem Leben. Wenn wir älter werden, unterdrücken wir diesen Glauben und versuchen, rational zu denken, es bleibt aber im Großen und Ganzen beim Versuch. Ganze Branchen leben davon, dass wir begeistert Horoskope lesen und wirklich glauben, der Lauf der Sterne könnte sich für unser kleines Leben interessieren. Gerade in Krisenzeiten sind die Menschen noch mehr bereit, an übernatürliche Heilsversprechen zu glauben, Sekten erhalten enormen Zulauf und parapsychologische Literatur wird zum Erfolgsschlager.

Letztlich sehnen wir uns nach einem Gefühl der Kontrolle über das Unkontrollierbare. Psychologisch betrachtet handelt es sich beim Aberglauben ganz eindeutig um eine Kontrollillusion. Zu den Kontrollillusionen gehören auch heilige Werte, also Überzeugungen, die alle Mitglieder einer Gruppe teilen, die Bestand haben und für Kontinuität sorgen, wobei es sehr vorteilhaft ist, wenn solche Überzeugungen möglichst nicht direkt überprüfbar sind. Je stärker die Mitglieder einer Gruppe an solche gemeinsamen heiligen Werte glauben, desto stabiler ist der Zusammenhalt in dieser Gruppe, sodass Kontrollillusionen daher auch eine soziale Komponente haben. Viele Süchtige unterliegen auch einer Kontrollillusion, wenn sie glauben, ihre Sucht noch im Griff zu haben, aber bereits von der Droge abhängig sind. Kontrollillusionen wirken sich umso heftiger aus, je höher das Gefahrenpotenzial insgesamt ist. Bei der Börsenspekulation können immer wieder solche psychologischen Mechanismen beobachtet werden, bei denen die Beteiligten in der Illusion leben, zukünftige Entwicklungen steuern zu können.

Kontrollillusion wird also der Umstand genannt, dass Personen irrtümlicherweise glauben, eine Situation beherrschen zu können. Die zukünftige Entwicklung der Märkte können wir aufgrund ihrer Komplexität,

4.5 Homo technicus: Illusion der Kontrolle und des Wissens

Vernetztheit und Dynamik nicht vorhersehen und damit auch nicht kontrollieren. Diskontinuitäten, Sprünge und »schwarze Schwäne« stehen zwar nicht auf der Tagesordnung, aber sie weisen relevante Wahrscheinlichkeiten auf und werden mit Sicherheit in der Laufbahn eines Anlegers auch das eine oder andere Mal ihre Spuren hinterlassen.

Sie müssen sich immer bewusst sein, dass in den Medien, im Fernsehen, an den Stammtischen und im Freundeskreis eine Mischung aus Halbwissen und Dilettantismus vorherrscht. Den Dilettanten erkennen Sie schon daran, dass er von seinen Wahrheiten hundertprozentig überzeugt ist, während Wissenschaftler, die sich seit Jahrzehnten mit einer bestimmten Sache befasst haben, immer einschränken, relativieren, die Möglichkeit einräumen, dass es eventuell auch ganz anders sein könnte. Theorien können nicht verifiziert, nur falsifiziert werden, wir sprachen bereits davon. Damit erscheint aber der Dilettant naturgemäß in der öffentlichen Meinung als der Überzeugendere und wird gerne für Fernsehinterviews herangezogen. Der zögernde Wissenschaftlicher mit seinen Wenn und Aber und seinen Einschränkungen verliert. Halbwissen schützt vor den Fallstricken der komplexen Wahrheit. »Nichts gibt so sehr das Gefühl der Unendlichkeit als wie die Dummheit«, heißt es bei Ödön von Horváths »Geschichten aus dem Wiener Wald«. Auf die Börsen übertragen heißt dies: Sosehr Analysten, Profis, Gurus oder Ihr Bankberater auch den Anschein erwecken, mit Fundamentaldaten, Risikoanalysen, Ländervergleichen und Kurscharts das künftige Börsengeschehen vorhersagen zu können – niemand weiß ganz genau, wohin sich wann die Kurse bewegen werden.

Misstrauen Sie deshalb Anlegern und Analysten, die glauben, sie wüssten, wie der Hase läuft – misstrauen Sie im Zweifel auch sich selbst! Am ehesten können wir den Entwicklungen an der Börse noch mit Wahrscheinlichkeiten beikommen, wenn wir sie nicht ganz dem Zufall überlassen wollen. Wir sind jedoch nicht einmal sicher, ob das eher dem Glauben oder tatsächlich dem Wissen entspringt. Im Gegensatz etwa zum Spielen im Kasino werden die Kurse an den Börsen allerdings tatsächlich auch durch ganz reelle Dinge beeinflusst. Insofern könnte man die Börse eher mit Pferdewetten als mit Roulette vergleichen, kommt es doch auch dabei auf Fakten bei der Beurteilung der Pferde und Jockeys im Vorfeld an – die dann leider auch oft genug trügen. Hin und wieder soll es auch vorkommen, dass Rennpferdbesitzer, Buchmacher oder

»wettende Organisationen« kein Interesse am fairen Wettkampf haben und damit Rennergebnisse auch abseits von Fähigkeiten und Tagesform entstehen können.

Gerade beim kurzfristigen Trading hilft im Themenkreis Wahrscheinlichkeit die Charttechnik, die die Kursverläufe der Vergangenheit nachzeichnet. Denn alle Faktoren, die Börsen beeinflussen, werden sich letztlich irgendwann in den Kursmustern widerspiegeln. Und damit sind eben diese vergangenen Kursmuster ein guter Ansatz für entsprechend sinnvolle Prognosen. Der Chart hat also doch recht. Damit ist Charttechnik ein Hilfsmittel (aber eben nur ein Hilfsmittel unter anderen und mit allen Einschränkungen), mit dem Anleger die Wahrscheinlichkeit eines erfolgreichen Trades auf vergleichsweise einfache Art erhöhen können. Oder, um beim Bild zu bleiben, wenn ein Pferd die letzten vier Rennen gewonnen hat, erhöht das die Wahrscheinlichkeit, dass es auch in diesem Rennen gut abschneiden wird – eine Garantie auf den Sieg ist es aber nicht.

Leider kommt uns beim richtigen Einschätzen der Wahrscheinlichkeiten aber ein Faktor in die Quere: unser Sozialverhalten. Und das, obwohl typische Trader als zurückgezogene Menschen gelten, die hinter ihrem Computer versauern, damit sie auf die kleinsten Ausschläge der Kurse jederzeit reagieren können, und auf diese Weise jede Menge Gewinne einfahren, sie aber niemals ausgeben. Trotz aller Einsamkeit vor den Bildschirmen neigen wir als soziale Wesen jedoch dazu, unsere Meinungen und Einschätzungen mit einer Gruppe abzustimmen. Früher war diese Eigenschaft für uns absolut überlebenswichtig, denn nur in der Gemeinschaft wusste sich unser Urahn in Sicherheit und hatte eine Chance zu überleben. Außerhalb der Gemeinschaft drohte der Tod und starb nicht Ötzi einst, weil er einsam durch die Berge streifte? Wie wir bereits ausgeführt haben, läuft es an der Börse genau umgekehrt – hätte Ötzi das doch nur gewusst! Hier gewinnt, wer nicht mit der Allgemeinheit geht; wer gegen den Strom schwimmt, findet den Zugang zur Quelle. Dies ist eine der wenigen Gesetzmäßigkeiten an der Börse.

Der Börsen-Papst Kostolany sagte nicht umsonst, dass man gerade in Krisenzeiten alle Nachrichten meiden solle. Und er hatte recht. Es ist so unglaublich schwer, nicht auf die allgemeine Hysterie der Nachrichten hereinzufallen.

4.5 Homo technicus: Illusion der Kontrolle und des Wissens

Doch zurück zur Kontrollillusion. Wir glauben nur allzu oft, dass wir Vorgänge kontrollieren könnten, die sich nachweislich gar nicht beeinflussen lassen. Nachgewiesen hat diesen Glauben Ellen Langer in einer Studie, die sie 1975 unter dem Titel »The illusion of control« veröffentlichte.[45] Langer zeigte darin, dass Menschen oftmals so handeln, als ob sie Zufallsereignisse tatsächlich manipulieren könnten. Zum Beispiel schätzen Menschen ihre Gewinnchancen beim Lotto höher ein, wenn sie die Zahlen selbst auswählen durften und nicht zugeteilt bekamen. Enthielt der Versuchsaufbau zusätzlich noch sogenannte »skill cues« – nach Langer Elemente, die gewöhnlich mit bestimmten Fertigkeiten, wie auswählen, konkurrieren, sich mit einem Vorgang vertraut machen und Entscheidungen treffen, verbunden sind – verstärkte dies die Überzeugung der Probanden, den Zufall lenken zu können.

Eine einfache Form dieses Denkfehlers lässt sich beim Würfelspiel beobachten: Spieler werfen meistens schwungvoller, wenn sie hohe Augenzahlen erzielen wollen, und sanfter, wenn es ihnen um niedrige Augenzahlen geht. Im Experiment wurden Versuchspersonen davon überzeugt, dass sie einen völlig zufälligen Münzwurf beeinflussen können. Teilnehmer, die eine Serie von Würfen erfolgreich voraussagten, begannen zu glauben, dass sie tatsächlich besonders gut im Erraten seien und dass sich ihre Rateerfolge bei Ablenkung verschlechterten.

Dass solche positiven Illusionen durchaus nützlich sein können, das versuchten Taylor und Brown 1988[46] nachzuweisen. Ihre Annahme lautete, dass diese Illusionen unsere Motivation und Ausdauer erhöhen. Der Psychologe und Verhaltensforscher Albert Bandura stützt diese Position mit seiner Ansicht, dass »optimistische Selbsteinschätzungen, die nicht unangemessen von dem abweichen, was möglich ist, Vorteile bringen können, während wahrheitsgetreue Beurteilungen selbstbegrenzend wirken können«.[47] Bandura wollte grundsätzlich erfahren, welche nützlichen Effekte optimistische Annahmen innerhalb von kontrollierbaren Aktionen mit sich bringen. Es ging ihm also nicht um Aktionen mit einer eingebil-

---

[45] Ellen Langer: The illusion of control, in: Kahneman, D., Slovic, P., und Tversky, A. (Hrsg.): Judgment Under Uncertainty: Heuristics and Biases. New York: Cambridge University Press 1982.
[46] Shelley E. Taylor und Jonathon Brown: Illusion and well-being: A social psychological perspective on mental health, in: Pychological Bulletin 103, 1988, S. 193–210.
[47] Albert Bandura: Human agency in social cognitive theory, in: American Psychologist 44, 1989, hier S. 1177.

4 Psychofallen vermeiden

deten Kontrolle eigentlich unkontrollierbarer Prozesse. Bandura schlug auch vor, dass »bei Aktivitäten mit engen Fehlertoleranzen, wo Fehltritte teure oder schädliche Folgen haben, die höchst sorgfältige Abschätzung der Wirkungskraft dem eigenen Wohlergehen am dienlichsten ist«.

Ein Forscherteam um Fenton-O'Creevy[48] fand 2003 heraus, dass Kontrollillusionen zwar die Strebsamkeit erhöhen, aber nicht zu fehlerfreien Entscheidungen beitragen. Der Grund: Die Illusionen machen gegen Rückmeldungen immun, hemmen Lernvorgänge und -fortschritte und motivieren zu einer höheren objektiven Risikobereitschaft, weil die subjektive Risikoeinschätzung sinkt. In einer Studie speziell unter Investmentbankern fand Fenton-O'Creevy heraus, dass Händler mit einer starken Kontrollillusion bei der Analyse, im Risikomanagement und bei den Gewinnbeträgen deutlich schlechter abschnitten. Sie verdienten auch deutlich schlechter. Gerade Fachleute sind also keinesfalls gewappnet gegen Kontrollillusionen, eher im Gegenteil.

Eine wichtige Erklärung für die Kontrollillusion könnte in der Selbstregulierung, der Selbstkontrolle liegen. Personen, die ihre Umgebung immer kontrollieren wollen, werden auch versuchen, chaotische Zustände oder unsichere Zukunftsperspektiven unter Kontrolle zu bringen. Gelingt ihnen das nicht, könnten sie sich zur Bewältigung auf die defensive Unterstellung von »Kontrolle« zurückziehen – mit der Folge einer Kontrollillusion.

4.6 Pippi Langstrumpf: Ich mach mir die Welt, wie sie mir gefällt (Harmoniesucht und Selbstbetrug)

Wir sind zu zweit. Mein Ego und ich. Es treibt mich an, beschert mir Hochgefühle. Sprich, es ist das Salz in der Suppe meines Lebens. Dafür liebe ich mein Ego. Mein Ego ist auf der anderen Seite sehr sensibel und verletzlich. Natürlich beschütze ich mein Ego, wo ich nur kann. Was soll

---

[48] Mark Fenton-O'Creevy et al.: Trading on Illusions. Unrealistic perceptions of control and trading performance. In: Journal of Occupational and Organisational Psychology 76, 2003, S. 53–68.

4.6 Pippi Langstrumpf: Ich mach mir die Welt, wie sie mir gefällt

es sich mit den Widrigkeiten des Lebens rumschlagen, das würde es nur runterziehen. Es soll sich auf die schönen Seiten unserer Partnerschaft konzentrieren können, um so seine guten Eigenschaften voll ausspielen zu können.

In der Psychologie werden unangenehme Gefühls- und Spannungszustände als kognitive Dissonanz bezeichnet, als deren Entdecker der US-Sozialpsychologe Leon Festinger[49] gilt. Diese Störzustände entstehen, wenn der Mensch mehrere Kognitionen hat, wie Einstellungen, Gedanken, Meinungen, Absichten, Motive und Wahrnehmungen, die aber nicht miteinander vereinbar sind.

Eine Frau hat ein neues »kleines Schwarzes« beim Shoppen ergattert. Einerseits vermischt sich bei ihr die Freude an dem form- und farbschönen Kleid mit der Vorfreude, dieses Kleid am nächsten Wochenende bei einer Geburtstagsfeier tragen zu können. Die Vorstellung, bewundernde Blicke auf sich ziehen zu können, wird dabei ebenfalls antizipiert. Andererseits baut sich bei der Frau jedoch Dissonanz auf, weil das Kleid doch deutlich den Budgetrahmen gesprengt hat, es das dritte Kleid dieser Art ist und sie eigentlich die viel nötiger gebrauchte Business-Bluse besorgen wollte. Jeder kennt dieses Gefühl, sich etwas »gegönnt« zu haben – und dann kommen die Zweifel. In diesem Zusammenhang spricht man von Nachkaufdissonanzen. So wird die Dame aus unserem Beispiel auch nachträglich nach Gründen suchen, warum das Kleid doch ein »Must-have« ist. Die anderen Business-Blusen im Kleiderschrank sind doch noch in einem guten Zustand, die anderen kleinen Schwarzen entsprechen auch gar nicht mehr der aktuellen Mode und eigentlich war das Kleid auch geradezu ein Schnäppchen. Für Kleider dieser Qualität würde man woanders sicherlich mindestens 100 Euro mehr bezahlen müssen.

Wir Menschen wollen also immer kognitive Dissonanz vermeiden oder suchen nach Strategien und Techniken, um sie zu beseitigen oder zumindest zu reduzieren, sollte sie doch auftreten. So suchen wir nach Informationen, welche die getroffene Entscheidung als richtig erscheinen lassen, während gegenteilige Berichte abgewehrt und relativiert werden

---

[49] Leon Festinger: Theory of Cognitive Dissonance, 1957, 1978 als »Theorie der kognitiven Dissonanz« auf Deutsch erschienen.

oder unbeachtet bleiben. In der Wirtschaft wird viel Geld für Gutachten und Vorschläge durch Wirtschaftsprüfer und Unternehmensberater ausgegeben, die dann genau das »Unpopuläre« vorschlagen, was man ohnehin vorhatte. Aber erst jetzt mit dem Segen der Externen wagt man, es auch durchzusetzen. Die Dissonanz wird quasi ausgelagert.

Unser Gehirn liefert uns unentwegt die Beweggründe für unser Tun. So stellen wir das Gleichgewicht, die Harmonie zwischen den Kognitionen wieder her. Das Streben nach Harmonie führt dazu, dass wir unbewusst Tricks anwenden, um in den angestrebten Zustand zu gelangen. Wir haben eine innere Bereitschaft, uns selbst zu täuschen. Dabei werden aber die wichtigen Entscheidungsprozesse und Informationen oftmals ausgeblendet. Nicht allein die Liebe, sondern auch die Sehnsucht nach Harmonie macht blind. Zumindest am Anfang.

Für den Anleger sind diese beschriebenen Mechanismen besonders fatal. Aber sie sind eben auch zutiefst menschlich und sie betreffen uns alle. Wir werden sie auch nie komplett abstellen können. Wer sich diese Prozesse bewusst macht und es schafft, die Fehleranfälligkeit zu reduzieren und vor allem die negativen Auswirkungen der Fehler klein zu halten, hat einen unschätzbaren Vorteil auch gegenüber den Wettbewerbern am Markt. Denn wo andere Fehler machen, gibt es Ansätze für eigenes erfolgreiches Agieren.

Die wichtigsten Psychoeffekte aus der kognitiven Dissonanz stellen wir kurz vor:

Sunk-Cost-Effekt
Er beschreibt die Neigung, dass wir Engagements, in die wir bereits Geld, Zeit und geistige Energie gesteckt haben, lieber weiterführen, und eine hohe Bereitschaft an den Tag legen, weitere »Nachinvestitionen« zu tätigen.

Der Student, der gerade sein altes Auto in der Werkstatt für 1000 Euro hat herrichten lassen, wird die nächste zeitnahe Reparatur ebenfalls erledigen lassen und nicht auf die Alternative »Beschaffung eines anderen fahrbaren Untersatzes« setzen, weil sonst die ersten 1000 Euro ja zum Fenster rausgeworfen gewesen wären.

Im Klartext: Wir halten viel zu lange an Verliereraktien fest und sind gerne bereit, noch weiter nachzukaufen.

Verlustaversion (Loss Aversion)

Anleger bewerten Verluste sehr viel höher als Gewinne. 1000 Euro Verlust ärgern uns sehr viel mehr, als wir uns über 1000 Euro Gewinn freuen könnten. Verluste nehmen wir als Beleg dafür, dass wir eine falsche Entscheidung getroffen haben. Dies löst kognitive Dissonanz aus, die wir auf jeden Fall vermeiden wollen. Die Höhe des Engagements bedingt die Höhe der Verlustaversion.

Im Klartext: Wir halten wieder an den Verliereraktien fest, weil wir mit unseren »Buchverlusten« reale Verluste vermeiden wollen.

Regret Avoidance

Regret Avoidance bedeutet, dass wir keine Fehlentscheidungen bedauern wollen. Dabei bewerten wir nachträglich Entscheidungen danach, was passiert wäre, wenn eine andere Entscheidung getroffen worden wäre. Dieser Effekt führt dazu, dass wir im Zweifelsfall eher untätig bleiben, also eine Tendenz zur Unterlassung besteht (Omission Bias). Bei Verlusten an der Börse wirkt die Regret Avoidance als Verstärkung der Verlustaversion. Verursachen die Verluste sowieso schon kognitive Dissonanz, so wirkt die Regret Avoidance daraufhin, untätig zu bleiben, weil uns die Sorge treibt, ausgerechnet am tiefsten Punkt zu verkaufen. Wir wären so der zweifache Idiot. Es gibt an der Börse häufig keinen Unterschied zwischen Tun und Nichtstun. An der Börse gibt es nämlich kein Nichtstun, keine Unterlassung. Steigt die Aktie nach den Verlusten wieder an, werden viele Anleger bedauern, nicht nachgekauft zu haben. Fällt die Aktie weiter, bauen wir die kognitive Dissonanz meist dadurch ab, dass wir die frühere Entscheidung unter dem Aspekt der zum Entscheidungszeitpunkt vorliegenden objektiven und rationalen – auch von Fachleuten genannten – Gründe nochmals heranziehen. Es war einfach so nicht zu erwarten. Auch die besten Fachleute wurden schließlich auf dem falschen Fuß erwischt.

Rückschaufehler (Hindsight Bias)

Beschreibt die Tendenz, dass wir nach Eintreten eines Ergebnisses glauben und behaupten, das Ereignis vorausgesehen zu haben, obwohl das an den Tag gelegte Verhalten neutral oder sogar divergent hierzu war.

4 Psychofallen vermeiden

»Ich hatte mit allen Siegern aus den ersten sechs Pferderennen gerechnet und wenn ich noch Geld gehabt hätte, würde ich den Sieger des siebten Rennens auch noch richtig getippt haben.« Für unser Ego ist das eine tolle Sache, denn wir halten uns für begnadete Prognostiker. Dieser Effekt kommt dadurch zustande, dass wir, bevor wir tatsächlich agieren – und sei es auch in Form von Nichtstun –, durch verschiedenste Gedankenspiele mehrere Abläufe und Ergebnismöglichkeiten durchdacht haben. Tritt das Ergebnis dann ein, erinnern wir uns auch an das zugrunde liegende Gedankenspiel. Das ist aber das Problem am Rückschaufehler: Wenn wir uns nachträglich falsch an unsere Prognosen erinnern, können wir auch nichts aus unseren Fehlern lernen. Unser Gehirn betrügt uns. Wir schenken ihm Glauben und halten uns für gute Investoren und Prognostiker. Wir hatten zum Beispiel alle ganz genau gewusst, dass der Hype im Jahr 2000 nur von kurzer Dauer sein konnte, dass die meisten Internetfirmen hoffnungslos überbewertet waren. Komisch nur, dass wir trotzdem darin investiert waren – wie alle anderen Schlaumeier auch, die es im Nachhinein besser wussten. Obwohl objektiv gar kein Erfolg vorliegt, unterstützt dieser Effekt die Gefahr von Selbstüberschätzung und Kontrollillusion. Wer aus seinen Fehlern lernen will, der muss sie auch als solche erkennen.

Tipp: Legen Sie am besten eine Art Börsentagebuch an. Schreiben Sie darin auf, welche Entwicklung Sie für das jeweilige Investment erwarten, welche Ziele Sie damit verfolgen, welche Prognosen Sie stellen. Überprüfen Sie die tatsächliche Entwicklung Ihres Engagements anhand der Skizzen in Ihrem Tagebuch. Versuchen Sie möglichst präzise Prognosen, in Prozentwerten oder realen Preisen und exakt definierten Zeiträumen. Nur dann können Sie erkennen, wie weit Anspruch und Realität auseinanderklaffen.

Besitztumseffekt (Endowment Effect)

Aktien, die in unserem Depot liegen, schreiben wir einen höheren Wert zu, als wenn wir sie neutral bewerten würden. Generell schätzen wir den Wert einer Sache höher ein, wenn wir sie bereits besitzen, als wenn wir sie erst erwerben müssen. Häufig entsteht mit der Zeit – etwa durch Besuche der Hauptversammlung und intensives Studium der Zeitungsberichte – auch eine emotionale Verbundenheit zu einem Unternehmen und dem ausgegebenen Wertpapier. Bei jedem Fernsehinterview des Vor-

4.6 Pippi Langstrumpf: Ich mach mir die Welt, wie sie mir gefällt

stands, ja bei jeder Werbeanzeige überkommt uns Stolz, in dieses Unternehmen investiert zu haben und von seinen Erfolgen zu profitieren. Deshalb ist es häufig eine Erleichterung, wenn man Wertpapiere automatisch und nach festen Regeln verkauft (zum Beispiel durch das Setzen von Stop-Loss-Orders oder Trailing-Stops) und damit jedwedes Sentiment ausschließt.

Erst wenn die Wertpapiere verkauft sind und wir auch andere Wertpapiere auf ihre Kaufattraktivität hin überprüfen, kommen wir zu objektiveren Entscheidungsprozessen.

In der Praxis versuchen Anleger, Verluste unbedingt zu vermeiden. Insbesondere die Realisierung der Verluste. Das gelingt auf zweierlei Art: Zum einen durch Aussitzen der Verluste, frei nach dem Motto »Mit Verlust wird nichts verkauft«. So wartet der geduldige Anleger oft Jahre, gar Jahrzehnte – wir erinnern uns ganz kurz an die in diesem Buch bereits des Öfteren zitierte Telekom-Aktie –, bis es dann endlich gelingt, mit plus/minus null wieder aus dem Engagement herauszukommen. Die andere Methode besteht in einem aktiven Nachkaufen auf niedrigerem Niveau. Durch diese Einstandspreisverbilligung erhofft sich der Anleger, bei der nächsten Kurserholung mit einem blauen Auge davonzukommen.

Tatsächlich erfordert es Mut, sich dem Verlust zu stellen. Bei aller Niedergeschlagenheit über Verluste sollten wir uns klarmachen, wer vor allem Schuld daran trägt: Waren es tatsächlich »die anderen« oder lag es an mir selbst? An der Börse gilt es, zu seinen Verlusten zu stehen und sie zu akzeptieren, nur dann kann man langfristig als Gewinner auf dem Parkett bestehen. Die Sache auszusitzen und den Kopf in den Sand zu stecken hilft nicht weiter, wird ganz im Gegenteil bestraft. Einerseits türmen sich die Verluste auf und andererseits fehlt das Geld, um in wirklich lukrative Chancen investieren zu können. Man schadet sich doppelt. Gerade der unerfahrene Anleger ist diesem natürlichen Mechanismus bei den ersten Verlusten hilflos ausgeliefert. Aber es gibt einen Trick, diesen Mechanismus zu umgehen. Nur wer sich vor dem Kauf einen Plan zurechtgelegt hat, was in einer Verlustsituation zu tun ist und wann spätestens zu handeln ist, hat die Chance, dem Aussitzen zu entgehen. Wer sich nicht zutraut, diesen Schritt aktiv zu gehen, der kann mit den bereits beschriebenen Stop-Loss-Orders nachhelfen.

4.7 »Leg die Last ab«: Der Fluch der Buchgewinne

Der berühmte und erfolgreiche Trader Stanley Kroll gab einmal die Empfehlung: »Kümmere dich um die Verluste, denn die Gewinne sorgen für sich selbst.« Gewinne und Verluste sind der normale Output unserer Anlageentscheidungen. Das Faszinierende an der Börse ist, dass sie uns nach der einmal getroffenen Entscheidung ständig die Temperatur, das Fieber unserer Investition anzeigt. Ein ständiges Rauschen, ein ständiges Auf und Ab, einmal mit geringer Schwankungsamplitude, dann plötzlich wieder mit hoher Volatilität. Das permanente Messen, Zählen, Wiegen unserer Gewinne und Verluste macht aber etwas mit uns. Dies ist von besonderer Bedeutung und erklärt, ob wir unser Geld aufs Sparbuch legen oder an der Börse spekulieren. Denn wenn die Gewinne und Verluste der finale Output sind, dann müssen wir begreifen, dass die ständig präsentierten Buchgewinne und -verluste wiederum gleichzeitig Input für unsere psychische und physische Situation darstellen. Dies ist auch der Grund, warum das Paper Trading, das Spekulieren mit Musterdepots ohne wirklichen Geldeinsatz, auch nicht annähernd die Wirklichkeit simulieren kann. Sie können in einer Kletterhalle Ihre Fertigkeiten im Klettern trainieren, aber nicht die Fähigkeiten, die nötig sind, um einen 8000er zu bezwingen.

Anleger leiden unter Verlusten mehr, als sie Freude bei gleich großen Gewinnen empfinden, so der Dispositionseffekt. Die Wissenschaft geht dabei ungefähr vom Faktor zwei aus. Dieses Verhalten betrifft die Mehrheit aller Anleger. Nehmen wir einmal an, ein Anleger hat zwei Aktien im Depot, die eine 300 Euro im Plus, die andere 300 Euro im Minus, beide sind derzeit 3000 Euro wert. Jetzt müssen 3000 Euro für eine unaufschiebbare Ausgabe her. Die überwiegende Anzahl der Anleger verkauft die Gewinneraktie. Nicht, weil sie die schlechteren Aussichten hat, sondern weil sie Gewinne ausweist. Dies ist der Dispositionseffekt. Wegweisend in diesem Zusammenhang sind die Studien von Tversky und Kahneman.[50] Mit ihrer

---

[50] Daniel Kahneman und Amos Tversky: The framing of decisions and the psychology of choice; Science, New Series, 211, 1981, S. 453–458; Daniel Kahneman und Amos Tversky: Prospect theory: An analysis of decision under risk, Econometrica, 47, 1979, Nr. 2, S. 263–291.

4.7 »Leg die Last ab«: Der Fluch der Buchgewinne

Prospekttheorie gehen die Nobelpreisträger von der folgenden Funktion des subjektiven Wertes aus:

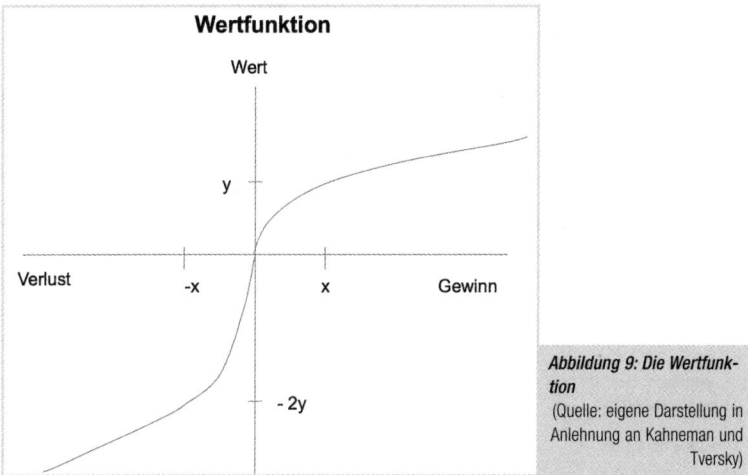

Abbildung 9: Die Wertfunktion
(Quelle: eigene Darstellung in Anlehnung an Kahneman und Tversky)

Die Wertfunktion hat rechts vom Null- beziehungsweise Referenzpunkt den von klassischen Grenznutzenfunktionen bekannten konkaven Verlauf. Links vom Referenzpunkt hingegen verläuft sie konvex. Wir freuen uns über den ersten gewonnenen Euro mehr als über den zweiten. Dies gilt auch für die Verluste. Wir ärgern uns über den ersten verlorenen Euro mehr als über den zweiten, den wir hinterherwerfen. Ein Euro Verlust trifft uns deutlich härter, als ein Euro Gewinn Freude auslöst. Dies ist die schon beschriebene Verlustaversion. Wenn wir statt 100 Euro 200 Euro verlieren, dann ist die Pein größer, als wenn wir statt 1000 Euro 1100 Euro Verlust realisieren müssen. Obwohl wir in beiden Situationen einfach nur einen Verlust von exakt 100 Euro mehr erfahren, bewerten wir die beiden Situationen subjektiv grundverschieden. Hier zeigt sich der Mensch von seiner irrationalen Seite. Wir sehen, dass das Empfinden auch wesentlich vom Kontext oder Bezugsrahmen (»frame«) abhängig ist. Entscheidungen werden in ganz unterschiedlich dargestellten Entscheidungssituationen jeweils anders getroffen. Schon ganz geringe Darstellungsänderungen haben enorme Auswirkungen auf die Bewertung und somit letztlich auch auf die Entscheidung. Ein Beispiel: 90 Prozent der Studentinnen

4 Psychofallen vermeiden

und Studenten halten ein Kondom für ein probates Schutzmittel vor AIDS, wenn von einer 95-prozentigen Erfolgsquote ausgegangen wird. Wenn im Gegenzug aber von einer 5-prozentigen Fehlerquote gesprochen wird, vertrauen nur noch 40 Prozent dem Präservativ. Es kommt auf den Betrachtungswinkel ein und desselben Sachverhaltes an. Es ist wichtig, ob wir über Buchgewinne oder Buchverluste zu entscheiden haben. Es ist wichtig, wie hoch die Gewinne oder Verluste sind. Es ist wichtig, wie sich die Höhe der Verluste oder Gewinne auf unsere Gesamtvermögenssituation auswirkt. Es ist wichtig, ob wir gerade in einer Glückssträhne stecken oder ob uns das Pech seit Monaten an den Händen klebt. All diese Aspekte präsentieren sich vor unserem inneren Auge und steuern unsere Entscheidungen.

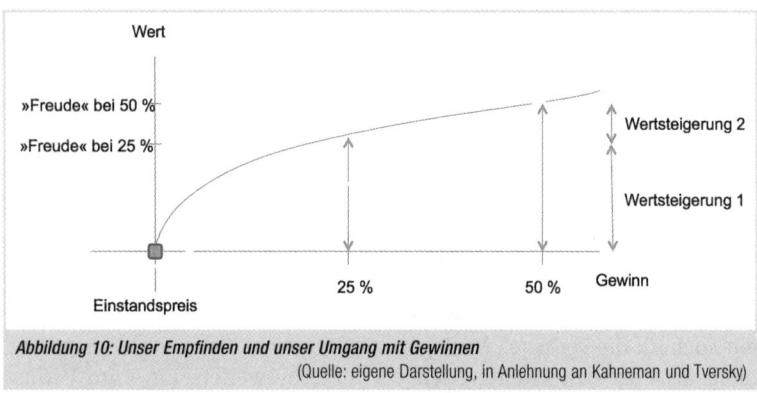

Abbildung 10: Unser Empfinden und unser Umgang mit Gewinnen
(Quelle: eigene Darstellung, in Anlehnung an Kahneman und Tversky)

Der Anleger liegt mit seiner Position 25 Prozent im Gewinn. Die Freude über diese 25 Prozent Gewinn ist groß (Wertsteigerung 1). Zwar würde ein Gewinn über 50 Prozent insgesamt noch positiver bewertet, aber die Verdoppelung des Gewinns löst keine verdoppelte Freude aus, sondern nimmt im Vergleich auf dem »Freudenthermometer« deutlich ab. Wertsteigerung 2 nimmt sich gegenüber der Wertsteigerung 1 deutlich bescheidener aus. Irgendwo beginnt der Fluch der Buchgewinne. Bei einem gewissen Niveau – bei 10 Prozent, 20 Prozent, 30 Prozent oder bei Hartgesottenen noch bei deutlich höheren Gewinnen – wird der abnehmende Grenznutzen weiterer Gewinne gegen den Verlust des bereits erreichten Gewinns abgewogen. Man stellt fest: Bei Kursrückgängen hat man viel

4.7 »Leg die Last ab«: Der Fluch der Buchgewinne

zu verlieren und bei weiteren Kursanstiegen wenig zu gewinnen. Dies ist der Grund dafür, warum wir Gewinne so schlecht weiterlaufen lassen können. Bei einem Experiment haben die Probanden die Wahl zwischen 1000 Euro, die sie sofort erhalten, oder einem Spiel »Münzwurf«. Kommt die vorhergesagte Seite der Münze, erhält man 2000 Euro, kommt die andere Seite, bekommt man nichts. 84 Prozent der Probanden entscheiden sich für die sicheren 1000 Euro anstelle des Spiels mit dem Erwartungswert 2000 Euro. Die Sicherheit des Ereignisses hat eine dominant steuernde Wirkung. Selbst bei leicht positiven Erwartungswerten im Spiel bevorzugen Probanden das sichere positive Ergebnis. Wir sind bereit, für Sicherheit zu bezahlen. Buchgewinne realisieren ist sicher und garantiert sofortige Belohnung. Weitermachen ist eher wie ein »Münzwurf«: ungewiss im Ausgang und zeitlich auch noch weiter weg! Buchgewinne machen uns risikoavers. »An Gewinnmitnahmen ist noch keiner gestorben.« Schön, dass es auch noch einen Börsenspruch gibt, der aufkommende Dissonanz bei zu früher Gewinnmitnahme gleich reduzieren hilft.

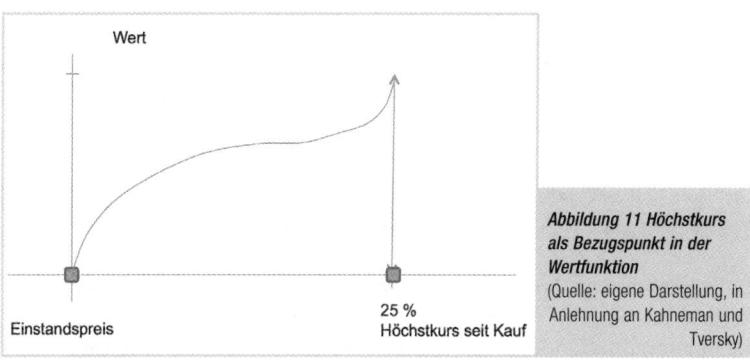

Abbildung 11 Höchstkurs als Bezugspunkt in der Wertfunktion
(Quelle: eigene Darstellung, in Anlehnung an Kahneman und Tversky)

Im ersten Fall haben wir die Wertfunktion des Anlegers nur am Einstandskurs festgemacht. Auch wenn der Einstandskurs immer der wichtigste Anker bei der relativen Bewertung sein wird, können noch andere Bezugspunkte in der »Lebenszeit eines Wertpapiers« eine Rolle spielen, die den Verlauf der Wertfunktion beeinflussen können. War man schon einmal mit 25 Prozent im Gewinn und hat sich durchgerungen, die Position weiterlaufen zu lassen, und kommt es dann zu Kursrücksetzern, kann der zwischenzeitliche Höchstkurs neben dem Einstandskurs die

4 Psychofallen vermeiden

Rolle eines weiteren Bezugspunktes erlangen. Dies wirkt sich im Einzelfall möglicherweise so aus, dass die ersten Rückgänge nach Erreichen des Höchstkurses sehr stark negativ erlebt werden. Hier geben viele auf und verkaufen, wenn der Kurs 3 bis 5 Prozent unter den Höchstkurs gefallen ist. Dann kommt eine Phase mit deutlich geringerer Sensitivität, bevor dann wieder ein Kurvenverlauf mit starkem Gefälle folgt. Die Position darf keineswegs wieder auf null fallen und darüber hinaus sollten auch wenigstens 10 Prozent Gewinn übrig bleiben. Weitere Bezugspunkte, die die Wertfunktion beeinflussen können, sind runde Marken (also zum Beispiel 100 Euro), charttechnische Widerstände und Unterstützungen und vieles mehr.

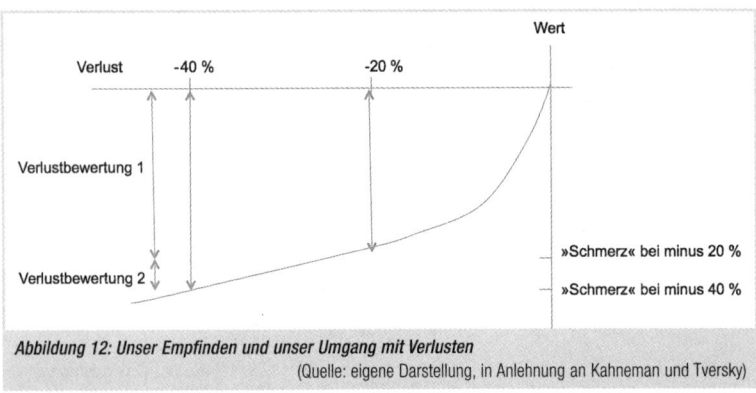

Abbildung 12: Unser Empfinden und unser Umgang mit Verlusten
(Quelle: eigene Darstellung, in Anlehnung an Kahneman und Tversky)

Die abnehmende Wertigkeit weiterer Verluste nimmt einen ähnlichen Verlauf wie im Fall weiterer Gewinne. Die Hoffnung auf eine deutliche »Schmerzreduktion« durch einen Rebound, eine Kurserholung, wird deutlich höher bewertet als das Risiko weiterer Kursverluste. »Jetzt ist es auch schon egal«, »Darauf kommt es jetzt auch nicht mehr an« – solche Statements spiegeln diese Stimmung wider. Anleger zeigen deshalb das verheerende Verhalten, dass sie auf ihren lahmen Gäulen in der Hoffnung sitzen bleiben, diese würden irgendwann wieder losgaloppieren. Das würde die Pein der Verluste ausbügeln. Die Anleger orientieren sich dabei am einstigen Einstandspreis. Sie handeln so, als ob sich die Aktienkurse wieder zu diesem Referenzwert zurückentwickeln würden. Doch die Kurse orientieren sich nicht am individuellen Kaufpreis. Von unseren

4.7 »Leg die Last ab«: Der Fluch der Buchgewinne

archaischen Verhaltensmustern bei Bedrohung fällt dies unter die Kategorie »sich tot stellen«.

Wird der Anleger bei Gewinnen risikoavers, wird er im Gegensatz dazu bei Verlusten sehr risikofreudig. Stellt man Probanden vor die Wahl zwischen einem sicheren Verlust und der Alternative eines Spiels (höherer Verlust oder Verlustvermeidung) mit demselben negativen Erwartungswert, wählen die meisten die Spielvariante. Sie wählen damit ein diametral anderes Verhalten als in der Gewinnsituation. Buchmacher und Studien belegen, dass am Ende eines Renntages die Einsätze auf Außenseiterpferde überproportional zunehmen. Man will den über den Tag kumulierten Verlust mit einem Treffer ins Positive drehen. Menschen scheuen keinen Aufwand und kein Risiko, um Verluste in der Endabrechnung zu vermeiden. Statt sich tot zu stellen, greift man an. Das naheliegende Mittel zum Angriff heißt an der Börse Nachkaufen.

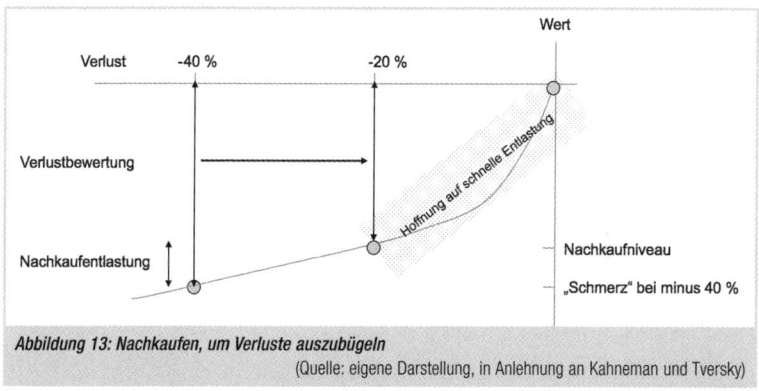

Abbildung 13: Nachkaufen, um Verluste auszubügeln
(Quelle: eigene Darstellung, in Anlehnung an Kahneman und Tversky)

Unsere gedachte Position fiel auf 40 Prozent ins Minus und die Buchverluste addieren sich bereits auf satte 2000 Euro. Durch das Nachkaufen einer gleichen Stückzahl mischen wir kräftig nach. Der Einsatz (das Risiko) vervielfacht sich damit um das 1,6-Fache. Das Minus bleibt bei 2000 Euro, aber der prozentuale Verlust verringert sich bezogen auf den Mischkurs auf 20 Prozent. Es kommt zu einem Bezugspunktwechsel. Auf der Wertfunktion wirkt dies wie eine Rechtsverschiebung und führt sofort zu einer kleinen Dissonanzentlastung. Noch viel wichtiger aber ist,

4 Psychofallen vermeiden

dass der Bereich des steilen Verlaufs der Wertfunktion sehr nahe rückt und man in der Hoffnung auf den Rebound sehr viel einfacher ohne Verlust aus dem Engagement zu kommen meint. Tritt die Erholung zum Teil nach vielen Jahren dann wirklich ein, wird auf dem Niveau des Mischkurses verkauft. Nur um das Ding endlich loszuwerden. Unabhängig von den Zukunftsaussichten. In unserem Bekanntenkreis gab es Unzählige, die in der letzten Phase des Technologiebooms 1999/2000 die Apple-Aktie gekauft haben. Unabhängig davon, wer nachgekauft hat und wer nicht, erlitten alle das gleiche Schicksal. Sie saßen jahrelang auf dicken Verlusten und sobald ihr Einstandspreis wieder in Reichweite gekommen war, verkauften sie in den Jahren 2004/2005. Woher wir das wissen? Die Erleichterung über den verlustfreien Verkauf zu einem akzeptablen Kurs war so groß, dass sie jedem, ob er es nun hören wollte oder nicht, davon erzählen mussten. Nicht ein Einziger war dann in der großen nachfolgenden Aufwärtsbewegung bei Apple mit dabei.

Abbildung 14: Die Aufwärtsbewegung der Apple-Aktie nach ihrem tiefen Fall

(Quelle: vwd AG)

4.7 »Leg die Last ab«: Der Fluch der Buchgewinne

Weitere bereits beschriebene Anomalien in unserem Umgang mit Verlusten sind der Sunk-Cost-Effekt und das Mental Accounting. Beim Sunk-Cost-Effekt geht es um unsere Neigung, lieber Nachinvestitionen zu tätigen, als Verliereraktien zu verkaufen.

Mit Mental Accounting versuchen wir, die Komplexität der Wirklichkeit zu vereinfachen, es zählt also zu den Vereinfachungsheuristiken. Mental Accounting führt allerdings häufig auch zum Selbstbetrug. Wir führen wie ein Buchhalter mehrere verschiedene Konten für verschiedene Aktivitäten und Umstände im Kopf. Idealerweise wollen wir jedes Konto erfolgreich oder zumindest dissonanzfrei führen. Wir haben grundsätzlich erstmal für jedes Engagement ein eigenes Konto. In der Praxis führt dies dazu, dass wir durch die Einzelbuchführung von unserem eigentlichen Ziel »Rendite für unser Depot« sehr stark abgelenkt werden. Wir verlieren häufig den Blick aufs Ganze und stecken unnötigerweise viel Energie in das Bemühen, alle Konten ins Positive zu drehen. Dies kann zu einer Fehlsteuerung von Zeit, Energie und Geld führen. Mental Accounting erklärt eben auch die Tendenz, warum wir gerne nachkaufen, statt nach Gewinneralternativen zu suchen. Das Mental Accounting eröffnet aber auch noch die Möglichkeit der kreativen Buchführung. Je nachdem, wie wir es zur Dissonanzreduktion brauchen, können wir Konten auch schon mal zusammenfassen oder gegeneinander verrechnen – so wie wir Verluste aus Derivatewetten dissonanzfrei verarbeiten nach dem Motto »War ja nur Spielgeld«. Eine andere Methode wäre, Aktien, mit denen man Geld verloren hat und bei denen man jede Hoffnung aufgegeben hat, nicht dann zu verkaufen, wenn wir uns über ihre trüben Zukunftsaussichten sicher geworden sind, sondern wenn es im Wege des Mental Accounting opportun ist. Viele Anleger haben in der Hausse 2006/2007 ihre Depotleichen, wie Deutsche Telekom und Infineon, verkauft, als sie die Gewinne bei anderen Aktien realisiert hatten. Es wurde einfach ein gemeinsames Konto (zum Beispiel MAN + Infineon) eingerichtet. Gewinn minus Verlust ist größer/gleich null. Dann kann ich jetzt endlich auch eine Depotleiche räumen. Endlich ohne Verlust. Das ist der in der Psychologie mit Hedonic Framing bezeichnete Mechanismus zur Steigerung der Zufriedenheit. Menschen nutzen ihre Freiheit bewusst und unbewusst, um in der Gesamtbewertung ihrer Mental Accounts möglichst gut dazustehen. Dies führt zur Integration von Verlusten und zur Segregation von Gewinnen. Auch hier gilt wieder:

4 Psychofallen vermeiden

Wir machen uns die Welt, wie sie uns gefällt. Leider macht sich das nicht so gut in unserem Depot.

Zum Schluss noch einmal alle Begrifflichkeiten der Fehlerquellen in der Übersicht:

Fehlerquellen		
Reizaufnahme	Reizverarbeitung	Ausprägung
Selektive Wahrnehmung	Vereinfachungsheuristik	Kontrollillusion
Verfügbarkeitsheuristik	Mentale Kontenführung	Wissensillusion
Einrahmungseffekt	Verankerungseffekt	Attributionsfehler
Primäreffekt	Repräsentativitätsheuristik	Rückschaufehler
Rezenzeffekt		Selbstüberschätzung
		Dispositionseffekt
		Sunk-Cost-Effekt
		Verlustaversion
		Regret Avoidance
		Home Bias
		Sector Bias
		Status Quo Bias
		Besitztumseffekt
		Gambler's Fallacy
		Vermeidung kognitiver Dissonanz

Rückkoppelung

Rückkoppelung

Abbildung 15: Fehlerquellen (nicht nur) für Anleger

simplified

5 Alice im Wunderland: Grundsätze für Ihren Börsenerfolg

In diesem Kapitel geht es um die wunderbare Welt der Synapsen. Um jene Verbindungen und Verknüpfungen, die Informationen im Nervensystem übertragen. Wir denken nicht wie eine starre Maschine, sondern eher chaotisch. Denken, Fühlen und Handeln ist ein komplexer Prozess, der sich nicht in klar abgrenzbare Teile zerlegen lässt – sonst wären wir eben Maschinen. Wir sind Alice im Wunderland, bestaunen die Welt und entdecken täglich Neues. Der Weg ist das Ziel und das Ziel ist der Weg – wir werden gegen Ende kurzzeitig philosophisch. Danach aber geben wir uns kämpferisch, berichten vom Kriege und machen Sie zum STAR.

5.1 Erkenne dich selbst

Der »Querdenker« Hans-Wolff Graf und der Managementtrainer Carsten Somogyi sprechen gerne von DenkFühlHandeln[51]. Es gibt kein emotionsfreies Handeln. Kein Denken ohne Fühlen. Kein Handeln ohne Denken. Obwohl – Handeln, ohne zu denken, scheint allzu oft zu klappen. Doch Spaß beiseite. Alles ist miteinander verwoben und vernetzt, ist komplex und dynamisch. Eben wie die phänomenologische Umwelt und die Probleme, die wir bewältigen wollen und müssen. In dieser Dynamik liegt aber auch unsere Chance. Wir besitzen nämlich tatsächlich die Chance, die Eigenschaften unserer Synapsen, Nervenzellen und Hirnareale bewusst zu verändern.

Die Wissenschaft spricht hier von neuronaler Plastizität. Wir sind nämlich in der Lage, unsere natürlichen Prädispositionen zu überwinden. Das Schicksal bestimmt nicht unser Leben. Wir können lernen. Und wir

---

[51] Eher wissenschaftlich befasste sich damit Gerhard Roth: Fühlen, Denken, Handeln. Die neurobiologischen Grundlagen des menschlichen Verhaltens, Frankfurt 2001, während Dietmar Friedmann und Klaus Fritz gleich eine eigene »Typen-Lehre« daraus konstruierten in: Denken, Fühlen, Handeln. Mehr Menschenkenntnis mit der 3-Typen-Lehre, München 2010.

wollen lernen, ja, als Kinder sind wir geradezu begeistert zu lernen. Diese Begeisterung nimmt dann im normierten Schulalltag bei den meisten leider etwas ab. Der Neurobiologe Gerald Hüther erklärt die »Droge« Lernen und die positive Wirkung der Suche nach neuer Erkenntnis aus Sicht des Hirnforschers:

»Aus neurobiologischer Sicht ist das menschliche Gehirn nicht zum Abarbeiten von Routinen, sondern für kreatives Problemlösen optimiert. Da sich die Verschaltungsmuster der Nervenzellen – je nachdem wie sie genutzt werden – entweder erweitern und festigen oder aber verkümmern und auflösen, braucht das Gehirn immer wieder neue andersartige Herausforderungen, damit es nicht in eingefahrenen Routinebahnen stecken bleibt. Es braucht neue Probleme, die unter die Haut gehen, weil sie wichtig erscheinen, und die sich auf den eingefahrenen Bahnen des Denkens nicht lösen lassen.

Ist das Gehirn mit solch einer Herausforderung konfrontiert, entsteht in seinen komplexen Nervenfasernetzen eine Erregung (Arousal), die sich ausbreitet, auf tiefer liegende ältere Bereiche des Gehirns überspringt und dort eine emotionale Aktivierung auslöst. Um diese emotionale Erregung wieder zu beruhigen, fängt das Hirn an, ernsthaft nach einer Lösung zu suchen.«[52]

Seit 1998 wissen wir durch den schwedischen Hirnforscher Peter Ericsson, dass Lernen ein Leben lang möglich ist, da sich auch beim Erwachsenen neue Zellen im Gehirn bilden. Also legen wir los und lassen nicht nach. Vor dem Lernprozess steht aber die kritische Selbstanalyse. Wir sind Teil des Problems, aber wir sind auch selbst Teil der Lösung.

»Erkenne dich selbst!« (Gnothi seauton) – Selbsterkenntnis als Pfad und Ziel gleichermaßen. Wir gewinnen durch den Weg, den wir zurücklegen, an Erkenntnis. Nicht mehr und nicht weniger. Wir haben ein Anlegerleben lang Zeit, uns weiterzuentwickeln. Dabei legt jeder sein eigenes

---

[52] Gerald Hüther: Wie gehirngerechte Führung funktioniert, in: managerSeminare Magazin, Januar 2009, S. 30–34. Hüther ist auch erfolgreicher Buchautor, zum Beispiel mit »Was wir sind und was wir sein könnten«, Göttingen (10) 2011. Einen Einblick in seine Forschung – für Wissenschaftler wie für Laien sehr oft auch in Form aufschlussreicher Videobeiträge – gibt er auf seiner Website www.gerald-huether.de.

Tempo vor. Selbsterkenntnis, das ist die Wiege der Philosophie. Der Beginn des Menschseins. Der Erkennende konstruiert das Erkannte, sagt Kant. In dem Maße, wie sich der Mensch selbst erkennt, formt er seine Persönlichkeit, und wenn er sich schließlich selbst versteht, kann er die Welt und die Börsen auch besser interpretieren. Begeben wir uns in den Tempel der Selbsterkenntnis, werden wir uns der Widersprüchlichkeiten zumindest bewusst. Nur ungern entdecken wir Persönlichkeitsanteile, die uns in Schwierigkeiten bringen. Wir wollen sie nicht akzeptieren, wir konzentrieren uns viel lieber auf unsere guten Anteile. Das unter den Teppich zu kehren, was wir nicht sehen wollen, beseitigt aber nicht das Problem. Es ist das Problem.

Erkennen wir die Existenz der schlechten Anteile in uns einfach an. Mr. Hyde gehört zu Dr. Jekyll. Beide gehören zu uns. Sie gehören aber auch zur Persönlichkeit von vielen anderen Menschen. Geben wir unseren schlechten Eigenschaften Raum, ohne ihnen recht geben zu müssen. Damit schaffen wir die Voraussetzungen, mit ihnen verantwortungsvoll umzugehen. Wir können individuelle Strategien und Methoden entwickeln, damit sie unser Anlageergebnis nicht mehr in hohem Maße negativ beeinflussen. Und wir können mit etwas Erfahrung auch erkennen, was die anderen Marktteilnehmer gerade umtreibt. Die Fehler der anderen können auch unsere Chance sein. Unsere ungeliebten Persönlichkeitsanteile werden uns auf dem Weg zur Selbsterkenntnis immer wieder begegnen. Wir können sie nicht einfach entfernen, wegoperieren lassen. Das wirft Fragen auf: Wie lässt sich der Weg gemeinsam mit ihnen fortsetzen? Wie sollen wir mit ihnen umgehen?

Die behandelten und aufgezeigten Psychofallen gelten für uns, für Sie und für alle anderen Marktteilnehmer auch. Aber wir finden nicht alle Anomalien bei allen Marktteilnehmern und schon gar nicht im gleichen Ausmaß. Deshalb ist es notwendig, die eigenen Anlagen zu erkennen und zu bewerten.

5 Alice im Wunderland: Grundsätze für Ihren Börsenerfolg

Fehlerquellen	bin davon betroffen	kostet Rendite	Immunisierungsmaßnahmen
Reizaufnahme			
Selektive Wahrnehmung	ja	weiß nicht	suche ab sofort nach widersprüchlichen Informationen
...	...	...	...
...	...	...	...
Reizverarbeitung			
Vereinfachungsheuristik	ja	ja, etwas	werde das noch beobachten, Wiedervorlage am ...
...	...	...	...
Ausprägung			
Kontrollillusion	nein	nein	...
Selbstüberschätzung	gelegentlich	ja, viel	keine Derivate mehr
Dispositionseffekt	ja	ja, viel	werde künftig mit Stop Orders arbeiten
Home Bias	ja	ja, etwas	werde bis zum ... die Quote unter x % drücken
...	...	...	...

Tabelle 8: Fehlerquellenplan

Damit die Immunisierungsmaßnahmen nicht wie die guten Vorsätze für das neue Jahr enden, also im Nirwana des Verdrängten, machen Sie einen regelmäßigen Check-up (zum Beispiel alle drei Monate). Seien Sie nicht ungeduldig. Bei einigen Fehlern werden Sie mehrere Jahre brauchen, bis Sie eine für sich ideale Immunisierungsmaßnahme gefunden haben. Seien Sie auch realistisch. Sie können nicht alles auf einmal ändern. Auch nicht nach der Lektüre dieses Buches. Setzen Sie Prioritäten. Gehen Sie Schritt für Schritt vor. Seien Sie kreativ. Es gibt kein Allheilmittel. So individuell, wie Ihre Fehler sind, so individuell muss auch die Verhinderungsmaßnahme sein.

Legen Sie Ihren Fehlerquellenplan dorthin, wo Sie öfter einfach mal darüber stolpern. Nicht unters Kopfkissen. Heften Sie ihn ganz oben in Ihrem Ordner für Depotauszüge und Kauf- und Verkaufsabrechnungen ab. Wenn Sie etwas kaufen oder verkaufen wollen, gehen Sie Ihren Fehlerquellenplan durch. Wollen Sie dann immer noch handeln? Vielleicht sollten Sie mit dem Kauf auch direkt eine Stop-Loss-Order setzen. Mit diesen einfachen Maßnahmen zerren Sie die Missstände ans Tageslicht. Sie schaffen ein inneres Bewusstsein und setzen somit einen Lernprozess in Gang. Gegen das Verdrängen der Fehler. Offensiv in die Zukunft gerichtet.

5.2 Vom Kriege oder das **STAR**-Konzept

Wir haben bereits an anderer Stelle unsere Vorliebe für Akronyme – einprägsame Worte, die sich aus Anfangsbuchstaben anderer Wörter zusammensetzen – gezeigt: als wir STUSS als Fehlerquelle für Ihr Handeln an der Börse ausmachten. Jetzt wollen wir mit der gleichen Methode das Gegenteil: mit dem STAR-Konzept Ihnen den richtigen Weg über die Fallstricke hinwegweisen. Den Weg gehen müssen Sie letzten Endes allerdings selbst. Deshalb unser etwas kriegerischer Einstand – Sie müssen sich wappnen und dann selbst losreiten.

5.2.1 **S**trategie und Planung

Der bedeutende preußische Militärtheoretiker Carl von Clausewitz beschäftigte sich ausgiebig mit strategischen und taktischen Prinzipien der Kriegsführung. Seine in dem berühmten Werk »Vom Kriege« beschriebenen Prinzipien zur Achse von Zweck, Ziel und Mittel finden sich heute auch in der Grundlagenliteratur für die Betriebswirtschaftslehre wieder. Schließlich sprach man ja eine Zeit lang sogar von »Werbefeldzügen«, und derzeit feiert die kriegerische Sprache mit Titeln wie »Währungskriege« fröhliche Urständ. Clausewitz wandte sich gegen die Anhänger eines Systems, einer reinen und absoluten Lehre. Kriegs-»Theorie« sei zunächst einmal keine konkrete Handlungsanweisung an Generäle, eine Einsicht, die er überwiegend aus seiner eigenen Erfahrung in den Napoleonischen Kriegen erst auf Seiten Preußens und dann in russischen Diensten gewonnen hatte. Clausewitz ging es in seinem Buch vielmehr um generelle Prinzipien, die sich zum einen aus dem Studium der Geschichte und zum anderen aus logischer Betrachtung ergaben. Aber zu »theoretisch« wollte er seine Prinzipien auch nicht aufgefasst wissen. Daher unterwarf Clausewitz sie einer ständigen Plausibilitätskontrolle und überprüfte ihren Realitätsbezug. Gerade Feldzüge seien nur sehr schwer zu planen, da sie von unkalkulierbaren und unvorhersehbaren Ereignissen beeinflusst würden, die Clausewitz als Friktionen bezeichnete. Eine minutiöse Vorplanung kann schon innerhalb weniger Stunden völlig gegenstandslos werden.[53] Ersetzt man Kriegstheorie durch Börsentheorie, Generäle durch Anleger und Feldzüge durch Anlageentscheidungen, wird das Ganze etwas friedlicher und liest sich dann wie das Grundprinzip für die Börsenanlage. Versuchen wir, die Clausewitz'sche Zweck/Ziel/Mittel-Achse auf die Vermögensanlage umzumünzen, dann könnte beispielhaft folgende Hierarchie entstehen:

Zweck der Vermögensanlage:
Altersvorsorge

Ziele:
> Risikobeherrschung durch Diversifikation
> Vermeidung von Liquiditätsengpässen
> Erzielung einer Rendite auf x Jahre, die über der Inflation (= Geldentwertung) liegt.

Mittel:
> Planung der Liquiditätssituation (in Bezug auf vorhersehbare und unvorhersehbare Ereignisse) und entsprechende Anlage in sichere und zum notwendigen Zeitpunkt verfügbare Anlagen (Termingeld, Sparbuch und so weiter).
> Geld allein macht nicht glücklich. Es gehören auch Wertpapiere, Immobilien und Gold dazu. Diversifizieren Sie Ihr Risiko über verschiedene Vermögensklassen. Je nach individuellem Anlagehorizont (10, 20 oder 40 Jahre) und persönlicher Risikotragfähigkeit legen Sie verschiedene Unter- und Obergrenzen fest.
> Nutzung der auf lange Sicht möglichen »Überrenditen« am Aktienmarkt.

---

[53] Wer sich intensiver mit dem kriegerischen Thema befassen möchte, sei zum einen auf Carl von Clausewitz' Buch »Vom Kriege« verwiesen, das es in zahlreichen Varianten, unter anderem auch als Ullstein-Taschenbuch gibt, oder auch auf das weiterführende und sehr erhellende Buch von Rasmus Beckmann »Clausewitz trifft Luhmann. Eine systemtheoretische Interpretation von Clausewitz' Handlungstheorie«, Wiesbaden 2011, als Paper bereits in AIPA 4/2009 Arbeitspapiere zur Internationalen Politik und Außenpolitik veröffentlicht.

5.2 Vom Kriege oder das STAR-Konzept

Jetzt trennen wir noch das »reine« Agieren am Aktienmarkt ab und separieren es in eine eigene Zweck/Ziel/Mittel-Achse. Dann könnte dies wie folgt aussehen:

Zweck der Vermögensanlage:
Aktienmarktanlage zur Erzielung einer »Überrendite« gegenüber anderen Vermögensklassen (Nebenbedingung aus der obigen Ableitung: Zeithorizont x Jahre; Aktienanteil minimal x Prozent, maximal z Prozent).

Ziele:
> Risikobeherrschung durch Diversifikation
> langfristig an der Marktrendite orientierter Anstieg des Depotwertes
> vergleichsweise geringes Abwärtsrisiko

Mittel:
1. Ankerdepot (entspricht dem minimalen Aktienanteil x Prozent):
> Streuung über Regionen (Amerika, Europa, Asien, Emerging Markets);
> Streuung über Branchen;
> Einzeltitelauswahl nach Value-Investing-Prinzipien und Dividendenstärke aus den Hauptindizes der jeweiligen Aktienmärkte.

2. Das atmende Depot (y Prozent bis x Prozent)
> Investitionsgrad nach Markteinschätzung;
> Streuung über Regionen und Branchen und Einzeltitel nach einer individuellen Trendfolgesystematik. Zu beachtende Obergrenzen für einzelne Regionen, Branchen und Einzeltitel: r Prozent, b Prozent, e Prozent.

Dies kann natürlich nur beispielhaft sein und richtet sich nach Ihren ganz individuellen Zielen, aber eben auch nach Ihren individuellen Schwächen. Auf der obersten Ebene legen Sie den Zweck, die strategische Zielrichtung fest und geben Ihrem Vermögen System und Struktur. Sie immunisieren sich dabei im Kern gegen Kapitalmarktmoden, gegen Produkte, die mit Gewalt von Vermögensverwaltern, Finanzinstituten und Banken in den Markt gepresst werden, und gegen massenhysterische Stimmungen und Obsessionen. Die Spielregeln sorgen dafür, dass Sie immer auch mit Aktien im Markt sind und Aufwärtsbewegungen nie zur Gänze verpassen, aber sie lassen Ihnen Platz für eigenständiges Agieren.

Sie nutzen die Risikoreduzierung durch Diversifikation, haben aber dennoch die Möglichkeit, Anlagestrategien (Value-Investing, Dividendenstrategien, Trendfolgestrategien und so weiter) individuell umzusetzen. Sie sammeln Anlageerfahrungen und gefährden trotzdem nie den obersten Zweck der Altersvorsorge. Die oben gezeigte Aufteilung sieht sehr viel komplexer aus, als Sie sie in der Realität wirklich umsetzen müssen. Mit dem Einsatz von ETFs (Exchange Traded Funds) sowie mit der Beimischung von auf Emerging Markets spezialisierten Investmentfonds können Sie die Basis des Depots legen und erhalten mit wenigen Depotpositionen eine breite Diversifikation nach »unseren« Regeln. Das ergänzen Sie dann noch mit Einzelaktien nach den von Ihnen festgelegten Anlagestrategien. Das Ganze erfolgt nach dem Prinzip: Die Strategie steht über dem Timing. Die Strategie steht über dem Risiko der Fehlentscheidung im Einzelfall. Die Strategie hilft vor dem Verlust der Selbstkontrolle. Die Strategie hilft gegen tiefe Einschnitte aufgrund von Psychofallen. Sie schützen die Substanz Ihres Vermögens und bleiben damit im Spiel. Zudem sollten Sie für Ihr Ankerdepot auch noch einen monatlichen Sparplan für den Erwerb eines ETFs oder eines Investmentfonds einrichten. Der Anspareffekt verbunden mit dem Zinseszinseffekt hat schon häufiger für verwundertes Augenreiben nach 10 oder 15 Jahren geführt. Meist tut es nicht weh, erweist sich aber mehr als kompatibel mit dem obersten Zweck der Altersvorsorge.

5.2.2 Traue keinem Ratgeber

Wem nutzt es? In vielen Situationen unseres Lebens sollten wir diese Frage zuallererst beantworten. Was auf dem Gebrauchtwagenmarkt oder auf dem Rossmarkt oder dem Basar selbstverständlich ist, scheint uns im Alltagsleben aber häufig abhandengekommen zu sein: nämlich die Selbstverständlichkeit, dass das Gegenüber ein gegebenenfalls diametral anderes Zielsystem verfolgt, als ich es habe. Dies muss bei der Bewertung von Informationen und Empfehlungen immer adäquat mit einfließen.

Während wir auf der Suche nach nützlichen Informationen sind, haben die Sender der Informationen ganz andere Interessen. Der Redakteur der doch so angesehenen Tageszeitung bemüht sich vor allem, die Zeilenvorgabe des Chefredakteurs zur Kommentierung des Börsengeschehens zu erfüllen. Gefälliges ist Pflicht. Den Leser bei Laune halten und ihn ja

5.2 Vom Kriege oder das STAR-Konzept

nicht überfordern. Die wöchentlich erscheinende Fachzeitschrift mit den Tipps für eine glorreiche finanzielle Zukunft scheint auf den ersten Blick seriös und fundiert. Aber auch da ist jede Woche Redaktionsschluss. Je nach Format sind mehrere Top-Aktienempfehlungen von konservativ bis hochspekulativ abzuliefern. Woche für Woche. Auch wenn die Börsenampeln auf Rot stünden, die Empfehlungen sind zu liefern. Aber die Börsenampeln können schon allein deshalb nie auf Rot stehen, weil die Zeitung dann schreiben müsste: »Die Börse ist momentan von Lustlosigkeit geprägt. Diese Situation wird noch mehrere Monate anhalten. Kaufen Sie bis dahin unser Heft nicht mehr, es lohnt sich einfach nicht.« Auch hier gilt das Sprichwort: »Wes Brot ich ess', des Lied ich sing«.

Doch diese spezielle Sicht auf die Dinge beschränkt sich nicht nur auf die Medien. Der Berater macht nur dann Karriere und verdient etwas, wenn er seine Produkte verkauft. Und zwar natürlich die Produkte mit den hohen Margen. Aktien und ETFs gehören nicht zu den Produkten mit hoher Marge für den Berater. Dann schon lieber Airbag-Zertifikate mit bis zu 10 Prozent Marge oder Aktienfonds mit bis zu 5 Prozent Marge oder geschlossene Fonds mit weichen Kosten von bis zu 20 Prozent. Interessant – aber für wen?

Analysten, die berufsmäßigen Auguren, bekommen von dem Kabarettisten Volker Pispers richtig ihr Fett ab. Wir entschuldigen uns im Voraus bei allen, zitieren aber ja bloß, und die Leser dieses Buches, auch wenn sie dem Analystenstand angehören, zählen selbstverständlich zu den Ausnahmen: »Da habe ich intelligentere Lebensformen auf meinem Duschvorhang ...« oder »Analyst setzt sich aus den beiden Wörtern ›anal‹ und ›lysis‹ zusammen«. Diese Kritik ist natürlich etwas überzogen und rührt daher, dass die Analystenarbeit oftmals auf die reine Kurs- und Zahlenprognose verkürzt wird. In dieser Disziplin heben sich die Analysten in der Tat nicht von anderen Prognosemethoden, wie beispielsweise Würfeln oder Kaffeesatzlesen, ab. Das Anreizsystem des angestellten Analysten zwingt ihn gerade dazu, auch beim Konsens der anderen zu bleiben. Nur keine zu exzentrische Meinung. Das gefährdet den Arbeitsplatz. Die eigentliche Arbeit der Analysten ist es, Einflussfaktoren und deren Verhalten in verschiedenen Szenarien zu beschreiben. Aber das wird meist vom breiten Publikum nicht gesehen. Für den wirklich Interessierten finden sich trotzdem oft nützliche Informationen. Aber auch

5 Alice im Wunderland: Grundsätze für Ihren Börsenerfolg

hier gilt es zu prüfen: Handelt es sich bei der Analyse um ein Auftragsgutachten oder gibt es sonstige neutralitätsgefährdende Verbindungen zwischen dem Analysehaus und dem Unternehmen, dessen Aktie untersucht wird?

Folgendes zum Thema Gurus und Anlageempfehlungen: Es gibt anerkannte Börsengurus, an deren Lippen die Anleger und Märkte hängen. So etwa Hedgefonds-Manager wie George Soros, die an den Märkten Milliarden verdient haben, weil sie eine funktionierende Börsenstrategie anwandten, oder die einer Zentralbank und ihrer Währung gezeigt haben, was eine Harke ist. Auch diese äußern sich hin und wieder zu einzelnen Investmentthemen, und ihre Statements beeinflussen die Preise. Dass sich die Gurus mit ihren Investmentfirmen vorher entsprechend positioniert haben, mag selbstverständlich klingen. Dennoch springen viele den Gurus zu steigenden Preisen hinterher. Im Kleinen gibt es das auch. So gibt es mehrere Musterdepots von »Tippdiensten« und Gurus. Ab einem gewissen Kultstatus kommt es zu einer sich selbst erfüllenden Prophezeiung. Der Guru nimmt die Aktie zu einem Preis von 100 Euro ins Depot. Meist handelt es sich um einen niedriger kapitalisierten Wert aus der zweiten bis x-ten Reihe. Wenn dann die Jünger den Wert kaufen, treiben sie die Preise sofort in die Höhe. Kurszuwächse von 10 bis 20 Prozent und mehr innerhalb weniger Minuten beziehungsweise Sekunden nach der Empfehlung sind keine Seltenheit. Dies führt dazu, dass der Empfehlende mit seiner Markt- und Preismacht mühelos exorbitante Gewinne für sein Musterdepot verbuchen kann. So bleibt der Guru-Status erhalten. Hin und wieder kommt es aber auch vor, dass die durch den Guru erzeugte Nachfrage dazu genutzt wird, bei steigenden Preisen massiv abzuladen. Ein Schelm, wer Böses dabei denkt. Das Nachvollziehen des Musterdepots durch Dritte ist nicht möglich, da niemand zu dem genannten Einstiegspreis wirklich in den Markt einsteigen konnte. Dennoch springen teilweise Tausende von Anlegern den steigenden Preisen hinterher. Wir haben an der Börse schon die groteske Situation erlebt, dass das ausgerufene Kursziel, die Verdoppelung des Preises, noch am Tag der Empfehlung erreicht wurde. Im Jahr 2000 wurde im Rahmen einer damals viel beachteten Börsenfachsendung von einem Experten häufiger eine indonesische Bank unter spekulativen Gesichtspunkten empfohlen. Auf dem Höhepunkt des Aktienhypes haben sich zigtausende Privatanleger aufgrund der Empfehlung genötigt gesehen, diese Aktie zu erwerben. Innerhalb

5.2 Vom Kriege oder das STAR-Konzept

kürzester Zeit waren die deutschen Privatanleger im Besitz einer qualifizierten Mehrheit des Aktienkapitals dieser Bank. Deutsche Privatanleger kontrollierten de facto eine indonesische Bank. Dies führte im Anschluss zu Verwirrungen auf höchster diplomatischer Ebene. Die indonesische Bankenaufsicht und Politik vermutete die feindliche Übernahme durch eine Bank aus Deutschland. Den Einlassungen der deutschen Politik, es handele sich hier nur um Tausende verrückt gewordener Privatanleger, wurde nicht geglaubt. Die Aktie wurde zeitweise vom Handel ausgesetzt und erhielt zur Verwässerung der Aktionärsbasis eine Zwangskapitalerhöhung unter Ausschluss des Bezugsrechtes für Altaktionäre.

Wenn der deutsche Michel nur einmal losgelassen wird – dann kauft er gleich eine ganze Bank. Der Vollständigkeit halber müssen wir an dieser Stelle darauf hinweisen, dass all das beschriebene Ratgeber-Unwesen den Anleger gutes Geld und Rendite kostet und in Einzelfällen sogar für verbrannte Erde sorgt. Es gibt natürlich Ausnahmen, wie die Bücher und Vorträge der Verfasser. Aber, Scherz beiseite, als Eselsbrücke kann vielleicht gelten: Je detaillierter und konkreter die Ratschläge sind – wenn sie eher Handlungsanweisungen gleichkommen und die in Aussicht gestellten Gewinne exorbitant hoch ausfallen sollen – umso kritischer sollten Sie diese »Tipps« hinterfragen.

Die unter dem Fachbegriff »Scalping« bekannte Anlagebetrugsform hat in den letzten 10 bis 15 Jahren in Deutschland massiv an Bedeutung gewonnen. Bei dieser Form des Anlagebetruges versuchen die Agierenden mit Börsenbriefen, Newslettern und Analystenkommentaren das Anlegerpublikum zum Erwerb eigentlich wertloser Aktien, vor allem von Pennystocks, zu animieren. Mit Schlagzeilen wie »1000-prozentige Kurs-Chance!« und »Garantierter Gewinn in drei Monaten!« werden die betreffenden Wertpapiere empfohlen. Diese Aktien stammen jedoch in der Regel von gescheiterten Unternehmen oder Briefkastenfirmen im angelsächsischen Raum. In den letzten Jahren gab es auch einen Trend zu in der Schweiz notierten Aktien mit extrem niedrigem Nominalwert je Aktie. Aktuell verstärkt sich auch wieder der Trend hin zu asiatischen (chinesischen) Aktien. Die Betrüger halten selbst den Großteil dieser in Wahrheit wertlosen Papiere. Sie sorgen für deren Notierung an einer deutschen Börse und verkaufen an die ahnungslosen Anleger, indem sie durch die betrügerischen Infodienste die Nachfrage und damit den Kurs künstlich nach oben manipulieren. Haben die Betrüger abkassiert, bricht der Kurs wieder in sich zusammen.

Oft wird mit potenziellen Anlegern auch telefonisch Kontakt aufgenommen. Unaufgeforderte Anrufe, E-Mails oder Faxe von dem Anleger nicht bekannten »Aktien-Gurus« sind aber nach dem Verbot des »Cold Calling« unzulässig, das Anrufe oder Faxe ohne vorherige Einwilligung des Empfängers untersagt. Insofern sollten solche Kontaktaufnahmen sämtliche Alarmglocken bei Ihnen schrillen lassen.

Es gibt eine Reihe von Warnsignalen, die die Anleger beachten sollten. Die österreichische Börsenaufsicht hat dazu eine Art Warnliste erstellt:

> Unaufgefordert zugesandte Materialien wie Börsenbriefe, Newsletter und Analystenkommentare sind kritisch zu betrachten.
> Unaufgeforderte Telefonanrufe, E-Mails oder Faxe sind grundsätzlich als Warnzeichen zu verstehen.
> Über unbekannte Unternehmen in wenig regulierten Börsensegmenten sollten genaue Informationen eingeholt werden (zum Beispiel über die Dauer der Börsennotierung, das Volumen der gehandelten Aktien und so weiter), bevor ein Investment getätigt wird – unprofessionelle Internetauftritte der betroffenen Firmen, wo keine Jahresberichte, Angaben zum Management und so weiter auffindbar sind, sollten aufhorchen lassen, oft sind dies bloße Briefkastenfirmen ohne operatives Geschäft.
> Aber auch professionelle Internetauftritte und Hochglanzbroschüren sind kein Beweis für Seriosität – eher für Professionalität der Gauner.

Die Schutzgemeinschaft der Kapitalanleger, SdK, beschreibt in ihrem Magazin Anlegerplus.de ein reales Beispiel:

Faxnachricht: Von Wolfgang an Holger

Vermutlich hatten einige unserer Leser auch schon mal eine Nachricht von »Wolfgang« oder so ähnlich im Faxeingang. Was zunächst wie ein Irrläufer ausschaut, ist in Wirklichkeit aber illegaler Fax-Spam. In solchen Faxmitteilungen werden zu diversen Unternehmen angeblich heiße News angekündigt, die einen exorbitanten Kursanstieg bei den Aktien der genannten Gesellschaften erwarten lassen. Handschriftlich geschrieben, sollen die Mitteilungen dem Empfänger suggerieren, dass die exklusiven Nachrichten sich nur versehentlich zu seinem Fax-Anschluss verirrt hätten. In einer neuesten Variante schreibt »Wolfgang« an »Holger«, dass die Dynamic Systems Holdings Inc. (ISIN CA2680111036) und

5.2 Vom Kriege oder das STAR-Konzept

> Idea Fabrik Plc (ISIN GB00B61CVK31) kurz vor einer Übernahme stünden und dies zu Kursgewinnen bis zu 300 Prozent führen könnte. Die BaFin teilt mit, dass sich die Idea Fabrik Plc vom Inhalt dieses Schreibens distanziert habe und eine Übernahme nicht habe bestätigen können. Bevor Anleger tatsächlich investieren, sollten sie sehr genau prüfen, ob sie hier nicht einem Schwindel aufsitzen.
> (Quelle: AnlegerPlus. Der Newsletter für Kapitalanleger, 12/2011 vom 18.07.2011, S. 3.)

5.2.3 Arbeit und Disziplin

Das Gute und Einfache vorneweg. Ihre Arbeitsintensität können Sie selbst wählen. Wenn Sie faul sind, dann können Sie trotzdem von den überdurchschnittlichen Renditen von Aktien profitieren. Es ist auch kein Vermögen als Startkapital vonnöten. Die Buy-and-hold-Strategie wird zwar von den Banken und Börsenautoren nicht gerne gesehen und deshalb meist schlechtgeredet. Dies hat auch einen handfesten Grund. »Kaufen und liegen lassen« beschert den Banken kaum Provisionserlöse, und der bequeme Investor kauft auch keine Bücher und Zeitschriften mit Anlagetipps. Der aktive Investor ist die Zielgruppe für die Finanzindustrie. Aber niemand muss das Wunschkonzert für deren wirtschaftliche Interessen spielen. Mit der Abbildung der großen Aktien- und Währungsräume über die kostengünstige Anlage in ETFs kann der Anleger knapp die Rendite der Märkte nachvollziehen und ist dabei auch noch breit gestreut aufgestellt. Als Kür kann der »faule Investor« dann noch in multinationale Unternehmen mit einem konjunkturresistenten Geschäft und üppiger Dividendenrendite investieren. Kleine Unternehmen und Wachstumsunternehmen eignen sich zumindest als Kerninvestment meist nicht. Das klingt irgendwie langweilig, ist es vermutlich auch, dafür ist es aber erfolgreich. Was wollten Sie mit Ihrem Investment erreichen? Ach ja, die Altersvorsorge, dann sind Sie auch mit einem einfachen und langweiligen Konzept auf dem besten Weg. Mit viel Zeit für die schönen Dinge in anderen, wahrscheinlich sehr viel interessanteren Lebensbereichen.

Wenn Sie die Herausforderung suchen und nach Jahren und Jahrzehnten des Erfahrungsaufbaus auch den Markt schlagen wollen, aber insbesondere Ihre finanziellen Unterziele besser abbilden möchten, dann können Sie Ihre Arbeitsintensität und Order-Aktivität beliebig ausbauen.

5 Alice im Wunderland: Grundsätze für Ihren Börsenerfolg

Das Entscheidende an der Börse aber bleibt die Disziplin. Die Disziplin, den Zweck und die daraus abgeleiteten Ziele immer zu beachten und sich nicht von Emotionen getrieben in irgendwelchen Scharmützeln aufreiben zu lassen. Die festgelegten strategiekonformen Maßnahmen müssen umgesetzt werden. Da helfen keine Ausreden, keine Ausflüchte und keine Hoffnung, dass dieses Mal doch alles anders sei. Lassen Sie sich nicht von den vielfältigen Strömungen, Meinungen und Tipps verunsichern. Springen Sie »neumodischen« Themen und Methoden nicht einfach hinterher, nur weil diese vielleicht in den letzten Quartalen etwas besser funktioniert haben. Bleiben Sie bei Ihrer Strategie, solange Sie davon ausgehen können, dass diese langfristig funktionieren könnte. Spielen Sie nie das Fähnchen im Wind. Alte Börsenhasen wissen, dass selbst diese Banalität höchste Disziplin erfordert.

Wer im Jahr 1999 als konservativer Investor auf Langweileraktien der Industrie, der Chemie, der Konsumgüter- und Nahrungsmittelbranche setzte, hatte ein vergleichsweise schwieriges Jahr zu bestehen – wenn er zum Beispiel mit ansehen musste, wie die Kurse der sogenannten Wachstumsaktien aus Technologie, Medien und Telekommunikation nur noch den Himmel als Preisobergrenze zu kennen schienen. Einer Hausse vom Rande zuzusehen, ist für viele sehr schmerzhaft. So gab es auch nicht wenige, die im Jahr 2000 umfielen und ihre Strategie wechselten. Das Ergebnis ist uns allen bekannt. Antizyklisches Agieren bedeutet für die Mehrheit der konservativen Anleger eine geeignete Strategie, um langfristig Erfolg zu haben. Hierfür brauchen Sie aber viel Geduld, und wir haben beschrieben, dass das Handeln gegen die Mehrheitsmeinung ist, als ob man sich ständig den Arm brechen würde. Diese Vorgehensweise erfordert höchste Selbstdisziplin. Unter keinen Umständen darf man ein Wertpapier auf kurze Frist erwerben, wenn man auf mittlere und längere Sicht hohe Gefahren in dem Wertpapier sieht.

Die größte Disziplin wird aber beim Umgang mit unseren Gewinnen und Verlusten benötigt. Auch für das Risiko- und Money-Management gibt es keine goldenen Regeln. Außerdem hängt es von der gewählten Strategie ab. Nicht einer unter zehn Anfängern begreift, dass der Umgang mit Gewinnen und Verlusten der zentrale Parameter für den individuellen Erfolg ist. Die meisten denken, sie müssten einfach nur die richtigen Aktien erwischen oder eine ausgefeilte Strategie kopieren oder selbst entwickeln.

5.2 Vom Kriege oder das STAR-Konzept

So verschwenden Anleger Jahre auf der Suche nach einer Strategie, auf der Suche nach den perfekten technischen Indikatoren und auf der Suche nach dem ultimativen Tipp. Nur die wenigsten werden damit erfolgreich. Und so kommt man oft erst nach Jahrzehnten zu der Erkenntnis: »Gewinne laufen lassen, Verluste begrenzen«. Man hat diese Börsenweisheit als eine unter vielen gesehen, man hat sich aber nie damit befasst, sie in die Realität umzusetzen. Viele der erfolgreichen Anleger haben eine Trefferquote von 35 bis 50 Prozent. Sie sind nicht erfolgreich, weil sie die Kurse besonders gut vorhersagen können, sondern weil die Gewinne der profitablen Geschäfte die Verluste der negativen Geschäfte deutlich übersteigen. Ein Anleger, der die Aktien über den Dartwurf auf den Kursteil einer großen überregionalen Tageszeitung auswählt, der aber diszipliniert und erfolgreich Risiko- und Money-Managementtechniken beherrscht, wird auf lange Sicht erfolgreicher sein als ein Anleger, der zwar seit Jahren Erfahrung mit der Aktienanlage hat, aber keine Sensitivität für Selbstdisziplin und Verlustbegrenzung entwickelt hat.

Folgende Fragen sind relevant:

> Wie viel Geld soll ich maximal pro Position einsetzen?
> Wann und wie steige ich aus?
> Wie nutze ich Verkaufsautomatismen (Stop-Loss-Orders, Trailing-Stops) geschickt aus?

Wer sich diese Fragen vor dem Trade nicht stellt und beantwortet, läuft Gefahr, in einen Großteil der in diesem Buch beschriebenen Psychofallen zu tappen. Wer keine klaren Regeln zum Ausstieg hat, wird die Gewinne abschneiden und den Verlusten zu großen Raum geben. Sobald es um richtiges Geld geht und die Meldungen und Kursbewegungen auf uns einprasseln, sind wir bezogen auf den Markt- und Börsenkontext nur noch ein Mängelwesen. Sie haben hoffentlich mithilfe dieses Buches gelernt, dass unsere evolutorischen Basisvoreinstellungen nicht dazu geeignet sind, um uns Erfolg an der Börse zu verschaffen. Alle wichtigen Erfolgsfaktoren verursachen Schmerzen und sind nur unter höchstem Bewusstsein, höchster Motivation und der Bereitschaft, vorübergehende Dissonanzen anzunehmen und auszuhalten, anzuwenden. Das schaffen wir nur, insbesondere am Beginn unserer Börsenkarriere, mittels Selbstüberlistung und Tricks. Lesen Sie sich bitte zu dieser Thematik ein. Im

Rahmen dieses »simplified«-Buches können wir eine ausführliche Beschreibung aller Techniken und der Schwierigkeiten ihrer Anwendungen nicht leisten. Wir können nur auf die Notwendigkeit dieses Aspekts hinweisen. Einen Aspekt wollen wir exemplarisch beleuchten: Den Einsatz von Stop-Orders zur Verlustrealisierung und den Einsatz von Stop-Orders zur Gewinnrealisierung.

Alle Börsenaltmeister sind sich einig. Der erste Verlust ist der beste Verlust, weil er noch in einem Rahmen ausfällt, den wir aushalten können. Die Umsetzung dieser Weisheit gehört aber mit zum Schwierigsten an der Börse. Es ist wie eine Behandlung beim Zahnarzt. Man muss Karies entfernen, bevor diese sich so ausbreitet, dass der ganze Zahn nicht mehr zu retten ist. Je eher, desto besser. Ähnlich ist die Vorgehensweise an der Börse. Eine klare Verlustbegrenzungsmarke, über Stop-Orders oder mentale Stops, hilft als Trick, dass man automatisch aus dem Markt genommen wird. Die Vorstellung, einen Verlust mitzunehmen, ist meist schrecklicher als die Umsetzung der Maßnahme selbst. Studien haben dies auch für andere Lebensbereiche, zum Beispiel für die Trennung vom Lebenspartner, bestätigt. Schon relativ kurze Zeit nach der Scheidung spüren wir meist die befreiende Wirkung. Das funktioniert auch bei Ihren Börsengeschäften. Der Verkauf öffnet wieder Ihren Horizont. Sie sehen wieder die Gewinner und müssen diese nicht mehr in Relation zu Ihren Verlierern setzen. So können Sie wieder unvoreingenommen auf den Gesamtmarkt sehen und sich mit anderen erfolgversprechenden Wertpapieren beschäftigen. Das ständige Kreisen der Gedanken um den Verlustbringer hat ein Ende. Es erfolgt kein Nachkaufen und somit auch kein weiteres Anwachsen der Verluste, sondern Sie werfen stattdessen Ballast ab und sichern Ihr Vermögen. Die chaotische Börsenrealität macht es uns aber auch in diesem Punkt nicht wirklich einfach. Die oben genannten Aussagen stimmen auf lange Sicht. Nicht weil Sie eine signifikant höhere Eintrittswahrscheinlichkeit haben, sondern weil die Wucht eines Verlustes in Höhe von 60 Prozent, 70 Prozent und mehr vermieden wird. Im Einzelfall wird deshalb oft das Gegenteil der frühen Verlustrealisierung das Richtige gewesen sein. Häufig wird man ausgestoppt und kurz danach dreht die Aktie wieder nach oben. Mit Nachkaufen wäre man aus der Sache mit plus/minus null herausgekommen, oder aber die Aktie wird plötzlich zum Highflyer. Dies nimmt man alles wahr und man zweifelt häufig an der Sinnhaftigkeit von Verlustrealisierungen. Vermut-

5.2 Vom Kriege oder das STAR-Konzept

lich ist dies der Grund, warum die Anleger beim Punkt Risikomanagement so beratungsresistent sind.

Warum funktioniert Lernen am Modell praktisch nicht? Warum muss ein Spekulant laut Kostolany dreimal in seinem Leben tiefe Renditeeinschnitte erleben, bis er danach ein wirklich Guter seines Fachs wird? Die wissenschaftlich noch nicht untersuchte, aber durch subjektive Beobachtung der Autoren generierte These ist folgende: Anleger, die aus welchen Gründen auch immer, dem Einsatz von Stop-Orders aufgeschlossen gegenüberstehen, setzen ihre Stops, insbesondere in der Phase des Anstiegs der Kurse. Sie setzen die Stops an der »Wall of Worry« und in der Phase der beginnenden Zuversicht. Sie machen dabei gemischte bis leicht negative Erfahrungen, da Sie des Öfteren »unglücklich ausgestoppt« werden und gegebenenfalls den darauffolgenden Wiederanstieg verpassen. Dies führt tendenziell dazu, dass sie in der Phase der Euphorie und der persönlichen Gier auf das Setzen von Stop-Marken verzichten, um ja nichts zu verpassen. Wenn der Gesamtmarkt kippt, stehen sie dann aber ohne Helm und Schutzanzug im Steinhagel des Börsencrashs. Der Markt hat immer die Tendenz, mit der Mehrheit der Anleger Katz und Maus zu spielen.

Auch bei der Sicherung der Gewinne oder beim Auffinden eines guten Verkaufszeitpunktes kann man mit Stop-Orders agieren. Mit welchem Abstand Stop-Orders zu setzen sind, hängt von der gewählten Strategie des Anlegers, von der Volatilität des Gesamtmarktes und der Volatilität des Wertpapieres ab. Die immer gültige Allgemeinregel lautet: Der angestrebte (weitere) Gewinn sollte größer sein als der Sicherungsabstand zum aktuellen Kurs nach unten.

Der Einsatz von Risiko-Managementtechniken im Allgemeinen und das Setzen von Stop-Orders im Besonderen führen gelegentlich zu einer Kontrollillusion. Aber nicht immer helfen Stop-Orders, einem Kursrutsch zu begegnen. Man sollte sich immer vergegenwärtigen, dass es auch Sondersituationen an den Märkten gibt, in denen Verluste deutlich höher ausfallen können, als vorher mit der gesetzten Stop-Marke dem Wertpapier eigentlich eingeräumt wurde. Schocks an den Märkten, Gewinneinbrüche oder eine überraschende Insolvenzmeldung beim Unternehmen können bewirken, dass der Kursabstieg nicht geordnet, sondern mit ei-

5 Alice im Wunderland: Grundsätze für Ihren Börsenerfolg

nem Sprung nach unten vor sich geht. Anstelle des eingeräumten Verlusts in Höhe von 20 Prozent wird ein deutlich höherer realisiert. Ihr Depot muss auch so etwas aushalten können. Viele Anleger zocken in undurchsichtigen Hotstocks mit und glauben, das Risiko dadurch kalkulieren zu können, dass sie sich ja mit Stops »abgesichert« hätten. Um Ihnen diese Illusion zu nehmen, nachfolgend ein Beispiel zu einem Preisverlauf.

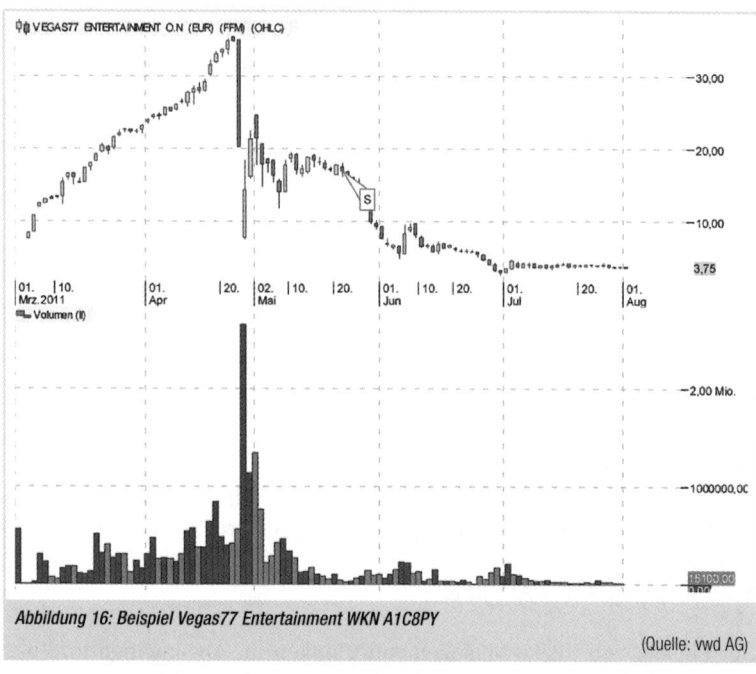

Abbildung 16: Beispiel Vegas77 Entertainment WKN A1C8PY

(Quelle: vwd AG)

Kurskette am 27.04.2011 ab 16:32 Uhr und am 28.04.2011 bis 9:16 Uhr am Börsenplatz Frankfurt		
Uhrzeit	Kurs	Umsatz in Stück
16:32:04	35,50 EUR BG	7.300
16:32:32	35,50 EUR	2.700

5.2 Vom Kriege oder das STAR-Konzept

Kurskette am 27.04.2011 ab 16:32 Uhr und am 28.04.2011 bis 9:16 Uhr am Börsenplatz Frankfurt

Uhrzeit	Kurs	Umsatz in Stück
16:32:36	35,425 EUR	1.000
16:32:40	35,425 EUR	60
16:36:34	35,405 EUR	55
16:40:56	35,23 EUR	564
16:41:13	34,70 EUR	200
16:45:11	34,00 EUR	
16:51:30	33,00 EUR	
16:57:04	31,00 EUR	
17:00:41	30,00 EUR	
17:08:27	27,00 EUR	
18:18:09	24,00 EUR	
18:45:17	23,00 EUR	
18:52:57	22,00 EUR	
19:14:30	21,00 EUR	
09:07:40	8,10 EUR	48.693
09:08:50	7,80 EUR	84.219
09:15:51	11,00 EUR	8.387

Der Wert wurde am 27. April 2011 unter respektablen Umsätzen meist über 36 Euro gehandelt, bis es am Nachmittag leicht abwärts ging und nur noch Kurse zwischen 35 bis 35,50 Euro erzielt wurden. Als um 16:41:13 Uhr eine Preisfeststellung mit 34,70 Euro vorgenommen wurde, sind wahrscheinlich mehrere Stop-Orders ausgelöst worden. Die Stückzahl der unlimitierten Verkaufsaufträge erwies sich als so hoch, dass der Makler keinen marktnahen Preisausgleich mit der Nachfrage in diesem Papier herstellen konnte. Er hat im Folgenden dieses Ungleichgewicht mit mehreren Kursfeststellungen angezeigt. Diese Vorgehensweise wird vom Makler immer dann gewählt, wenn er dem Markt zeigen will, dass der Kurs nach unten geht und er gleichzeitig warten will, bis eine entsprechende Nachfrage das Angebot wieder ausgleicht. Er konnte in den mehr als drei Stunden verbleibender Handelszeit keine umsatzbehaftete Kursfeststellung mehr vornehmen. Selbst zu Kursen von 21 Euro gab es keine Nachfrage für das Angebot. Konsequenterweise hat er den Akteuren eine Nacht Zeit gegeben, um ihre Dispositionen zu überdenken. Am nächsten Tag, dem 28. April 2011, wurde der Handel mit einer Preisfeststellung von 8,10 Euro und einem Umsatz von 48.693 Stück eröffnet. Knapp eine Minute später erfolgte die zweite Preisfeststellung mit 7,80 Euro und einem Umsatz von 84.219 Stück. Was bedeutete dies für die Anleger mit Stop-Orders? Anleger, die am 27. April 2011 um 16:41 Uhr eine Stop-Order bei 34,70 Euro oder leicht höher im Buch hatten, wurden mit 8,10 Euro am nächsten Tag abgerechnet. Ein Kurs, der etwa 75 Prozent unter dem »Sicherheitsnetz« lag. Alle Anleger, die einen Stop unterhalb der 34,70 Euro gelegt hatten, wurden mit 7,80 Euro abgespeist. Vermutlich waren alle Anleger restlos bedient. Was zu beweisen war. Bei hochspekulativen Titeln schützen Stop-Orders nicht immer Ihr Kapital.

Genau genommen verhält es sich mit der Wertpapieranlage wie mit dem »sich das Rauchen abgewöhnen«, dem »dauerhaften Abnehmen« oder dem »weniger trinken« und so weiter. Man kennt eigentlich das Ziel, auch ein paar Tricks, aber den »inneren Schweinehund« dauerhaft zu überwinden, schaffen nicht alle. Hierzu benötigen Sie neben dem Willen vor allem eines: Disziplin!

5.2.4 Realistisch bleiben

> »Es kommt nicht darauf an, mit dem Kopf durch die Wand zu rennen, sondern mit den Augen die Tür zu finden«
> Werner von Siemens

Der Anleger durchläuft meistens mehrere Phasen, bis er die Börse mit der richtigen Intention und mit ausreichender Professionalität angeht und verstanden hat, wie es an der Börse funktioniert. Das Van Tharp Institute aus den USA, das sich professionell mit der Welt des Trading beschäftigt, beschreibt drei Wachstums- oder eher Erkenntnisphasen des erfolgreichen Traders. In Anlehnung daran wollen wir die drei Phasen des erfolgreichen Investierens skizzieren:

5.2 Vom Kriege oder das STAR-Konzept

Phase 1: Einfach und schnell viel Geld verdienen
Viele Anfänger haben diese sehr einfache Sicht- und Verhaltensweise. Sie glauben an eine einfache Logik. Sie suchen nach Ratschlägen, bewerten diese oberflächlich und handeln dann einfach nach einigen der Ratschläge. Sie denken zum Beispiel, wenn sich die Landwirte alle Solarzellen auf die Dächer schrauben lassen, müsse es sich hier um einen Megatrend handeln und deshalb müssten die Aktien von Solarherstellern steigen – wir wollen den derzeitigen Aktienwert der meisten deutschen Solarhersteller hier gar nicht reflektieren. Hin und wieder kann diese Naivität auch einmal belohnt werden, auf lange Sicht wird man aber unterdurchschnittlich abschneiden und Geld verlieren. Schauen Sie sich doch ganz einfach einmal einige dieser Fakten an:

> Die meisten Fonds (Aktienfonds, Mischfonds, Rentenfonds, Rohstoff-Fonds und andere) schaffen es nicht einmal, ihren Vergleichsindex zu schlagen, und für diese »Performance« verlangen die Emittenten auch noch eine saftige Managementgebühr. Das macht diese Produkte nicht unbedingt interessanter, zumindest nicht für den Anleger.
> Die meisten Anlageberater schaffen es nicht einmal in guten Börsenphasen, den Markt zu schlagen, und verlieren in schlechten Phasen Geld – das könnten Sie im Zweifel selbst besser.
> Investoren werden in der Regel von auffälligem Marketing und guter PR-Arbeit angezogen wie Fliegen von der klebrigen Fliegenfalle. Dabei verdienen meistens nur die Bank und die Vertriebsstellen an hohen Gebühren auf Kosten der Investoren. Investoren wandern immer zum Fonds mit der besten Performance des Vorjahres. Doch dann ist es in der Regel zu spät, denn zu diesem Zeitpunkt beginnt der Fonds meist eine starke Korrekturphase. Schließlich kann die »Kunst der Geldanlage« nicht darin bestehen, die Erfolgsspur des Vorjahres blind zu übernehmen.
> Das Gros der Investoren verliert Geld, selbst wenn sie nach Anlageempfehlungen handeln, die zunächst aufzugehen scheinen. Warum? Weil sie kein angemessenes Money-Management implementieren oder weil sie die Empfehlung in irgendeiner Art und Weise »individuell« zu ihrem Nachteil abwandeln. Sie betreiben eine Art Information-Picking, bei der oft die besten Happen übersehen werden.

Mathematisch betrachtet bietet der Markt dem ausgewogen agierenden Investor als Erwartungswert für sein Engagement die Marktrendite abzüglich der Gebühren. Daraus ergibt sich die oftmals übersehene Notwendigkeit, die Gebühren im Blick zu behalten und in den Griff zu bekommen. Eher weniger als mehr zu handeln ist ein Muss für den ausgewogen agierenden konservativen Anleger. Setzen Sie deshalb nur auf Produkte, deren Kosten transparent sind, sodass Sie diese im Voraus kalkulieren können. Aktien sind an dieser Stelle sehr transparent, ETFs im Grunde auch. Man muss hier Vorsicht walten lassen, denn es kommen immer mehr neue Anlageformate auf den Markt, die durch Intransparenz die Kosten wieder deutlich in die Höhe schrauben. Klassische Investmentfonds und insbesondere die »Eier legenden Wollmilchsäue mit Garantie und Sicherheitsairbag« bringen durch die zum Teil extrem hohen internen Kosten den Erwartungswert schon deutlich in den roten Bereich. Statistisch betrachtet ist der Anleger dann eigentlich fast chancenlos.

Alle Börsenenthusiasten, die den Markt schlagen wollen, müssen sich einer Sache bewusst sein: Wenn die Marktrendite die Mitte einer grafischen Glockenkurve darstellt, dann braucht jeder, der diese Marktrendite schlagen will, einen oder mehrere Verlierer. Draußen gibt es aber bereits Tausende von Gewinnern mit viel Erfahrung, mit viel Kapital in der Hinterhand, mit der besten technischen Ausstattung für Kleinstarbitrage und manchmal mit wirklich kursrelevanten Informationsvorsprüngen. Dies bedeutet für Sie, dass Sie als Anfänger realistischerweise nur unterdurchschnittlich abschneiden können. Vergleichen Sie die Situation mit der des Anfängers beim Pokern mit Profis. Er kann das berühmte Anfängerglück haben – das manchmal von seinen Mitspielern noch begünstigt wird, um ihn bei Laune zu halten –, aber nach einigen Nächten steht er mit an Sicherheit grenzender Wahrscheinlichkeit im Verlust. Auch das ist noch nicht wirklich schlimm, wenn seine Lernkurve aufwärts verläuft und seine Einsätze im Rahmen bleiben, sodass er im besten Sinne des Wortes »Lehrgeld« bezahlt. Und in diesem Sinne kann man auch an der Börse erfolgreich werden und die Marktrendite schlagen, aber realistischerweise nicht von Anfang an. Die Marktrendite zu übertreffen bedeutet eben auch, nicht über Nacht zum Millionär zu werden. Groteskerweise glauben einige Anleger immer wieder, dass sie durch die Empfehlung eines anderen zu Reichtum gelangen könnten. Das ist in etwa so naiv, wie

5.2 Vom Kriege oder das STAR-Konzept

wenn der Ferrari-Formel-1-Pilot während des Rennens glaubt, er könne seinen Boxenstopp auch von der Mercedes-Crew erledigen lassen, weil die schneller sind. Oder wenn der deutsche Skirennläufer seine Skier von den Österreichern wachsen ließe.

Viele Privatanleger sind nach der Phase 1 bereits desillusioniert und haben vielleicht auch die Höhe ihrer Einsätze und der daraus resultierenden Verluste nicht kontrolliert, sodass sie nun frustriert für immer der Börse den Rücken zuwenden. Die Tatsache, dass es seit dem Hype und dem tiefen Absturz 2001 etwa vier Millionen weniger »Aktionäre« in Deutschland gibt, zeigt, wie zutreffend diese These ist. Die Hoffnung, mit dem Handelsansatz »Was soll ich kaufen?« an der Börse einfach und schnell reich zu werden, erwies sich als unrealistisch.

Phase 2: Die Suche nach einem perfekten, einfachen System
Der Anleger aus Phase 1 erkennt immerhin einige seiner Fehler und seine Naivität. Das Greenhorn reift langsam. Der Anleger fängt an zu lernen und stellt sich nun eine veränderte Frage: »Wie sollte ich an der Börse handeln, um Geld zu verdienen?« Aus dem schlichten »Was?« wird ein »Wie?«. Er beschäftigt sich jetzt mit Strategien und Methoden. Ansätze zum Value-Investing, Growth-Investing, Trendfolgestrategien und so weiter werden studiert. Eventuell rückt bereits die technische Analyse ins Blickfeld. Der Phase-2-Anleger sucht nach Indikatoren, Messgrößen und klaren Anweisungen für den Börsenerfolg. Er begibt sich auf die Suche nach dem heiligen Gral, nach dem ultimativen Weg zu finanzieller Expansion. Und er wird auch fündig: Bücher, Seminare, Handelssysteme, Gurus und Computer. Die Auswahl ist riesig. Der Blick auf die Fakten zeigt uns:

> Nicht alle erfolgreichen Strategieansätze funktionieren dauerhaft und in allen Marktphasen. Kein System kann auf Dauer funktionieren. Den Grund dafür beschreibt Jochen Steffens im Börsennewsletter *Stock Street*: »*Eben weil auf der ganzen Welt die Anleger und von Anlegern programmierte Computer auf der Suche nach handelbaren Regelmäßigkeiten sind. Und jede Systematik, die von zu vielen Anlegern erkannt wird, wird durch den immer größeren Ansturm an Anlegern, die auf eine solche Regelmäßigkeit setzen wollen, zerstört. Das ist der Grund, warum sich die Börse jedweder Systematik entzieht – entziehen muss. Es ist nichts Magisches dabei, lediglich eine systemimma-*

nente Logik. *Denken Sie einmal in einer stillen Stunde darüber nach – es ist ein faszinierender Gedanke über ein strukturiertes Chaos, dessen einzige Struktur es ist, sich aufgrund des kollektiven Gedächtnisses einer beteiligten Masse von Anlegern immer wieder ins Chaos zu zwingen. Eine Art programmiertes Chaos also. Das hat etwas sehr Einzigartiges* ...«[54]

> Ausgeklügelte Strategien und Handelssysteme sind meist durch Backtesting und übertriebene Curve-Fittings an den historischen Zeitraum angepasst. Das bringt eine gute historische Rendite und damit ein schlagkräftiges Verkaufsargument. Aber durch die bedingungslose Überanpassung an die konkrete Vergangenheit halten die Systeme in der Realität nicht annähernd das, was Ihnen versprochen wurde. Warum soll sich denn die Vergangenheit auch immer in derselben Art und Weise wiederholen? Schließlich haben gerade die jüngsten Krisen gezeigt, wie unvorhersehbar Finanzmärkte reagieren.

> Man kann Anlegern ein funktionierendes System an die Hand geben, und sie werden trotzdem nicht erfolgreich sein. Es sind zahlreiche Beispiele bekannt, bei denen erfolgreiche Trader ein System profitabel handhaben. Während andere zeitgleich mit demselben System scheitern. Es liegt also nicht am System, sondern daran, in welcher Wachstumsphase sich der jeweilige Anleger befindet. Kommen wir also zur Phase 3.

Phase 3: Man selbst ist seines Glückes Schmied

In dieser Phase begreift der Anleger, dass der Schlüssel zum Erfolg nicht von externen Faktoren (wie etwa Anlagetipps), sondern internen Faktoren (wie etwa Selbstdisziplin) abhängt.

»Was passiert mit meinem Geld?« Eine deutsche Großbank startete unter diesem Motto eine breit angelegte Kampagne, um mit ihren Kunden oder potenziellen Kunden verstärkt über die Chancen und Risiken von Wertpapieranlagen sprechen zu können. Dieser Slogan drückt aber eher Passivität und einen gewissen Grad an Ohnmacht aus. Dies wurde mittlerweile auch von Verantwortlichen der Bank erkannt und die Kampagne wurde in den aktiven Claim »Wie schütze ich mein Geld?« umbenannt. Märkte produzieren per se keine Opfer. Sind Sie die Schlange oder das

---

[54] Stockstreet.de. Börsen. Hintergründe. Prognosen, Newsletter vom 31.05.2011.

Kaninchen? Sie selbst haben es in der Hand, erfolgreich im Sinne der positiven Umsetzung ihrer Zweck-Ziel-Vorgaben zu handeln. In Phase 3 erkennt der Anleger, dass nicht die externen Faktoren (Tipps, Systeme) die Grundlage für den Erfolg darstellen, sondern das eigene Verhalten, beeinflusst durch interne Faktoren, über Wohl und Wehe an den Finanzmärkten bestimmt. Das bedeutet für die meisten Anleger einen radikalen Umbruch in ihrer Wertewelt, denn nur wenige schaffen es bis zu dieser Erkenntnis. Erfolgreiche Anleger sind erfolgreich, weil sie Risiken zwar eingehen, aber gleichzeitig diese Risiken kontrollieren. Dies erfordert überdurchschnittlich viel Selbstdisziplin und setzt vor allem Realismus voraus.

Realismus in Bezug auf folgende Fakten:

> Es gibt keine Abkürzungen zum schnellen Vermögen.
  - Es gibt keine todsicheren Tipps.
  - Niemand kann das an der Börse vorherrschende Chaos vorhersagen.
  - Alle wollen nur Ihr Bestes, Ihr Geld.
  - Es gibt keinen »heiligen Gral«, eine Formel, ein System, das sicher zu Reichtum verhilft.
> Für das Erreichen ihrer Zwecke und Ziele ist Geduld vonnöten.
> Wer ans Ziel kommen will, muss mit einer guten Rendite zufrieden sein. Wer deutlich mehr will, riskiert Kopf und Kragen.

5.3 Sich richtig beraten lassen – das unbekannte Wesen »Banker«

Nach unserer ausgiebigen Schelte über alle Arten von Ratgebern möchten wir hier doch noch eine Lanze brechen für eine in jüngster Zeit arg in Misskredit geratene Gattung Mensch, nämlich den Banker im Allgemeinen und den Bankberater im Besonderen. Auf der Beliebtheitsskala ist der Banker seit der Finanzkrise extrem abgerutscht. Nach einer Online-Befragung aus dem Jahr 2010 hielten nur 12 Prozent der Befragten Banker für vertrauenswürdig, damit lagen sie noch hinter Priestern (13,4 Prozent) und Lehrern (16,6 Prozent), aber immerhin vor Landwirten (11,9 Prozent) und deutlich vor Versicherungsmaklern (1,2 Prozent) und

5 Alice im Wunderland: Grundsätze für Ihren Börsenerfolg

Politikern (1,1 Prozent).[55] Bankerbashing ist groß in Mode. Die Tatsache, dass die Finanzkrise »Bad Banks« kreiert hat und so mancher Banker sich noch Boni abgeholt hatte, wo es eigentlich nichts mehr zu holen gab, machte den Berufsstand auch nicht unbedingt beliebter. Nach einer Untersuchung des Deutschen Bankenverbandes – dem man jetzt nicht unbedingt eine negative Voreingenommenheit gegenüber Bankern attestieren dürfte – hat die Finanzkrise eindeutig Vertrauen gekostet. Wobei die Befragten aber deutlich zwischen dem »Banker ganz allgemein« – 43 Prozent führten aus, ihr Vertrauen habe diesbezüglich »stark gelitten« – und ihrem persönlichen Bankberater unterschieden. Hier litt das Vertrauen nur bei 7 Prozent »stark«.

Wie schlecht die Stimmung gegenüber Banken insgesamt ist, zeigt auch die folgende Abbildung, die Umfrageergebnisse der Marktforschungsgesellschaft Gallup illustriert. Im Prinzip begann der Vertrauensschwund bereits im Jahr 2004, mit der Finanzkrise halbierte sich der »Vertrauenswert« jedoch noch einmal.

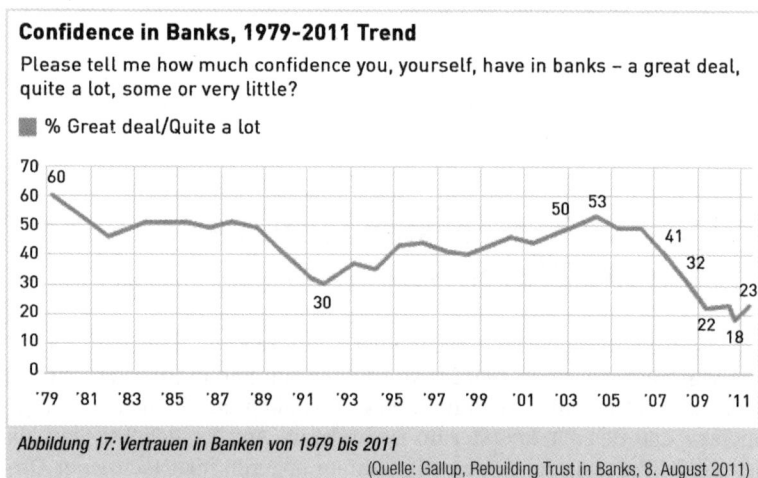

Abbildung 17: Vertrauen in Banken von 1979 bis 2011
(Quelle: Gallup, Rebuilding Trust in Banks, 8. August 2011)

---

[55] Online-Befragung unter 2000 Personen aus Deutschland, Österreich und der Schweiz durch Marketagent.com.

5.3 Sich richtig beraten lassen – das unbekannte Wesen »Banker«

Immerhin hat sich die Politik in das Verhältnis zwischen Bankkunden und Bankberater eingeschaltet und versuchte, durch die Dokumentationspflicht des Beratungsgesprächs (Beratungsprotokoll) und die schriftlichen Produktbeschreibungen (»Beipackzettel«) die Qualität der Beratung anzuheben und für den Kunden nachvollziehbarer zu gestalten. Ob das tatsächlich gelingt, hängt von der Branche und einer handhabbaren Umsetzung ab, die das natürliche Gespräch nicht in Bürokratie ersticken lässt.

Doch wie finden Sie den richtigen, idealen Bankberater? Wie können Sie als Anleger im Beratungsgespräch überprüfen, ob Ihr Gegenüber kompetent, fair und im Sinne Ihrer Interessen als Kunde agiert?

In Deutschland gibt es schätzungsweise mehr als eine halbe Million »Finanzexperten«. Fest angestellt bei Banken und Sparkassen sind etwa 300.000 Berater, bei Versicherungen noch einmal etwa 250.000. Zudem gibt es noch große und kleine Vermögensberatungsgesellschaften. Vielleicht hatten viele Bankkunden vor den jüngsten Krisen ganz übersehen, dass ihre Bankberater eigentlich Produktverkäufer und keine Psychologen mit Fachwissen in Gelddingen sind. Daraus resultierten ganz offensichtlich einige falsche oder zumindest zu hohe Erwartungen an das Gegenüber in der Bank oder der Versicherung. Immerhin, ein Bankangestellter wird von seiner Bank per Festgehalt bezahlt und erhält Boni, wenn er gewisse Sollziele (Produktverkäufe) erreicht. Im sogenannten Anlegerschutzgesetz fordert die Bundesregierung jetzt des Weiteren ein, dass alle Anlageberater der Banken bei der Bundesfinanzaufsicht BaFin registriert werden. Anleger, die sich falsch beraten fühlen, können dann dort Beschwerde einreichen, und die BaFin kann im für den Banker schlimmsten Falle sogar ein Berufsverbot aussprechen.

Freie Vermögensberater erhalten ausschließlich Provisionen, und je freier sie sind, also je unabhängiger von den Emittenten der Finanzprodukte, desto größer dürfte ihre Neigung sein, Produkte mit einer möglichst hohen Provision, mit sogenannten Kick-backs des Emittenten, zu empfehlen. Dreimal können Sie sich fragen, welche Emittenten mit welchen Produkten eine besonders hohe Vermittlungsprovision zu zahlen bereit sind, damit ihre Produkte überhaupt vertrieben werden. Richtig. Eine Untersuchung des IBM Institute for Business Value kommt zu dem Ergebnis, dass in der Fondsindustrie jährlich etwa 1,3 Billionen US-Dollar zu viel an Gebühren eingesteckt werden. Hier könnte die Honorarberatung ein Weg sein, um sich von solchen »versteckten Kosten und Gebühren« unabhängiger zu machen. In Zukunft müssen sich auch die freien Vermögensberater registrieren lassen und Beratungsprotokolle führen, immerhin ein Fortschritt.

Vermögensverwalter brauchen bereits heute eine Zulassung der BaFin, schließlich entscheiden sie ganz direkt, in welche Wertpapiere ihre Kunden investieren, und führen im Kundenauftrag Orders durch.

Bekanntlich haben nicht nur engagierte Verbraucherschützer den Sparern den Leitsatz »Kaufe nur, was du auch verstehst« mit auf den Weg gegeben. Bei der überwältigenden Mehrheit der deutschen Anleger scheint diese Lehre aber bis heute nicht wirklich angekommen zu sein. Nur jedem zehnten Bundesbürger (11 Prozent) ist es wichtig, seine Geldanlage nachvollziehen zu können. Das geht aus einer neuen repräsentativen Umfrage des Forsa-Instituts im Auftrag der Initiative »Investmentfonds. Nur für alle.« der deutschen Fondsgesellschaften hervor. Bei den meisten hat der Leitsatz vielmehr dazu geführt, dass sie lieber gar nichts tun, als etwas falsch zu machen: So geben 61 Prozent der Deutschen an, mit Tages-, Festgeld oder dem Sparbuch für das Alter vorzusorgen. Bei den unter 30-Jährigen sagen das sogar 80 Prozent. Paradox, denn gleichzeitig haben auch 61 Prozent richtig erkannt, dass diese Sparformen langfristig zu wenig Ertrag für die Altersvorsorge bringen. Der Schritt von der Erkenntnis zum Handeln ist weit.

Nur für 6 Prozent der Befragten stellt zudem die Risikostreuung bei der Geldanlage ein wichtiges Kriterium dar. Den besten Schutz vor Risiken und Krisen lassen die meisten also außer Acht. Schlechte Erfahrungen sind dafür meist nicht verantwortlich – nur 20 Prozent geben das als Grund an. Die Hemmschwelle, Entscheidungen über die eigene Geldanlage zu treffen, liegt so hoch, dass die Deutschen sogar lieber zum Zahnarzt als zum Bankberater gehen: 88 Prozent vereinbaren hier mindestens einmal im Jahr einen Termin – einen Termin beim Bankberater machen regelmäßig nur 32 Prozent.

5.3 Sich richtig beraten lassen – das unbekannte Wesen »Banker«

Der Grund dafür ist keine Verweigerungshaltung – nur 7 Prozent sagen, sie sparen nicht, »weil es sowieso nichts bringt«. Auch geben die meisten an, viel über Geldanlage zu wissen. Die Hälfte (49 Prozent) beschäftigt sich mindestens einmal im Monat mit dem Thema. Sie alle tun allerdings nicht den notwendigen nächsten Schritt, um ihrem an sich selbst formulierten Anspruch nachzukommen. Sie setzen vielmehr ausschließlich auf Altbekanntes und Sicherheit.

Sind die Berater der Grund für diese Abstinenz und Resistenz beim Handeln in Vermögensdingen? Sind Deutschlands Anlageberater wirklich so schlecht, wie in Fernsehsendungen seit Ausbruch der Finanzkrise gerne behauptet und von Verbraucherschützern beispielhaft belegt wird? Auch hier wenden wir uns gegen pauschale Urteile, auch hier gehen unsere Erfahrungen weit auseinander und decken sich eher mit der eingangs erwähnten Studie des Bankenverbandes, die deutlich belegt, dass persönliche Kenntnis Vertrauen schafft, das über die Finanzkrise hinweg Geltung besitzt. Nachdenklich muss allerdings eine weitere aktuelle Studie stimmen, denn sie kommt zu dem Ergebnis, dass Anlageberater Privatleuten nicht zu höheren Renditen verhelfen. Dabei war es egal, ob die Anleger auf die Dienste einer Bank vertrauten oder unabhängige Finanzberater in Anspruch nahmen. Wissenschaftler der Universitäten Frankfurt am Main und Neapel wiesen in der kürzlich veröffentlichten Untersuchung nach, dass sich im Schnitt die Depots der Anleger, die Beratung in Anspruch nahmen, nicht besser entwickelten als Depots vergleichbarer Anleger, die sich nicht beraten ließen.

»Die Ergebnisse lassen sich darauf zurückführen, dass die Berater die systematischen Anlagefehler ihrer Kunden nicht ausreichend korrigieren und häufig auch höhere Kosten produzieren«, erklärte der Frankfurter Finanzprofessor Andreas Hackethal. Eine weitere Untersuchung habe ergeben, dass viele Kunden qualifizierte Beratungsangebote meiden und lieber auf ihr eigenes, im Durchschnitt mäßiges Anlagegeschick vertrauen. Die Studie zeige, dass Anleger das Angebot einer kostenlosen, unabhängigen und konfliktfreien Anlageberatung – der Berater hatte hier keinen finanziellen Anreiz, bestimmte Produkte zu empfehlen – zu 95 Prozent nicht wahrnehmen. Von den verbleibenden 5 Prozent setzte nur etwa die Hälfte die Empfehlungen des qualifizierten Beraters um, wie die Wissenschaftler herausfanden. Und selbst diese Hälfte tue dies in nahezu keinem Fall vollständig, obwohl die Empfehlungen durchweg zu einer verbesserten Performance geführt hätten.[56]

Unser Fazit

1. Bankberater sind auch nur Verkäufer – das sollten wir wissen und das ist auch legitim. Schließlich »vertrauen« wir vielen anderen Verkäufern auch und kaufen ihnen Produkte ab, von Autos bis Immobilien.
2. Bereiten Sie sich auf das Gespräch vor, denn nur wenn Sie Bescheid wissen, können Sie Ihren Berater auch richtig einschätzen. Bevor Sie ein Auto kaufen, machen Sie sich ja auch schlau über die wesentlichsten Leistungen des Wagens.
3. Wenn wir unserem Bankberater unter den Vorgaben von Punkt 1 und Punkt 2 vertrauen, dann sollten wir seinen Empfehlungen auch folgen.

---

[56] Die Studie kann auf der Website des House of Finance der Goethe-Universität Frankfurt heruntergeladen werden.

simplified

Zum Schluss: Was Sie an der Börse tun und lassen sollten

Was Sie tun sollten

1. Wir sehen vor allem das, was wir sehen wollen und was wir kennen. Suchen Sie nach Informationen, die gegen ein Investment sprechen.
2. Fragen sie immer: Von wem kommen Informationen und wem nützen sie? Lesen Sie zwischen den Zeilen, suchen Sie nach Manipulativem.
3. Betreiben Sie keine Prinzipienreiterei – diese gehört nicht an die Börse.
4. Erkennen Sie, was als ausgemacht gilt und wo die Mehrheit steht. Bemühen Sie sich, Wanderungsbewegungen zwischen Mehrheit und Minderheit zu erkennen.
5. Haben Sie Geduld. Mit sich selbst und mit Ihrer Vermögensakkumulierung. Auch Rom wurde nicht an einem Tag gebaut. Der Verfall geht meist schneller.
6. Bleiben Sie demütig, auch wenn sich herausstellt, dass Sie recht hatten. Wahrscheinlich war auch Glück dabei.
7. Suchen Sie den Fehler bei sich selbst, wenn Sie viel Geld verloren haben.
8. Seien Sie nicht enttäuscht, wenn Sie ein wenig Geld verlieren.
9. Versuchen Sie nicht, eine Verlustposition mit den gleichen Denkstrukturen zu lösen, die zu ihrer Entstehung beigetragen haben.
10. Disponieren Sie nicht impulsiv. Schlafen Sie eine Nacht darüber. Was dann noch gut erscheint, verdient eine zweite Prüfung.
11. Stellen Sie nie Ihr Ego über Ihre langfristigen Ziele.
12. Lassen Sie sich nicht von der Masse anstecken.

Was Sie lassen sollten

1. Laufen Sie den Tipps und den Gurus hinterher.
2. Versuchen Sie mit aller Macht, Ihre Verluste zurückzugewinnen. Am besten mit dem gleichen Wert, der für die Verluste ursächlich war.
3. Orientieren Sie sich an den alten Kursen (Einstiegspreis, Hochs und Tiefs und so weiter).

Zum Schluss: Was Sie an der Börse tun und lassen sollten

4. Wenn es gut läuft, erhöhen Sie Ihr Risiko und werden Sie gierig. Planen Sie den nächsten Urlaub oder Ihr nächstes Auto.
5. Verkaufen Sie auch kleine Gewinne, wenn Sie sich darüber freuen können. Steigern Sie Ihre Freude, indem Sie das gewonnene Geld für etwas Unvernünftiges ausgeben.
6. Verkaufen Sie nichts mit Verlust.
7. Kaufen Sie ständig nach, um einen günstigen, durchschnittlichen Einstandspreis zu erlangen.
8. Verfolgen Sie ständig die Kurse und traden Sie die kleinsten Kursschwankungen. Ihr Broker/Banker wird Sie dafür belohnen, indem er Sie zu einem tollen Event einlädt.
9. Machen Sie, was alle machen. Geht's schief, gilt: »Geteiltes Leid ist halbes Leid.«
10. Setzen Sie alles auf eine Karte, um reich zu werden.

Glossar

Aktie

Ein Wertpapier, das einen Anteil an einem Unternehmen (Aktiengesellschaft, AG oder Kommanditgesellschaft auf Aktien, KGaA), verbrieft. Aktien werden über die Börse oder außerbörslich gehandelt, sofern das Unternehmen börsennotiert ist. Bereits bei der Gründung der Gesellschaft wird festgelegt, in wie viele Aktien das Grundkapital gestückelt wird. Die Aktie berechtigt den Besitzer zum Beziehen einer Dividende (sofern sie ausbezahlt wird) und zur Teilnahme an der Hauptversammlung. In Höhe »seiner« Aktien ist der Anleger am Unternehmen beteiligt und kann insofern Mitspracherechte (auf der Hauptversammlung) ausüben.

BaFin

Die Bundesanstalt für Finanzaufsicht (BaFin) ist die staatliche Aufsichtsbehörde über Banken, Versicherer, Finanz- und Anlagegesellschaften sowie Fondsgesellschaften. Das Hauptziel der BaFin ist es, ein funktionsfähiges, stabiles und integres deutsches Finanzsystem zu gewährleisten. Um diese Idealvorstellung umzusetzen, nehmen derzeit über 1900 Beschäftigte in etwa ebenso viele Banken, 717 Finanzdienstleistungsinstitute, etwa 600 Versicherungsunternehmen und 30 Pensionsfonds sowie 6000 inländische Fonds- und 73 Kapitalanlagegesellschaften unter die Lupe. Eine wichtige Aufgabe ist die »Solvenzaufsicht«, wobei die BaFin die Gewährleistung der Zahlungsfähigkeit der Banken und der anderen Institute überprüft.

Basel II und III

Im Kern ging es bei den Vorschlägen des »Basler Ausschusses für Bankenaufsicht« um eine ausreichende Eigenkapitalausstattung der Banken und Finanzinstitute. Je riskanter ihre Geschäfte sind, mit umso mehr Eigenkapital müssen sie hinterlegt sein, so die Grundidee. Seit 2007 müssen die Vorschläge aus Basel aufgrund von EU-Richtlinien innerhalb Europas auch umgesetzt werden. Damit soll die Wettbewerbsfähigkeit der Institute bei der Vergabe von Krediten gewahrt werden. Mit Basel III wurde Basel II reformiert, weil die damaligen Eigenkapitalvorschriften und Risikounterlegungen der Banken, wie die Finanzkrise zeigte, offensichtlich nicht ausreichten. Die Umsetzung soll ab 2013 in mehreren Schritten erfolgen. Im Kern müssen Banken mehr Eigenkapital vorhalten und die Risikoabdeckung deutlich verbessern – das wird den Effekt haben, dass viele Kredite für Unternehmen schwieriger zu bekommen sein werden und gegebenenfalls teurer sind.

Behavioral Finance

Behavioral Finance oder Verhaltensökonomik beschäftigt sich ganz allgemein mit dem menschlichen Verhalten in der Wirtschaft. Entstanden als Gegenbewegung zur vorherrschenden Ansicht der Neoklassischen Wirtschaftswissenschaft, der Mensch handle als Homo oeconomicus vollkommen rational unter Bedingungen der vollständigen Information. So hielten die Psychologie und in jüngster Zeit auch neurowissenschaftliche Forschungsmethoden (bildgebende Verfahren der Medizin) Einzug in die Wirtschaftswissenschaft. Außerdem stehen weniger Modellrechnungen als Versuche und beobachtetes Verhalten im Zentrum des Forschungsinteresses.

Börse

Die Börse ist ein organisierter Markt für (meistens) Wertpapiere, es gibt aber auch Waren(termin)- und Devisenbörsen. An der Börse treffen Angebot und Nachfrage aufeinander. Die Makler (heute Skontroführer oder Spezialisten genannt) oder spezielle Computer gleichen Angebot und Nachfrage ab und stellen »amtliche« Kurse nach dem Börsengesetz fest. Nur an der Börse wird der Kurs durch die jeweilige Handelsüberwachung neutral und im öffentlichen Interesse überwacht. Die klassische Form der Börse war der Parketthandel, wo sich Makler tatsächlich auch physisch trafen und ihren Handel abschlossen. Inzwischen ist diese Form längst von vollelektronischen Handelssystemen abgelöst worden. Ob sich der Name der Börse vom Geldsäckchen (lateinisch: »bursa«) ableitet oder von der in Brügge angesiedelten Familie van der Beurse, in deren Haus die erste Börse abgehalten wurde, ist umstritten. Da diese Familie drei Geldbeutel im Wappen hatte, ist es wohl eher ein »Sowohl-als-auch«.

Geldmenge

Der gesamte, in einer Volkswirtschaft vorhandene Bestand an Geld, das in Händen von Nichtbanken liegt. In der Wissenschaft gibt es eine Reihe unterschiedlicher Geldmengen, je nachdem, was alles einbezogen wird. Zur Unterscheidung erhalten sie ein »M« (für »money«) und eine Zahl – in der Regel 1 bis 3. Die höhere Zahl schließt die Geldmenge der niedrigeren Zahl jeweils mit ein. Den genauen »Inhalt« einer Geldmenge definiert jede Zentralbank etwas anders. Insgesamt ist seit Jahrzehnten ein stetiges Anwachsen der Geldmenge zu beobachten.

Guru

Eigentlich ein spiritueller Lehrer im Hinduismus. Die genaue Übersetzung aus dem Sanskrit steht für »der Gewichtige« – was aber nicht auf das tatsächliche Körpergewicht abzielt. Im Westen wird der Begriff eher pejorativ eingesetzt für Menschen, die eine religiöse Gruppierung um sich scharen, aber auch positiv für Menschen mit hoher Fachkompetenz und besonderer Ausstrahlung. Zu Letzteren zählen die Börsengurus.

Inflation

Wörtlich »Aufblasen«, beschreibt im Sinne der Wiener Schule der Nationalökonomie die Ausweitung der ungedeckten Geldmenge. Vereinfacht gesagt, trifft immer mehr Geld auf eine Menge an Gütern und Dienstleistungen, die nicht in dem Tempo der Geldmengenausweitung wächst. Dadurch sinkt nach einer längeren Phase von Anpassungsprozessen die Kaufkraft einer Einheit Geld. Es kann für eine Geldeinheit im Zeitverlauf immer weniger erworben werden. Selbst die »stabile« Deutsche Mark verlor in der Zeit ihres Bestehens rund drei Viertel ihrer ursprünglichen Kaufkraft. Kritiker der inflationistischen Politik verweisen auf die durch die ungezügelte Ausweitung der Geldmenge verursachten Umverteilungswirkungen und sehen sie als Verletzung privater Eigentumsrechte an.

Kapitalmarkttheorie

In der Kapitalmarkttheorie wird davon ausgegangen, dass die Betrachtung der Rendite einzelner Wertpapiere (Portfoliotheorie) nicht zielführend ist. Vielmehr tut ein Gesamtansatz not. Die Unternehmen hinter den einzelnen Wertpapieren sind Teil eines großen Ganzen – des Kapitalmarktes – und es herrschen Interdependenzen (Abhängigkeiten) zwischen den Unternehmen innerhalb dieses Marktes. Im Allgemeinen gilt der Kapitalmarkt als ausgeglichen, es existieren aber auch Anomalien, die es zu untersuchen gilt. Bedingung für ein Marktgleichgewicht ist allerdings, dass sich die einzelnen Marktteilnehmer rational verhalten und sich Angebot und Nachfrage somit ausgleichen.

Leerverkäufe

Der Verkäufer von (meist) Wertpapieren verfügt zum Verkaufszeitpunkt noch gar nicht über die Wertpapiere, sondern hat sie nur geliehen. Bis zum Erfüllungszeitpunkt muss er sich mit den entsprechenden Papieren eindecken und deshalb spekuliert er auf fallende Kurse, damit sich das Geschäft (unter Berücksichtigung der Zinszahlung für die geliehenen Papiere) für ihn rentiert.

Markteffizienzhypothese

Nach dieser Hypothese sind in den Preisen (Kursen) für Wertpapiere bereits alle verfügbaren Informationen enthalten – weitere sind nicht notwendig. Es ist nach der Markteffizienzhypothese also nicht möglich, durch zusätzliche Informationen höhere Renditen zu erzielen. Weil Informationen sofort in die Kurse einfließen, ist ein Informationsvorsprung, der sich in Rendite auszahlt, nicht möglich.

Österreichische Schule der Nationalökonomie (Wiener Schule)

Darunter wird inzwischen weniger eine geografisch definierte Denkschule der Wirtschaftswissenschaften verstanden als vielmehr eine Gruppe von Wissenschaftlern, die die gleiche Lehrmeinung vereint. Insgesamt betont diese Schule die Dynamik der Wirtschaftsprozesse und die individuelle Bedeutung der einzelnen Marktteilnehmer. Mathematische Modelle volkswirtschaftlicher Rechnungen stehen nicht im Zentrum des Interesses. Als Gründer gilt gemeinhin Carl Menger, der sich intensiv mit der Grenznutzenlehre befasste. Zu den weiteren prominenten Vertretern zählen etwa Ludwig von Mises und Friedrich August von Hayek, der 1974 den Nobelpreis erhielt.

Risikomanagement

Die systematische und mathematische Erfassung und Bewertung aller Risiken in einem Unternehmen. Besonders wichtig in der Finanzbranche, wo dies ganze Abteilungen übernehmen – mit wechselhaftem Erfolg.

Spekulation/Spekulant

Inzwischen längst zum Schimpfwort verkommen, tun Spekulanten nichts anderes, als das Risiko einzugehen, dass sich in Zukunft der Markt nicht so entwickelt, wie sie vermuten. Dabei können Spekulanten sowohl auf steigende (»long gehen«) wie fallende Kurse (»short gehen«) setzen. In der Volkswirtschaft nehmen Spekulanten eine wichtige Funktion ein, weil dadurch die Risiken eines Unternehmens auf viele Schultern verteilt werden können. Nach anderer Einschätzung verstärken sie allerdings Kursausschläge nach oben wie unten. Eine wirkliche Grenze zwischen Spekulant und Anleger/Investor gibt es nicht – bis zur Einführung der Abgeltungssteuer galt zum Beispiel die Anlage in Wertpapieren von bis zu einem Jahr als Spekulation. Insofern könnte die Definition dahin gehen, dass das Interesse des Spekulanten vordringlich der kurzfristigen Renditemaximierung gilt.

Literaturverzeichnis

Basislektüre

Buskampf, Franz-Josef: Mentale Börsenkompetenz. Investieren mit Fingerspitzengefühl, München 2005

Elger, Christian E. und Schwarz, Friedhelm: Neurofinance. Wie Vertrauen, Angst und Gier Entscheidungen treffen, München 2009

Friedman, David: Der ökonomische Code. Wie wirtschaftliches Denken unser Handeln bestimmt, München 2001

Goldberg, Joachim und von Nitzsch, Rüdiger: Behavioral Finance. Gewinnen mit Kompetenz, München 2000

Jünnemann, Bernd und Schellenberger, Dirk (Hrsg.): Psychologie für Börsenprofis. Die Macht der Gefühle bei der Geldanlage, Stuttgart 2000

Kostolany, André: Der große Kostolany. Börsenseminar. Börsenpsychologie. Die besten Geldgeschichten, München 2000

Moser, Klaus: Markt- und Werbepsychologie: Ein Lehrbuch, Göttingen 2002

Schmidbauer, Wolfgang: Lexikon Psychologie, Reinbek 2001

Schriek, Raimund: Besser mit Behavioral Finance. Finanzpsychologie in Theorie und Praxis, München (2) 2010

Wiswede, Günter: Einführung in die Wirtschaftspsychologie, München 2007

Vertiefende Lektüre

Festinger, Leon: A Theory of Cognitive Dissonance, Stanford University Press 1957

Hüther, Gerald: Biologie der Angst, Göttingen (10) 2011

Kahneman, Daniel und Tversky, Amos: Choices, Values and Frames, New York 2002

Montier, James: Die Psychologie der Börse. Der Praxisleitfaden für Behavioral Finance, München 2010

Levine, Robert: Die große Verführung. Psychologie der Manipulation, München 2004

Roth, Gerhard: Das Gehirn und seine Wirklichkeit. Kognitive Neurobiologie und ihre philosophischen Konsequenzen, Frankfurt 1997

Roth, Gerhard: Fühlen, Denken, Handeln, Frankfurt 2001

Singer, Wolf: Die Beobachter im Gehirn. Essays zur Hinforschung, Frankfurt 2002

Singer, Wolf: Ein neues Menschenbild? Gespräche über Hirnforschung, Frankfurt 2003

Wahlen, Christoph: Mentaltraining für den erfolgreichen Day-Trader. So steigern Sie Ihr Tradingergebnis, München (2) 2011

Zweig, Jason: Gier. Neuroökonomie: Wie wir ticken, wenn es ums Geld geht, München 2007

»Klassiker«

Freud, Sigmund: Massenpsychologie und Ich-Analyse, Frankfurt 2005

Jung, Carl Gustav: Die Beziehungen zwischen dem Ich und dem Unbewussten, München 2003

Hayek, Friedrich August von: Geldtheorie und Konjunkturtheorie, Wien 1929

Keynes, John Maynard: Economic Consequences of Peace, 1919 (auf Deutsch 1920, neu herausgegeben von Dorothea Hauser unter dem Titel »Krieg und Frieden«, Berlin 2006)

Le Bon, Gustave: Psychologie der Massen, Stuttgart 1982

Popper, Karl und Eccles, John C.: Das Ich und sein Gehirn, München 2002

Weiterführende Lektüre

Baader, Roland: Geldsozialismus. Die wirklichen Ursachen der neuen globalen Depression, Gräfelfing 2010

Baader, Roland: Geld, Gold und Gottspieler. Am Vorabend der nächsten Wirtschaftskrise, Gräfelfing 2004

Beck, Hanno und Prinz, Aloys: Abgebrannt. Unsere Zukunft nach dem Schulden-Kollaps, München 2011

Eckert, Daniel D.: Weltkrieg der Währungen. Wie Euro, Gold und Yuan um das Erbe des Dollar kämpfen, München 2010

Greenspan, Stephen: Annuals of Gullibility. Why We Get Duped and How to Avoid it, 2008

Hochreiter, Gregor: Krankes Geld, kranke Welt. Analyse und Therapie der globalen Depression, Gräfelfing 2010

Jaspers, Karl: Allgemeine Psychopathologie. Ein Leitfaden für Studierende, Ärzte und Psychologen, Berlin und Heidelberg 1946

Literaturverzeichnis

Jaspers, Karl: Kleine Schule des philosophischen Denkens, München 1965

Konrad, Kai A. und Zschäpitz, Holger: Schulden ohne Sühne. Warum der Absturz der Staatsfinanzen uns alle trifft, München 2010

Levermann, Susan: Der entspannte Weg zum Reichtum, München 2011

Watzlawick, Paul (Hrsg.): Die erfundene Wirklichkeit. Wie wissen wir, was wir zu wissen glauben? München 1981

Zola, Emile: Das Geld, Frankfurt am Main 1995 (Erstausgabe im Original: L'argent, 1891), ein noch heute gültiger Roman zu Börsenobsessionen und Falschspielern

Sie wollen unsere Autoren persönlich kennenlernen?

Dann kommen Sie zu uns. Der FinanzBuch Verlag bietet Ihnen unter www.kursplus.de viele kostenlose Abendseminare, Kongresse und Tagesveranstaltungen – vom Training für Einsteiger bis zum individuellen Intensiv-Coaching für Fortgeschrittene.

Hier können Sie die führenden nationalen und internationalen Experten treffen, von ihrer Erfahrung profitieren und ihnen jede Frage stellen.

Unser aktuelles Seminarprogramm finden Sie unter www.kursplus.de

Vermissen Sie ein Seminarthema oder haben Sie weitere
Fragen – wir sind gerne für Sie da,
und freuen uns auf Ihren Anruf:
Telefon: 089/651 285 0 | E-Mail: info@kursplus.de

DIE NEUE BUCHREIHE

simplified

In Zusammenarbeit mit

Investor Verlag

www.investor-verlag.de

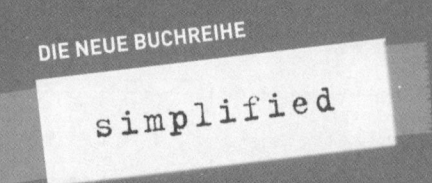

   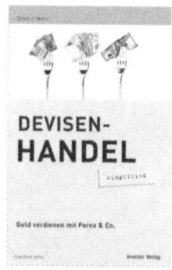

www.simplified.de

> Diese
> cher bringen
> es auf den
> Punkt

»simplified« – aktuell, prägnant, günstig.

Die neue »simplified«-Buchreihe erklärt aktuelle Investmentthemen kompakt und leicht verständlich.

simplified – die neue Buchreihe zu Investmentthemen, die schneller auf den Punkt kommt. Aktuell, prägnant, günstig. Eben simplified. Eine Gemeinschaftsproduktion von Investor Verlag und FinanzBuch Verlag.

Wenn Sie **Interesse** an
unseren Büchern haben,

z. B. als Geschenk für Ihre Kundenbindungsprojekte, fordern Sie unsere attraktiven Sonderkonditionen an.

Weitere Informationen erhalten Sie bei unserem Vertriebsteam unter +49 89 651285-154

oder schreiben Sie uns per E-Mail an:

vertrieb@finanzbuchverlag.de

FinanzBuch Verlag